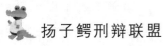
扬子鳄刑辩联盟　　　苏州大学王健法学院

扬子鳄刑辩联盟精选刑事案例集
进攻型辩护

扬子鳄刑辩联盟
苏州大学王健法学院　编

主　编／周小羊
副主编／宋建平　方　园

苏州大学出版社
Soochow University Press

图书在版编目(CIP)数据

扬子鳄刑辩联盟精选刑事案例集:进攻型辩护/周小羊主编;扬子鳄刑辩联盟,苏州大学王健法学院编. —苏州:苏州大学出版社,2019.3(2021.10重印)
ISBN 978-7-5672-2754-5

Ⅰ.①扬… Ⅱ.①周… ②扬… ③苏… Ⅲ.①刑事诉讼-辩护-案例-中国 Ⅳ.①D925.210.5

中国版本图书馆 CIP 数据核字(2019)第 036301 号

扬子鳄刑辩联盟精选刑事案例集
——进攻型辩护

扬子鳄刑辩联盟、苏州大学王健法学院 编

责任编辑 刘一霖

苏州大学出版社出版发行
(地址:苏州市十梓街1号 邮编:215006)
镇江文苑制版印刷有限责任公司印装
(地址:镇江市黄山南路18号润州花园6-1号 邮编:212000)

开本 700 mm×1 000 mm 1/16 印张18 字数286千
2019年3月第1版 2021年10月第2次印刷
ISBN 978-7-5672-2754-5 定价:58.00元

苏州大学版图书若有印装错误,本社负责调换
苏州大学出版社营销部 电话:0512-67481020
苏州大学出版社网址 http://www.sudapress.com
苏州大学出版社邮箱 sdcbs@suda.edu.cn

编 委 会

主　　编 周小羊
副 主 编 宋建平　方　园
编委会主任 陈珊珊
编委会成员 周钦明　郝　亚　黄晓炎
　　　　　　　魏　磊　高　勇　王　君
　　　　　　　张　剑　陆吕杰　胡凤敏

序

本书是扬子鳄刑辩联盟携手苏州大学王健法学院于 2018 年 3 月举办的首届刑辩研修班的学员及其他优秀刑辩律师的成果。虽然我的主要教研方向是民法，但是通过阅读此本刑法案例集，充分了解中国法教义学在其他部门法领域的进展，也是一件非常愉快的事情。

事实上，就法教义学展开和发达的程度而言，刑法可能是中国部门法领域的先行者，甚至早于民法。的确，在经历了四十年的大规模立法运动和与之相伴的政策法学之后，法学活动的重心必然转向对既有法律的解释和适用。法教义学在实践层面上可以为某种具体案件类型提供解决模式，在价值层面上又可整理总结出承载某一法律规范、法律部门乃至整体法秩序的基本目标取向。[1] 因此，法教义学在中国刑法、民法、行政法、宪法等部门逐渐取得支配地位也是必然。

正如德国学者福斯库勒所言，法教义学将法律实践和法学结合在了一起。对于借助法律文本的实践工作者来说，法教义学就是不可避免的。[2] 理想的法学教育就应该做到对法学方法的教育与训练，使学习者形成方法上的自觉。但与学术界已经展开的欣欣向荣的法教义学研究相比，法学教育的现状不容乐观。就现实情况而言，理论与实践的脱节非常严重。正是在这样的大背景下，富有实践经验的扬子鳄刑辩联盟与苏州大学王健法学院强强联合，通过开设继续教育研修班的形式，力求贯通理论与实践，提

---

[1] 蒋毅. 在规范与个案之间——法教义学的立场、方法与功用 [M] //李昊, 明辉. 北航法律评论 (2015 年第 1 辑). 北京：法律出版社, 2016：202—203.
[2] [德] 安德烈亚斯·福斯库勒. 法教义学贡献了什么？——介绍与展望之十二个论点 [M] //李昊, 明辉. 北航法律评论 (2015 年第 1 辑). 北京：法律出版社, 2016：19.

供了一种将法教义学应用于法学教育的方向。本书所列的46个案例，既是首届研修班的优秀学员和国内其他优秀刑辩律师的作品，又是46份优秀的法教义学的教育成果。案例分析对于法律人思维的养成至关重要，它将使得习法者养成目光在案件事实（生活事实）与规范（大前提）之间"不断往返流转"这一法律适用的核心思维。

  我相信，46个案例只是开始。未来我们还能期待460个、4600个乃至更多的案例。我也期望我们的法学教育能够和司法实务界紧密合作，直面实践问题，深化法教义学的研究与教学。最后，希望扬子鳄刑辩联盟和苏州大学王健法学院的刑辩研修班能够长期坚持合作，并结出累累硕果。

苏州大学王健法学院院长
方新军

目录 CONTENT

这一把算不算是枪?
　　——江某等非法买卖枪支案解析　001
缩水的关税
　　——王某某涉嫌走私一案在侦查阶段被撤销　006
是银精矿石还是铅泥?
　　——李某某涉嫌走私废物终获无罪　013
主动收集证据仍大有可为
　　——某福公司被控走私普通货物案　019
浅谈律师辩护中细节的把握与控、辩、审三方的沟通
　　——杨某某涉嫌非法吸收公众存款终获免予刑事处罚　024
退休老教师涉嫌"非吸"终被不予起诉
　　——对"非吸"案件中一般工作人员应不予追究刑事责任　031
集资诈骗数千万元,为何仅判刑7年　036
一起小案的绝处逢生
　　——罗某信用卡诈骗案的成功辩护　042
在"调包分钱案"被告人拒不认罪情况下的证据分析
　　——解读刘甲涉嫌犯信用卡诈骗罪一案　047
民事合同纠纷与合同诈骗罪的界限
　　——范某涉嫌犯合同诈骗罪最终被决定不起诉　051
谈恋爱谈出的故意杀人案
　　——从故意杀人到意外事件的逆转　057

不了了之的凶杀案

  ——无罪辩护成功后的遗憾 064

故意伤害致人死亡之共同犯罪

  ——评析万某等人故意伤害致人死亡案件 070

是交通事故还是过失致人重伤

  ——许某某过失致人重伤，检察院终撤诉结案 075

相约开房，提上裤子后成强奸嫌疑人

  ——张某涉嫌强奸一案在侦查阶段被撤销 078

从量刑十年以上到不予追究刑事责任

  ——丁某等人轮奸案小记 084

青春无法倒带，霸凌只有伤害

  ——刘某某涉嫌犯侮辱罪 089

逃亡十四年，终还清白身

  ——朱某某涉嫌犯绑架罪终被判无罪 095

几十名反恐警察参与营救的绑架案件终被定非法拘禁

  ——记"京外有才刑辩团队"成功实现有效辩护案例一则 102

花季叛逆离家"成婚"，生活窘迫被逼卖儿

  ——邓某某涉嫌拐卖儿童终不被起诉 109

对于侵犯公民个人信息如何把握入罪的度

  ——何某某涉嫌侵犯公民个人信息终不被起诉 113

几枚"烟蒂"证据背后的盗窃案

  ——解读李某某被指控盗窃4起，3起无罪的案件 119

一起特殊的盗窃案

  ——高某涉嫌盗窃岳父存款终被不予起诉 125

为坚守法律底线点赞

  ——一起诈骗案终告无罪 128

既破又立，揭伪鉴真

  ——卢某涉嫌诈骗被不起诉案回顾 133

全国首例彩票"诈骗"案始末

  ——罪与非罪、此罪与彼罪之争 139

浅析数罪并罚情形下"禁止重复评价原则"的司法适用　143

诈骗金额高达70万元，因证据不足不起诉
　　——黄某涉嫌诈骗获存疑不起诉　149

钟某某涉嫌诈骗案　155

搭棚堵路索要房屋损坏补偿是过度维权，还是敲诈勒索？
　　——解析梁某某涉嫌敲诈勒索一案　162

一个公诉人当庭表示没意见的危险驾驶案
　　——周某涉嫌触犯三罪，最终以最轻罪名被判决　170

律师在侦查阶段应积极发挥作用
　　——非法获取计算机信息系统数据罪的审前辩护　174

张三涉嫌开设赌场案
　　——指控开设赌场证据不足，应当构成赌博罪　178

"刑事辩护第六空间"的一次积极尝试
　　——任某、任某某非法采矿案　182

一起非法证据被排除导致改判的案例
　　——吴某涉嫌贪污在二审阶段获得改判　190

聚焦自首的认定
　　——从杨某某犯受贿罪一案分析　199

厕所改造引发的受贿、贪污案
　　——L市卫生局原副局长李某某单位受贿、贪污案解读　203

顾某某滥用职权案
　　——检察院以不存在犯罪事实为由撤回起诉　211

涉案毒品约580千克，经律师成功辩护，被告人二审终被判死缓刑
　　——涉外型毒品犯罪案件的成功辩护　217

有效把控刑事案件突破点
　　——解析杨某某涉嫌非法行医案　222

房某涉嫌贪污、行贿一案　227

朱某某涉嫌挪用资金案　232

闹市区餐饮店爆炸案，律师成功辩护并变更罪名
　　——试论重大责任事故罪与重大劳动安全事故罪的区别　237

公器私用　祸害无穷
　　——李某某涉嫌诈骗终获无罪判决　244
精细化辩护的又一次胜利
　　——陈某某涉嫌犯故意毁坏财物罪最终获得不起诉　251
为突然去世的亲戚出面清理债务是否构成非法吸收公众存款罪
　　——解读陈某涉嫌犯非法吸收公众存款罪一案　256

卓越法律人才培养基地2018年度刑事思维特训营系列课程简介　261

这一把算不算是枪?
——江某等非法买卖枪支案解析

案情简介

2015年9月至2016年6月期间，被告人张某、李某某伙同他人为谋取非法利益，经事先谋划，利用所开设的多家淘宝网店销售气体压力枪支配件。买家通过其介绍购买配件并组装成"快排"式气体压力枪使用。经鉴定，上述"快排"式气体压力枪均以压缩气体为动力发射弹丸，具有杀伤力，均系枪支。张某、李某某二人在网络上大肆贩卖配件，而江某等数十人通过不同方式购买相关配件并自行组装成枪支后使用。公安机关发现相关犯罪线索后将上述人员查获。公诉机关指控被告人张某、李某某及牛某等数十人违反国家枪支管理规定，单独或结伙非法买卖枪支，认为应当根据实际贩卖和购买数量（均已超过2把），以非法买卖枪支罪追究各人的刑事责任。但因此案涉及人数较多，案情比较复杂，公诉机关先后延长审查起诉期限2次，退回补充侦查2次，后法院依法公开开庭审理并判决。

律师对策

本律师接受江某家人委托代理其涉嫌非法买卖枪支一案，第一时间便会见了犯罪嫌疑人江某，根据其陈述，对其因为自己是一位军事爱好者，平时对枪支比较喜爱，所以通过网上的推送发现非法买卖组装枪支的广告后，根据店家的指示，购买各类零件并组装成"快排"式气体压力枪的基本事实没有异议。但因为购买数量比较多，且江某不但自己玩，还帮朋友购买了几把,如果根据公安机关认定的数量(一共5把),该数量就构成了非法买卖枪支罪的构成要件。然而同时江某也提出,因为所购买零部件的质量问题或自己组装的原因,其中有2把枪支自己实验时并没有成功击发出钢珠,没有任何杀伤力。其不知这是不是自己没有组装好导致的,所以在公安机关讯问时便承认了相关事实。本案中其他被告人也大多为军事和枪支爱好者,其中还有两名是退伍老兵,他们触犯法律的主观动机也仅仅是个人喜好和玩耍,所购买的气体压力枪并非用于恐怖袭击或其他类型犯罪等。

《中华人民共和国刑法》(以下简称《刑法》)第一百二十五条规定了非法制造、买卖、运输、邮寄、储存枪支、弹药、爆炸物罪,第一百二十八条规定了非法持有、私藏枪支、弹药罪,第一百五十一条规定了走私武器、弹药罪。为依法严惩涉枪涉爆犯罪,最高人民法院于2001年制定了《关于审理非法制造、买卖、运输枪支、弹药、爆炸物等刑事案件具体应用法律若干问题的解释》(以下简称《涉枪解释》),并于2009年修改后重新公布。2014年,最高人民法院又会同最高人民检察院制定了《关于办理走私刑事案件适用法律若干问题的解释》(以下简称《走私解释》),对走私武器、弹药罪的定罪量刑标准做了规定。由于涉枪犯罪危害公共安全,社会危害性大,相关司法解释设置了较低的入罪门槛和升档量刑标准,以彰显严厉惩治此类犯罪的立场。例如,"根据司法解释的规定,非法制造、买卖、运输、邮寄、储存、持有、私藏军用枪支一支以上的,或者非法制造、买卖、运输、邮寄、储存、持有、私藏以火药为动力发射枪弹的非军用枪支一支以上或者以压缩气体等为动力的其他非军用枪支二支以上的,即构成犯罪;枪支数量达到上述标准五倍或者三倍以上的,要升档量刑,其中如认定为非法制造、买卖、运输、邮寄、储存枪支罪的,可以判处十年以上有期徒刑直至死刑"。

所以,本案基本事实确定:犯罪嫌疑人江某购买相关零部件并组装"快排式"自制枪支。本律师将本案的辩护方向定在了减轻刑罚方面。而本案能否实现减轻处罚,决定因素在于江某所组装的气枪能否被认定为"枪支"。本律师阅卷后便着重对公安机关的《枪支检验报告》进行审查,希望从中能发现被告人名下所组装的5把气枪的定性。根据公安机关的检测结果,被告人名下5把自制气枪均被认定为"枪支"。鉴定报告显示内容基本一致:所送检可疑枪支为自制气枪,气瓶尾端连接枪管,枪管为金属制,全枪长790毫米,枪管长度为600毫米,口径为7.0毫米,无膛线,可装填直径为7.0毫米的弹丸;给气瓶充足气后,取单发平均质量为1.41克的7.0毫米钢珠弹装入枪膛中,扣动扳机即可击发子弹;通过测速仪测得的弹丸的平均枪口初速度为88.14米/秒,通过GA/T 953—2011《法庭科学枪口比动能测速仪法测试规程》的枪口比动能计算公式计算的该枪的枪口比动能为14.33焦耳/平方厘米。根据IFSC 08-02-01-2011《枪支性能的检验标准的检验方法》7.1之规定,认定为枪支。

但是辩护人在审查这些《枪支检验报告》时发现了大量问题。首先,涉案枪形物的提取、包装和送检过程违反公安部《法庭科学枪支物证的提取、包装和送检规则》规定,侦查人员未对查获的枪形物进行现场编号,未按规定封装并填写标签。另外,案件材料中也没有证据证明涉案枪形物的保管过程,因此,辩护人无法确定涉案枪形物是否与本案其他枪支混同。根据被告人自己组装及实验的情况,其中两把气枪无法顺利完成击发,而公安机关的报告显示5把枪支都是可以击发子弹的,这就可能存在公安机关将枪支混同或进行过改良,使这两把气枪具备枪支的构成要件。其次,虽然出具上述报告的公安机关司法鉴定中心所属为市级公安机关,但根据行政区域划分,该市为县级市,而根据公安部的规定,涉案枪支、弹药的鉴定由地(市)级公安机关负责,所以辩护人对该份鉴定报告的真实性存在疑问,同时提出了羁押必要性审查申请书,经公诉机关的审查,启动了该程序,将被告人江某予以取保候审。

案件结果

根据辩护人所提出的法律意见,对于辩护人提出的本案中部分《枪支检验报告书》以及枪支鉴定意见书的取得在程序上存在违反规定的情形,主审法院予以重新鉴定和认定,并根据被告人自己组装的枪支情况进行鉴定,最终排除了江某涉案的2把自制气枪为枪支的结论。后经公开开庭审理,依法认定被告人张某、李某某等人违反国家枪支管理规定,单独或者结伙非法买卖枪支,各被告人的行为均已构成非法买卖枪支罪;结合被告人江某的犯罪情节和悔罪表现,认定其可以适用缓刑,并最终判处江某有期徒刑三年,缓刑三年。

这一把算不算是枪?

律师点评

《刑法》《中华人民共和国枪支管理法》（以下简称《枪支管理法》）以及《涉枪解释》《走私解释》等法律规定，对于有效惩治涉枪犯罪，保障人民群众的生命财产安全，确保国家安全和社会大局稳定发挥了重要作用。但是相关法律规定也存在一定的不合理因素：将枪支认定标准制定得较低，存在打击面过大的隐患。

《枪支管理法》第四十六条对"枪支"做了规定性定义，明确："本法所称枪支，是指以火药或者压缩气体等为动力，利用管状器具发射金属弹丸或者其他物质，足以致人伤亡或者丧失知觉的各种枪支。"同时，该法第四条规定，枪支管理工作由公安机关主管。由于《枪支管理法》只是明确了枪支的性能特征，因此在实践中办理相关案件时，公安机关一直按照公安部门制定的枪支鉴定标准认定枪支。《涉枪解释》是与公安部发布的《公安机关涉案枪支弹药性能鉴定工作规定》（公通字〔2001〕68号）确立的射击干燥松木板的枪支鉴定标准相衔接的。据了解，射击干燥松木板标准对应的枪口比动能在16焦耳/平方厘米左右。从多年的实践来看，按照射击干燥松木板标准和《涉枪解释》处理相关案件，未引发问题和争议。基于严控枪支的需要，加之射击干燥松木板标准本身存在缺陷，中华人民共和国公安部2007年10月29日发布了《中华人民共和国公共安全行业标准（GA/T 718—2007）枪支致伤力的法庭科学鉴定判据》。该标准适用于《枪支管理法》所指以火药、气体等为动力，利用管状器具发射弹丸，口径通常小于20 mm的各类身管射击武器致伤力作用能量阈值的判定。其中枪支致伤力的判据包括：①"制式枪支、适配制式子弹的非制式枪支、曾经发射非制式子弹致人伤亡的非制式枪支直接认定为具有致伤力"；②"未造成人员伤亡的非制式枪支致伤力判据为枪口比动能$e_0 \geq 1.8$ J/cm²"。比动能是弹丸所具有的动能与其最大横截面积之比值，而枪口比动能是指"以火药为动力的枪支发射弹丸距枪口50 cm处的比动能，以气体为动力的枪支发射弹丸距枪口30 cm处的比动能"。2010年《公安机关涉案枪支弹药性能鉴定工作规定》（公通字〔2010〕67号）明确，对不能发射制式弹药的非制式枪支，当枪口比动能大于等于1.8焦耳/平方厘米时，一律认定为枪支。

另外，根据2010年12月7日公安部印发的《公安机关涉案枪支弹药性能鉴定工作规定》，涉案枪支、弹药的鉴定由地（市）级公安机关负责，当事人或者办案机关有异议的，由省级公安机关复检一次。各地可委托公安机关现有刑事技术鉴定部门开展枪支、弹药的鉴定工作。

而同时期，天津一名靠摆气球摊为生的赵某某因犯非法持有枪支罪，一审被判处三年六个月的刑罚，引发舆论广泛关注。一审判决书中显示，2016年8月到10月12日间，赵某某在河北区李公祠大街亲水平台附近，摆设射击摊位进行营利活动。公安机关在巡查过程中将赵某某控制，当场查获涉案枪形物9支及相关枪支配件、塑料弹。经天津市公安局物证鉴定中心鉴定，涉案9支枪形物中的6支为能正常发射的以压缩气体为动力的枪支。赵某某随后被检方提起公诉。检方指控赵某某违反国家对枪支的管制制度，非法持有以压缩气体为动力的枪支6支，情节严重，认为应当以非法持有枪支罪追究其刑事责任。2016年12月27日，天津市河北区人民法院在经过审理后对赵某某做出一审判决。法院认为，赵某某违反国家对枪支的管理制度，非法持有枪支，情节严重，其行为已构成非法持有枪支罪；因赵某某当庭自愿认罪，有坦白情节，系初犯，可以酌情从轻处罚。河北区法院一审以赵某某犯非法持有枪支罪，判处其有期徒刑三年六个月。宣判后，赵某某提出上诉，表示不知道打气球用的气枪属于枪支。但二审法院仅以赵某某犯罪行为的社会危害性相对较小，其非法持有枪支的目的是从事经营，主观恶性、人身危险性相对较小，在二审期间其能如实供述犯罪事实，认罪态度较好，有悔罪表现等情节，认为可酌情从轻处罚，对赵某某改判为有期徒刑三年，缓刑三年。

针对我国现行法律规定和枪支的鉴定标准过低的实际情况以及国家对打击枪支类犯罪的决心，枪支类犯罪必须引起大家的足够重视。

承办律师

黄晓炎，北京市盈科（苏州）律师事务所专职律师，扬子鳄刑辩团队核心成员，毕业于郑州大学法学院，从2006年至今从事法律服务工作十余年，具有丰富的工作经验和扎实的法学功底，以稳健的风格和负责任的态度获得委托人的一致好评。

这一把算不算是枪？

缩水的关税
——王某某涉嫌走私一案在侦查阶段被撤销

案情简介

德国 M 公司和德国 S 公司主营铝罐和软管生产线的业务。自 1998 年起，王某某受德方委托担任中国代理商，曾促成了多笔交易，可谓成绩斐然。但在 2014 年王某某因为曾经代理的两笔交易被卷入重大走私案件中。

2012 年，W 市 A 公司通过王某某牵线购买了德国 M 公司一条生产线后，认为进口关税过高，向王某某询问减少关税的方法。王某某借鉴此前客户的做法，建议通过利用技术改进、中外合资、薄壁容器（高新科技）等名义向有关政府部门申请免税或与当地海关商议选择税率较低的设备报关编码等合法方式减少关税。但由于手续复杂，王某某的建议未被 A 公司采纳。A 公司意图在保持总金额不变的前提下将高税率机器设备价格调低，将低税率机器设备价格调高，以逃避关税。A 公司制作虚假价格清单后通过王某某联系德国 M 公司，与德国 M 公司配合制作虚假的报关合同和发票，用以逃避关税。

在上述事件发生的同时，Z 市 B 公司也联系到王某某进口德国 M 公司的铝罐生产线。

2012 年，林某某在 Z 市注册成立 B 公司，投入超过 6 亿元人民币的资金用于购买土地及建造厂房，打算引进德国 M 公司的铝罐生产线，主营化妆品铝罐生产。为此，林某某找到德国 M 公司的中国代理商王某某，表示希望同德方就生产线的型号和价格进行谈判和协商。王某某应允林某某的请求,并主动推荐李某某协助 B 公司负责设备技术方面的工作。2012 年 9 月,B 公司经多次同德国 M 公司谈判后,以总价 582 万欧元的价格购入一套包含 12 个单机系统的生产线,并支付了 28 万欧元的安装调试培训费以及 20 万欧元的包装费和运保费,共计 630 万欧元。2012 年 11 月,B 公司与德国 S 公司签订采购 100 万欧元的铝喷雾罐生产线设备的合同,其中除设备费用外,费用另含 3200 欧元包装费以及 4 万欧元安装调试培训费。

2013 年 3 月,林某某经打听得知由自己负责船运的费用相比德方公司的海运费会便宜很多。随后,通过王某某将此意见告知了德国 M 公司并得到同意。同时考虑到设备投产后需要更换零配件,B 公司将原本作为海运费的金额转为购买零配件的一部分货款。此后,B 公司也向德国 S 公司购买了一些零配件。在补充了相应的零配件采购合同后,李某某建议林某某将零配件同设备一同运输,且不将零配件写在装箱单上,以此逃避零配件的关税。林某某采纳了该建议,以分批运输会造成不必要的运输费用为由要求王某某联系德国 M 公司和德国 S 公司将零配件与设备一同运输。2013 年 6 月,林某某由于前期投入成本过多难以负担高额关税,指派李某某与袁某某向报关公司咨询免税问题,得知安装调试培训费不用缴税后,便指示李某某在合同总价不变的情况下,改低高税率设备价格,改高低税率设备价格,降低部分设备价格,增加安装调试培训费。

2013 年 9 月,李某某与报关公司联系后,根据修改之后的价格,制作虚假的报关单证。经多次修改,李某某大幅降低了该批设备进口关税,并通过王某某将修改后的价格清单转交给德国 M 公司和德国 S 公司,希望德国公司可以协助制作虚假的报关合同和发票。供货清单将 M 公司与 S 公司的供货设备混在一起。王某某因担心德方无法理解修改后的价格,就根据李某某提供的价格清单准备了更加清楚的供货清单,替代了原合同供货清单,形成"报关合同稿"后经李某某确认发送给德国 M 公司和德国 S 公司,并将 B 公司希望德国公司依据修改后的价格清单制作虚假的报关合同及发票的想法传达给德国公司。德国公司应 B 公司要求制作了虚假的报关合同及发票。2013 年 10 月,在

缩水的关税

正式报关以前，袁某某发现安装线内的印刷机设备的关税率为10%，而非先前认为的0%，照之前的方案报税不但不省税，还要多缴税。李某某将此消息上报给林某某，并咨询报关公司后又重新调整了设备的价格。报关后海关要求B公司提供正本合同。李某某根据报关公司提供的模板制作了形式合同和发票。由于通过王某某联系德国公司难以形成良好沟通，李某某跳过了王某某，直接联系德国公司，确定了虚假的报关合同及发票。

2014年6月G市海关在调查B公司设备涉及的报关税务问题时，通知王某某前去配合调查。王某某立即中断旅行连夜赶往G市，准时出现并配合调查。随后G市海关以继续调查为由，将王某某扣留。

律师对策

王某某已是花甲之年，健康状况并不好，在被拘留的1个月期间，备受煎熬。在辩护人接受王某某的委托时，王某某仍然承受着极大的心理与生理压力。在做好王某某的安抚工作后，通过王某某对案件的陈述及辩护人对整个卷宗的分析，对于王某某在案件中所起的作用及带来的不利后果，辩护人认为：王某某作为德国M公司及德国S公司的中国代理商，在德国公司与A公司和B公司的逃税案件中发挥的作用非常有限，属于刑事诉讼法第十五条第（一）项的情形，即"情节显著轻微、危害不大，不认为是犯罪的"。

在本案中，提出逃避关税要求的是W市A公司与Z市B公司。在提出逃避关税要求前，A公司与B公司已开出信用证，足额支付货款，而代理商王某某的佣金已得到足额保证。逃避关税仅关系进口公司自身利益。对王某某而言，其并无动机，也不能从中获取任何实际利益。在进口公司提出逃避关税后，王某某向进口公司建议通过利用技术改进、中外合资、薄壁容器（高新科技）等名义向有关政府部门申请免税或与当地海关商议选择税率较低的设备报关编码等合法方式减少关税，但由于手续复杂其建议未被进口公司采用。在此过程中，王某某并未违反任何法律法规。通过在合同总价不变的情况下，改低高税率设备价格，改高低税率设备价格，降低部分设备价格,增加安装调试培训费来逃避关税的方法是由进口公司与报关公司共谋后得出的。事实上王某某作为代理商,仅负责商品销售,对于商品进出口及关税问题并不清楚,也不曾涉及,提不出这种逃避关税的方法。进口公司在有此想法后很快付诸行动,制作虚假票证,并将改变后的设备及服务价格清单通过王某某之手转交给德国公司,并将希望德国公司协助制造虚假合同及票据的想法由王某某传达给德国公司。王某某确实参与到了案件中,但王某某在其中所起的作用微乎其微。第一,王某某在其中的作用仅相当于信使。王某某并非合同上的主体单位。即使没有王某某,进口公司也可直接与德国公司进行联系。事实上在后期,由于通过王某某联系德国公司无法准确传达自身想法,进口公司跳过了王某某而直接与德国公司联系。第二,王某某作为代理商,在买家向卖家提出要求时,有职责将信息反馈给卖家。促成交易、提供售后服务及将买家要求反馈给卖家属于王某某的分内工作。对于进口公司将邮件转发给德国公司的要求,王某某并没有拒绝的理由;对于邮件内容,王某某也无仔细审查的义务。

在进口公司将邮件发送给王某某并由王某某转发给德国公司的过程中,王某某做出了对邮件内容进行修改的举动。这是海关缉私局认定王某某涉嫌走私的关键。但事实上,王某某对邮件内容并未做实质性变更。由于进口公司发送的价格清单将德国 M 公司与德国 S 公司的供货设备混在一起,德国公司可能难以理解此清单内容。出于减少不必要误解和来往电邮修改的目的,王某某依据此清单准备了更清楚的供货清单,经进口公司确认后转发给德国公司。该起走私犯罪为单位犯罪,而王某某并非涉案单位的工作人员,不属于"直接负责的主管人员",也并没有从中谋取利益,且作用极小,不应当被认定为"其他直接责任人员"。若要认定王某某涉嫌走私,则王某某至少需存在通谋行为。但王某某对邮件的修改,很难被认定为与进口公司共谋逃避关税。对于邮件的内容可能带来的逃避关税的后果,王某某并无认识,即使猜测到进口公司是为少交关税做准备,也并不明知具体少交多少关税,甚至不清楚如何实现逃避关税行为,并且作为从未接触进出口及关税问题的 62 岁的老人,也缺乏对可能构成走私的该行为的违法性认识。王某某并没有帮助进口公司逃避关税的想法,很难被认定为该走私预备行为的帮助犯。认定预备犯与实行犯的关键在于犯罪是否开始着手。发送邮件行为本身仅是进口公司为与德国公司通谋而进行的准备工作。王

缩水的关税

某某并不确定德国公司是否会提供帮助，有没有实际着手。如果王某某前期的参与行为构成帮助行为，其也仅仅是预备犯。然而在后续发展中，王某某的帮助行为与结果的发生的因果联系中断了。王某某参与修改邮件是在9月，但在10月，进口公司发现，依据修改的价格清单报税，不但不能少交关税，反而要多交关税，因此，德国公司依据王某某参与修改的价格清单制作的虚假的报关合同并未被实际使用。王某某的帮助行为由于意志以外的原因并未对实行行为起到帮助作用，属于未遂。王某某在整个案件中所起的作用实在微不足道。结合法理与情理，从司法效率来考量，辩护人认为对王某某并无追究其刑事责任的必要。

案件结果

办案机关在对王某某刑事拘留一个月后，变更强制措施为取保候审。之后，辩护人通过专业分析向检察院侦查监督科提出了书面的辩护意见，并约请检察官进行当面沟通。检察机关对王某某一案两次退回补充侦查。最终，侦查机关做出了撤销案件的决定，当事人王某某被无罪释放。

律师点评

我国目前仍然处在工业化的进程中。在这一时期，劳动密集型产业拥有较大优势。为了更好地发展，很多企业选择从国外进口成套生产线或成套设备。由于前期投入过多，许多企业无力承担后期高额进口关税，因此有关设备进口偷逃关税的现象频发。严重的走私犯罪对我国税收造成了巨大损失，并且严重损害了海关监管制度的威严。但确实有偶发的逃避税款行为存在。这类行为主观恶性不大，情节相对轻微。依据对严重犯罪从严打击，对轻微犯罪依法从宽处理的精神，为响应习近平总书记在民营企业家座谈会上的讲话"对一些民营企业历史上曾经有过的一些不规范行为，要以发展的眼光看问题，按照罪刑法定，疑罪从无的原则处理，让企业家卸下思想包袱，轻装前进"，为支持民营企业的发展，防止过重刑事风险对企业带来毁灭性打击，笔者不建议对企业进口自用设备偶发的逃避关税行为判处过重刑罚。

对于单位型走私犯罪，涉案人若并非该单位员工，则不属于"直接负责的主管人员"，如果涉案人也没有从中谋取利益，作用极小，那么也不应当被认定为"其他直接责任人员"。涉案人若在客观上参与犯罪程度不深，并没有积极推动犯罪进展，则也不应当被认定为责任人员而追究刑事责任。对于这类涉案人，依据刑法谦抑性原则，在充分尊重罪刑法定原则、罪责相适应原则、人人平等原则的前提下，笔者认为可以适度减少不必要的犯罪认定或者抑制不必要的重刑主义倾向。建议对该类涉案人不起诉，这也能节约司法资源。

除此之外，分析案件时，还需对涉案人的犯罪形态进行判断。犯罪形态的不同极大地影响了定罪量刑。犯罪形态是指故意犯罪在其发生、发展和完成的过程中的各个阶段，因主客观原因而停止下来的各种形态。犯罪完成形态为犯罪既遂。犯罪未完成形态包括犯罪预备、犯罪未遂和犯罪中止。犯罪预备和犯罪未遂在实际操作中通常难以严格区分，因为二者都是由于意志以外的原因而没有既遂。区分的关键在于判断实行行为是否"着手"。犯罪预备是进行了犯罪准备，但是由于意志以外的原因而没有能够"着手"；犯罪未遂是已经"着手"实行犯罪，由于意志以外的原因而没有既遂。对预备犯，司法机关可以比照既遂犯从轻、减轻处罚或者免除处罚；对未遂犯，司法机关可以比照既遂犯从轻或者减轻处罚。当二者难以区别时，从有利于被告人的原则考虑，可将行为定性为犯罪预备。

关于企业进口设备偷逃关税行为，笔者还写过一篇文章，探究企业偷逃关税背后的原因，建议对此类行为不要轻易动用刑罚。

承办律师

周小羊，北京盈科（上海）律师事务所高级合伙人，扬子鳄刑辩创始人，扬子鳄刑辩联盟主席，上海市律师协会社会矛盾化解业务研究委员会副主任，民革上海市委民主监督工作委员会委员，静安区统战部特约专家，静安区政协特约专家，苏州大学王健法学院实践导师，苏州大学文正学院兼职教授，苏州市佛教协会法律顾问。执业十余载，办理过数百起刑事案件，代理的案件中很多取得了撤销案件、取保候审、不批准逮捕、不起诉、免于刑事处罚、缓刑和二审改判的效果。近些年周小羊律师还致力刑事风险防控，受邀在上海交通大学、苏州大学和相关行业协会授课，取得了广泛的好评。

周小羊律师在参政议政上也有丰硕的成果。其撰写的不少建言曾被中央统战部《零讯》和《统战工作（专刊）》及上海市委统战部《统战专报》录用，被中共中央办公厅、全国政协、民革中央、上海市政协、上海市委办公厅等采纳，亦获相关领导批示，被转化为政策法规施行。

方园律师，中共党员，北京市盈科（苏州）律师事务所合伙人，扬子鳄刑辩团队发起人之一，扬子鳄刑辩联盟品宣部长，苏州大学王健法学院"卓越法律人才培养基地"实践导师。方园律师有四年在检察院公诉科工作经历，执业至今，办理的刑事案件中很多取得了取保候审、不起诉、从轻和减轻处罚等良好的辩护效果。

是银精矿石还是铅泥？
——李某某涉嫌走私废物终获无罪

案情简介

李某某为进出口贸易代理商，多年从事进出口贸易代理工作，却在一次进出口贸易中惹上了麻烦。

A进出口贸易有限公司（以下简称"A公司"）是李某某的客户，于2016年年末开始委托李某某申报进口银精矿石并协助办理进口报关和通关手续。

2016年12月初，A公司从泰国购来的银精矿石系原矿，经由李某某代理报关，顺利进口。同月末，A公司再次委托李某某代理报关、申报进口手续。但是在这次进口过程中，李某某遇到了一点小麻烦：海关对本次货物的矿物质含量提出了异议，要求对进口矿石进行含量检测。无奈，李某某只好委托连云港的检测公司对银精矿石进行了检测。检测公司出具了CCIC（中国检验认证集团）质量合格检验报告。此后海关予以放行，使银精矿石得以进口。

海关怎么会对货物的矿物质含量提出异议呢？银精矿石的矿物质含量到底对报关有什么影响呢？其实影响很大。矿物质含量的高低直接决定了进口货物是金属矿石还是普通石头。如果矿物质含量不达标，一旦被认定为普通石头，在报关过程中这种石头就会被认定为废物，而李某某的进口行为将会涉嫌走私废物。所以货物矿物质的含量高低直接决定了李某某的行为合法与否。海关对货物进出口的把控是很严格的，对允许进口和出口的货物有着严格而详尽的法律规定。但是这次有惊无险的检测并没有让李某某产生足够的警惕。

是银精矿石还是铅泥？

2017年2月，A公司再次委托李某某代理银精矿石进口，但是这一次报关进口又遇到了麻烦。此次报关和以往的没什么不同，甚至内容和手续都是一致的，但货物却被海关查扣。海关的理由正是李某某走私废物。李某某在从海关处得到消息后，马上和单证员一起两次到海关查验科协助检测矿物样品。在这期间，李某某和单证员多次给A公司打电话询问货物到底有没有问题，而公司负责人均告诉李某某和单证员这批货的含量没有任何问题，完全经得起检验。然而，海关最终检测结果认定，这第三次进口的货物，不是银精矿石，而是铅泥！

原来，此次A公司委托李某某进口的，不再是银精矿石，而是铅泥！铅泥在我国法律中被认定为废物。进出口铅泥很有可能会被认定为走私废物而涉嫌犯罪！

律师对策

本律师认为，李某某不构成犯罪。报送检察院的律师意见如下：

李某某自始至终不具有走私废物的主观目的，因此，李某某代理A公司申报进口银精矿石并协助办理进口报关和通关手续的行为不构成走私废物罪。理由如下：

一、李某某自始至终都不知道A公司申报进口的银精矿石属于国家禁止进口或者限制进口的固体废物

首先，A公司负责人一直告诉李某某，所进口的银精矿石系从泰国进口的原矿，每吨矿含有800多克银，4~5克金；这种银精矿石属于中国允许合法进口的金属矿石。

其次，李某某和单证员一直不知道这最后一批货物的金属含量是否合格。货物被海关查扣之后，李某某和单证员还多次反复找A公司负责人确认银精矿石的金属含量是否合格，能不能经得住海关检验。也就是说，直至海关查扣货物时，李某某确实一直不知道这批货物是否属于国家禁止进口的固体废物。

李某某一共给A公司代理进口过三次银精矿石，前两次是在2016年12月，最后一次是在2017年2月。在前两次代理进口银精矿石的过程中，李某某均是正常申报进口的。在第二次申报进口的过程中,海关对矿物质含量提出了异议,要求对进口矿石进行含量检测。李某某委托连云港的检测公司对银精矿石进行了检测。检测公司出具了CCIC质量合格检验报告后海关才予以放行。这说明,前两次进口银精矿石均没有任何问题,不存在进口固体废物的情况。在第三次进口银精矿石的过程中,李某某的代理手续与前两次是一模一样的,没有任何隐瞒和造假行为。在海关要求进行检测时,李某某和单证员一起两次到海关查验科协助检测矿物样品。在这期间,李某某和单证员多次给A公司负责人打电话询问货物到底有没有问题,而A公司负责人均告诉李某某和单证员这批货的含量没有任何问题,完全经得起检验。这一反复电话询问A公司负责人的事实,有单证员可以证实。另外,和A公司负责人通电话时,李某某和单证员都在李某某的车上,车上的行车记录仪也可以证实全部通话的内容。

因此,对于被查扣的第三批银精矿石属于禁止进口的固体废物这一事实,李某某和单证员此前确属不知情。

再次,虽然李某某在海关各次讯问笔录中的供词前后出现不一致的情况,但这可能是因为海关工作人员在讯问过程中存在欺骗、引诱、误导等情况。最关键的还是要看本案的客观事实。分析李某某和单证员的客观行为及表现,才能正确判断出李某某是否具有走私废物的动机和目的。

二、李某某一直不知道铅泥是否属于国家禁止进口的固体废物。A公司负责人在微信中询问李某某是否可以进口铅泥,以及将铅泥的照片发给李某某的事实,并不能证明李某某此前同意A公司负责人进口铅泥或者明知A公司负责人最后一次是在进口铅泥,更不能证明李某某明知铅泥就是固体废物

A公司负责人曾在2016年3月通过微信发了一张矿物样品(疑似铅泥)的照片给李某某,询问李某某是否可以进口铅泥。李某某当时只是答应帮A公司负责人向海关的朋友询问,但李某某实际并未找海关的朋友询问,更未告诉过A公司负责人可以进口铅泥,因为实际上他自己也不知道铅泥是不是海关禁止进口的固体废物,是否可以通过海关正常进口铅泥。此后双方就再未沟通过任何有关进口铅泥的事情。并且2016年12月,A公司负责人还两次委托李某某代理进口银精矿石的相关手续,李某某在第二次代理的过程中还委托检测单位对银精矿石出具CCIC质量合格检验报

是银精矿石还是铅泥?

告。这两次代理进口银精矿石的过程中都没有任何有关进口铅泥的问题出现，直到 2017 年 2 月本案发生。也就是说，A 公司负责人在微信中询问李某某是否可以进口铅泥，以及将铅泥的照片发给李某某的事实，与本案并没有任何必然联系，并不能证明李某某此前同意或者明知 A 公司负责人这一次是在进口铅泥，更不能证明李某某此前明知铅泥是禁止进口的固体废物。

所以，司法机关绝不能认定李某某已经同意 A 公司负责人进口铅泥或者明知 A 公司负责人是在进口固体废物并且协助 A 公司负责人办理有关报关和通关手续。

三、李某某在代理 A 公司进口银精矿石的报关和通关手续时，从未故意逃避和变相逃避海关的监管，更未故意低报进口货物价格以逃避海关关税，不具有任何走私废物罪的行为及表现

在前两次代理进口银精矿石申报手续的过程中，李某某都正常申报和缴纳海关关税。当海关提出要求要对进口货物的品质和金属含量进行查验时，李某某积极配合海关工作人员并委托连云港的检验单位出具 CCIC 质量合格检验报告。在第三次申报通关过程中，海关是在李某某完全缴纳了关税之后又突然要求查验货物的。此时，李某某仍然两次主动配合海关对货物进行查验和检测，中途还积极联系 A 公司负责人询问进口货物的品质是否有问题，而 A 公司负责人反复强调货物品质非常好，完全合格，让李某某放心配合海关接受检验。也就是说，李某某自始至终都没有逃避海关监管和偷逃关税的走私行为及表现。

四、李某某在代理 A 公司进口银精矿石业务的过程中，并未获得任何进口固体废物的最终利益

李某某代理每一票货物进口的劳务费用仅仅只有一万多元，收益微乎其微，因此，李某某没有理由在明知他人进口固体废物的情况下，还冒着走私废物的巨大风险来做生意。也就是说，李某某所冒的走私废物的风险与收益完全不成比例。这明显不合常理。

综上所述，李某某并不具有走私废物的主观目的，因此，李某某代理 A 公司（公司负责人）申报进口银精矿石并协助办理进口报关和通关手续的行为不构成走私废物罪。

案件结果

人民检察院以事实不清、证据不足为由对李某某不予批准逮捕。后公安局决定撤销案件,当事人李某某被无罪释放。

律师点评

在本案中,如果李某某对事实认识没有发生错误,即明确知晓自己代理进口的第三批货物是铅泥,没有将其错认为是金银矿,但是产生了违法性认识错误,即不知道铅泥会被海关认定为废物,不知道进口铅泥是法律禁止的走私废物行为,是否会影响对李某某罪名的认定?

前文中提到的事实认识错误和违法性认识错误是两种不同层面的认识错误,在刑法上两者对行为人行为性质的法律评价有着不同的影响。

事实认识错误往往能直接改变对行为人主观目的的认定,是入罪和出罪、此罪和彼罪的重要界限。比如,行为人误认为郊外的张三是猎犬而将其开枪打死。行为人对杀人触犯刑律的认识没有出现错误(这种认识未必需要多么精确。只要行为人意识到自己的行为是受社会谴责的,其主观恶性即可被认定,即行为人在法律上有了受制裁的基础),但是对自己的行为对象出现重大误判,并且基于对行为对象的错误认识实施了杀人行为。在事实层面出现认识错误,足以明确地否定行为人的杀人故意。没有杀人的故意,行为人的行为当然就不构成故意杀人罪,在刑法层面就直接改变了对行为人的法律评价(当然,行为人的行为可能构成过失致人死亡罪。即便在刑法上不构成犯罪,行为人也需要承担相应的民事责任)。

违法性认识错误,即法律认识错误。传统理论的结论是违法性认识错误成立犯罪。

传统理论认为违法性认识错误不影响定罪,其实也不无道理。比如 14 周岁以上的人杀人的情形,哪怕该行为人因为特殊的成长环境,确实无知到不知道杀人要遭受谴责的程度,除非他是无刑事责任能力的精神病人,否则他也要因此受到刑事制裁。在这种严重侵犯社会伦理的情形下,传统理论对违法性认识错误的这种处理(即不懂法也要定罪的判断)是合理的,否则必将使违法性认识错误成为罪犯脱逃刑事责任的借口,不利于维护社

是银精矿石还是铅泥?

会公共利益。在行为人确实产生违法性认识错误的场合,传统理论的这种处理反映了刑法对公民认知义务的要求,在法律技术上则体现为一种直接推定。换句话说,法律要求十四周岁以上的公民必须认识到故意杀人行为是社会所谴责的(国外理论称之为"良心紧张")。

但是,随着时代的发展,法律行为和犯罪种类日趋增多。传统理论在新形势下也遇到了新的挑战。传统理论在自然犯(自然犯是指借助社会伦理规范就可知道行为违法性的犯罪)的场合,并无不当。但是随着法定犯(法定犯是指由于特定法律的规定始被认为是犯罪的危害社会的行为,是自然犯的相对概念)时代的到来,特定领域法律规范的专业化程度逐渐加深,非专业人士依据常识很难判断自身行为违法与否,在这种情况下,传统理论对违法性认识似乎提出了过高的要求。面对这种情况,一些新理论为我们分析问题打开了新思路。

承办律师

吴飞雄,山东众成清泰(青岛)律师事务所高级合伙人,刑事事业部主任,代理过众多重大刑事案件,多次成功为当事人实现无罪辩护,并曾先后为青岛海尔集团、青岛海信集团、中国工商银行青岛分行、中国建设银行青岛分行、中信银行青岛分行、青岛冷丰食品有限公司、阿斯特兰(青岛)国际物流公司、青岛西科姆电子安全有限公司、青岛雷特化工有限公司、山东省服装进出口集团公司、山东省机械进出口集团公司等多家单位提供法律服务。多次荣获青岛市司法行政系统先进个人,先后担任青岛市律师协会劳动争议委员会委员、海事海商委员会委员、刑事业务委员会委员,青岛市民商法研究会常务理事。

主动收集证据仍大有可为
——某福公司被控走私普通货物案

案情简介

2015年7月至2016年12月，在S市某福实业有限公司（以下简称某福公司）为韩国H公司（以下简称韩国公司）代理进口与销售陶瓷餐具、茶具过程中，某福公司经理赵某明知实际结算价格，却仍将韩国公司提供的实际结算价格50%的低价发票提交报关公司向海关申报。经S市海关核定，某福公司采用上述方式申报进口陶瓷餐具、茶具共计4票，偷逃应缴税额共计人民币220020.46元。这构成走私普通货物罪。

律师对策

一、辩护人提交的相关证据表明某福公司进口的货物中有货损，因此货物的实际价格不应按韩国公司提供的发票票面金额计算

S市海关核定某福公司偷逃税款共计人民币220020.46元。海关是用赵某认可的由韩国公司提供的货物到港实际价值的发票金额计算某福公司相应的应缴税款，即用两套发票中票面金额高的那一套发票计算应缴税款。然而在某福公司用低价发票进行申报进口货物的4票中，有一票因运输过程中发生了货损，报关时货物的价值远低于发票记载金额。

辩护人提交了韩国A保险公司（以下简称A公司）出具的《情况说明》以及F保险公估（上海）有限公司（以下简称F公司）出具的《调查报告》两份证据。这两份证据均可以证明货物在报关前已经发生货损。上

述两份证据显示，2015年11月某福公司进口的一批货物发生了货损。收货人在集装箱运抵指定仓库，开箱卸货时发现集装箱体顶部有两个洞，且有水渗入集装箱，使货物被浸湿。为确定损失，A公司委托F公司进行调查。调查确认有56箱货物被水浸湿，产品外箱及内部彩盒包装均湿透。现场硝酸银试验结果表明水为雨水。虽然雨水对产品本身没有造成损坏，但内部彩盒包装也是被销售的部分，必须重新更换，否则货物无法被销售。A公司根据F公司的调查报告，赔偿了2458088韩元的彩盒包装费用。

此56箱货物未更换包装，被堆放在某福公司仓库中，实际无法被销售。辩护人认为，计算进口货物的实际价值进而计算相应应缴税款时应扣除上述56箱货物的价值。最高人民法院、最高人民检察院颁布的《关于办理走私刑事案件适用法律若干问题的解释》第二十四条规定，单位犯走私普通货物、物品罪起刑标准为偷逃应缴税额在20万元以上。本案核定的偷逃应缴税款超过20万元，但如果减去此56箱货物对应的应缴税款，就不满20万元，因此司法机关不应将本案作为刑事案件处理并追究某福公司及赵某的刑事责任。

二、本案部分证据不能作为定案依据

鉴于我国在刑事诉讼中以使用中国通用语言文字为原则，公安机关或检察机关应将获取的相关外文证据提交有资质的翻译机构进行翻译。如果翻译无误，检察机关或辩护人仅需对中文译本进行质证即可。在本案中，从在卷证据看，整本卷四均为外文证据材料，包括证人孟某、孙某确认的第1—4票真假发票及相关电子邮件，赵某确认的要求低报的相关电子邮件等。上述电子邮件大部分为赵某与韩国公司相关主管人员的往来邮件。邮件内容涉及韩国公司要求赵某用低价发票申报、发票的具体内容等，均与本案案件事实相关。这些邮件均为英文或韩文邮件。S市海关缉私局收集上述证据后未对邮件内容进行翻译，未制作中文译本，以致辩护人无法对其进行质证。未经质证的证据不应作为定案依据，因此辩护人请求检察机关对上述证据进行翻译。

三、本案中犯意提起者、采用低价报关手段偷逃税款的实际获益者均为韩国公司

某福公司仅为韩国公司的代售方。此代售项目的实际负责人为赵某。赵某的供述及某福公司出资人陈某的陈述可以相互印证。本案的事实情况

是"韩国公司想开拓中国市场。韩国公司的总经理与某福公司老板陈某熟识,而陈某又与赵某熟识。陈某介绍赵某与韩国公司总经理认识后三人达成共识:韩国公司负责前期投入,某福公司无须支付商品的货款,员工工资、门店装修、参加展会及商品的各项进口税费均由韩国公司承担,某福公司只负责代售。销售产品的收入先用来支付门店租金等运营成本。由于目前销售所得远远不够支付前期投入,于是入不敷出部分均由韩国公司将钱打到陈某账户,陈某再转入某福公司账户"。在这种运营模式下,某福公司仅仅是韩国公司意志的执行者。韩国公司总经理提出按照到上海的货物实际价格的一半来报关,从而降低进口的成本。进口申报的低价发票也由韩国公司制作好发给某福公司,而某福公司均是按照韩国公司的指示操作。另外,可以佐证上述言词证据的是某福公司与韩国公司之间并未签订任何货物的买卖合同,某福公司银行账户的交易明细中也没有任何支付韩国公司货款的明细。

本案实际上应当是某福公司与韩国公司共同犯罪。犯意提起者为韩国公司。韩国公司要求以低价发票报关,且报关使用及零售计算成本使用的发票均由韩国公司提供。本案项目的实际投资人及以低价报关从而偷逃税款的实际受益者均为韩国公司,而某福公司并未从中获得任何利益。韩国公司在本案中处于主导地位,某福公司则处于受指使的从属地位。由于韩国公司在国外,司法机关并未追究该公司的刑事责任,但应考虑某福公司在案件中的地位和作用,对其从轻处罚。

四、某福公司仍有诸多法定和酌定的从轻处罚情节

(1)构成自首。

S市海关缉私分局决定对某福公司走私普通货物案立案侦查后,办案人员打电话通知赵某。赵某主动投案,并首次交代了全部案件事实,因此,赵某及某福公司均应构成自首。根据法律规定,司法机关可以对赵某及某福公司从轻或减轻处罚。

(2)某福公司此前并无其他犯罪前科,进口的货物绝大部分并未被销售,其中最后一票货物更是被海关扣押,因此辩护人认为,某福公司的社会危害性小,犯罪情节较轻,请求从轻处罚。

主动收集证据仍大有可为

案件结果

S市人民检察院第三分院认为某福公司实施了走私普通货物的行为,但犯罪情节轻微,具有自首情节,决定对某福公司不起诉。

律师点评

(1)虽然本案涉案金额不大,但从2015年到2018年跨度时间长。由于委托人长时间不在S市,因此陶瓷餐具、茶具被销售得不多,多被堆放在仓库。且委托人对案件中的很多细节和中途发生过的事记忆模糊。在辩护人阅卷后,与委托人多次核实证据的过程中,委托人才隐约想起发生过货损,而货损的承保单位为韩国的保险公司。辩护人将委托人收集提供的相应证据材料交给检察机关后,检察机关认为来自境外的证据材料需要做双认证。《最高人民法院关于适用〈中华人民共和国刑事诉讼法〉的解释》第四百零五条规定:"对来自境外的证据材料,人民法院应当对材料来源、提供人、提供时间以及提取人、提取时间等进行审查。经审查,能够证明案件事实且符合刑事诉讼法规定的,可以作为证据使用,但提供人或者我国与有关国家签订的双边条约对材料的使用范围有明确限制的除外;材料来源不明或者其真实性无法确认的,不得作为定案的根据。当事人及其辩护人、诉讼代理人提供来自境外的证据材料的,该证据材料应当经所在国公证机关证明,所在国中央外交主管机关或者其授权机关认证,并经我国驻该国使、领馆认证。"

辩护人认为,提供的证据材料仅为线索,司法机关负有查明案件事实的义务,应当负责组织对上述证据材料进行双认证。与辩护人交换意见后,承办检察官认为出现货损的仅为彩盒包装,仅能扣除彩盒包装价值2458088韩元相对应的税款,折合人民币后最多扣减几千元人民币的税款,仍然可以定某福公司犯走私普通货物罪。为了使诉讼程序顺利进行,辩护人与当事人充分协商后决定撤回提交相应证据。检察机关同意做出相对不起诉的决定。

由此可见,辩护人应根据当事人利益最大化原则选择辩护策略,另外应尽量将辩护工作提到审前,多与办案人员沟通交流。

（2）在本案中，某福公司代售韩国公司的货物，运营模式基本是韩国公司占主导决定地位，采用 CIF 上海的价格计算成本。如果采用 DDP 这种完税后交易的模式，韩国公司自行负责缴纳进口关税，某福公司就既不享受利益也不承担相应风险。

承办律师

王文文，北京市隆安律师事务所上海分所专职律师、金融刑法部成员。

主动收集证据仍大有可为

浅谈律师辩护中细节的把握与控、辩、审三方的沟通

——杨某某涉嫌非法吸收公众存款终获免予刑事处罚

案情简介

周某（主犯、另案处理）于2015年9月，通过股权转让的形式成为上海某股权投资基金管理有限公司（以下简称"基金公司"）的实际控制人。此后，周某在基金公司内成立5个业务部开展业务。5个业务部依次分别设立部门经理、总监、团队经理、业务员层级。部门经理获取部门总业绩0.6%底薪及0.3%提成，总监获取底薪及0.4%提成，团队经理获取底薪及0.5%提成，业务员按照业绩逐级获取工资。

通过向不特定客户支付年化利率为6%~10%的利息，基金公司吸引、招揽投资客户购买该公司的理财产品。基金公司采取业务员拨打电话的方式，向不特定客户介绍该公司系保险公司委托售后部门，因客户原先的保险类理财产品利润小，现为了补偿客户，建议客户退保，并同时推荐年化利率为6%~10%的理财产品，并称该理财产品系用于基金公司新能源汽车的项目建设和流动资金。后经上海公安机关核实，基金公司并无从事金融业务的资质。

截至案发时，基金公司已非法吸收公众存款6000多万元。经查，投资款实际用于发放利息、公司租金、员工工资、公司运营管理费用及对外投资。

本案被告人为业务员杨某，自2017年5月至案发时，收取4名投资人资金共4次，共计288000元。2017年7月杨某被羁押，次日被刑

事拘留，同月14日被逮捕。

除杨某外，本案还有其他8名被告人，分别为李某（市场一部总监）、丁某某（市场二部总监）、付某（业务员）、官某（业务员）、张某某（业务员）、陈某（业务员）、汪某某（市场二部团队经理）、伍某某（市场三部团队经理、业务员）。

2017年10月30日，上海市Y区人民检察院就此案所涉9名犯罪嫌疑人向上海市Y区人民法院提起公诉，要求法院对9名被告人以非法吸收公众存款罪定罪量刑；就本案被告人杨某，建议按照《中华人民共和国刑法》第一百七十六条第一款量刑，即"处三年以下有期徒刑或者拘役，并处或者单处二万元以上二十万元以下罚金；数额巨大或者有其他严重情节的，处三年以上十年以下有期徒刑，并处五万元以上五十万元以下罚金"。

律师对策

一、了解基本案情、固定案件事实及分析案件

辩护人接受当事人家属的委托后，第一时间会见了犯罪嫌疑人，此后又数次到看守所会见犯罪嫌疑人，特别是在批准逮捕阶段多次会见犯罪嫌疑人，掌握了案件的真实情况以及详细的细节事实。

根据前期会见的结果，辩护人认为案件事实本身并不复杂：

犯罪嫌疑人杨某在案件中处于与被害人直接接触的行为人的地位。杨某通过打电话招揽客户的方式，自2017年5月至案发时，收取4名投资人资金共4次，共计288000元。杨某在共同犯罪中为有明确分工的角色，其行为确实构成非法吸收公众存款罪。

由于本案涉案金额特别巨大，涉案人数众多，社会影响较大，对杨某如何量刑，辩护人如何在法律允许的范围内争取到对杨某最为公平公正的处罚，成为辩护人最为关注的焦点，也成为辩护人辩护策略的起点。

二、制定策略

在前述案件分析的基础上，并以为杨某争取合理的公平的量刑为目标，辩护人制定了将辩护的基础落实到细节事实上的辩护策略。

本案涉案人员众多。与杨某一并被司法机关处理的 8 人中，有总监、团队经理和业务员。无论从级别重要程度、角色分工来说，还是从入职时间、主观过错程度、造成的危害程度来说，精确地把握对量刑有积极意义的细节，之后再将一连串由细节组成的事实反映给检察院及法院，将成为使杨某罚当其罪，为杨某争取公平合理判决的关键因素。

三、落实细节

在案件进入审查起诉阶段前，辩护人采取会见—分析—再会见—再分析总结的方式，对案件的细节进行逐步梳理。进入审查起诉阶段后，辩护人第一时间到检察院进行了阅卷工作。结合第一阶段的工作成果，提出以下代理意见：

（1）被告人杨某在主观上并非积极主动地参与犯罪，对其他涉案人员利用上海某股权投资基金管理有限公司名义非法吸收公众存款的活动并不知情。被告人杨某本身存在被其他涉案人员欺骗的情节。

事实上，被告人杨某于 2017 年 5 月中旬经前同事（同案另一被告人）介绍，入职上海某新能源汽车有限公司，其工作内容就是打电话约客户。双方未签订正式劳动合同，但被告人杨某曾填写入职单。因是前同事介绍，被告人杨某并未对上海某新能源汽车有限公司有所怀疑，仅从前同事和公司的介绍及营业执照中知道该公司主要做新能源汽车方面的业务。

辩护人从国家企业信用信息公示系统中查询确认，的确有上海某新能源汽车有限公司这家公司，且法定代表人与本案涉案公司基金公司的法定代表人为同一人。

上海市 Y 区公安分局起诉意见书以及上海市 Y 区人民检察院起诉书中，均将被告人杨某直接认定为基金公司员工。辩护人提出，希望检察机关、法院能够从细节上确认以下事实：因上海某新能源汽车有限公司与基金公司人员及场地混同，被告人杨某实际入职上海某新能源汽车有限公司后对基金公司无法获得正确认识，依然认为自己是为持有合法营业执照的上海某新能源汽车有限公司工作，更无从知晓自己打电话约所谓客户的行为实际涉及非法吸收公众存款这一刑事犯罪。

（2）被告人杨某没有与本案其他涉案人员共同犯罪的故意。

经辩护人与被告人杨某核实，在起诉书内所涉及的其他 8 名被告人中，除了第一被告人李某外，其他 7 名被告人杨某均不认识，也从未打过交道。

但因与第一被告人存在级别上的差异,被告人杨某是向团队长王某汇报,较少与第一被告人李某打交道。现有证据也不足以证明被告人杨某与被告人李某存在犯意联络。

（3）被告人杨某在本案中所起的作用更接近于充当其他涉案人员的犯罪工具。实际上是其他犯罪人员对被告人杨某进行蛊惑、蒙骗,从而使得被告人杨某无意识地参与到非法吸收公众存款的部分过程中。在整个过程中,被告人杨某并没有自己主观的犯罪故意。即使没有被告人杨某,本案其他涉案人员也可以招募其他任意人员参与到本案中。

另外,被告人杨某只是负责按照公司上级领导给的名单,并按照公司上级领导提供的话术打电话,不知道公司收来款项的实际去向,也未参与涉案款项分配的决定过程,只是被动地、主观地接受公司给予的提成。

在公诉机关的起诉书中,涉及被告人杨某的被害人有4名,涉案金额为288000元。实际上,被告人杨某的主要工作仅仅是打电话约客户（被害人）。客户（被害人）到公司签单等一系列后续动作,被告人杨某一般无法参与,均是由被告人杨某的上级领导负责。即被告人仅仅是按照公司领导的指示,完成所谓的工作任务,并不知道自己打电话这样的行为违反法律规定。同时,被告人杨某并不知道非法吸收来的存款的实际用途及走向。

被告人杨某直至案发后,仍然不清楚其工资的组成,只是确认其基本工资为2300元/月,剩余的提成部分均由公司决定,其自身没有参与决定分配的任何环节。

从公安机关提供的讯问笔录中可以看出,被告人杨某打电话约客户时是有固定的话术的,即通话是有固定模式和模板的,被告人杨某并没有自身的主观意识。

（4）被告人杨某到案后,主动向办案机关坦白所有情节。

从被告人杨某到案后的多次询问笔录中可以清楚地看到,被告人杨某从不知道自己涉嫌犯罪,到知道自己的行为涉嫌参与犯罪,已将相应的细节、过程清清楚楚地向办案机关交代。

（5）被告人杨某表示其的确不知道这样的行为已经涉嫌犯罪,但其依然认识到她的行为给被害人造成了一定的损失。所以被告人杨某表示认罪,且愿意将非法所得予以退还。

（6）被告人杨某家庭条件不好,又患有抑郁症,常年吃药,且性格相对内向,对熟人较容易相信。被告人杨某从偏远县城来沪谋生,此前只有短暂的工作经历,未接触过金融行业,对相关法律法规并不知悉。由于介绍人是熟人,被告人杨某轻信了熟人的言语。

四、律师与检察院、法院的三方沟通

因各种因素的影响,律师在办理刑事案件时,在与办案单位的沟通上往往存在各种问题或困难。对此律师显得有些无可奈何,有些律师甚至直接放弃了庭审前与检察院、法院的沟通。

本案的辩护意见是否能够被检察院、法院接受并采纳,将决定辩护人工作成效的好坏。因此,如何与检察院、法院进行有效沟通,成为辩护人迫切要思考的问题。经再三考虑,辩护人在本案中采取了多种方式与检察院、法院进行沟通,并取得了可喜的效果:

1. 在案件审查起诉阶段与检察院的有效沟通

辩护人第一次阅卷后,就公安机关未查清细节事实、公安机关移交的证据不足等情况,通过预约,以电话的方式与检察院承办检察官进行了沟通,成功让检察院将案件退回公安机关补充侦查。

公安机关补充侦查完结,再次将案件移送审查起诉后,辩护人再次阅卷,并以书面的形式,向承办检察官递交了辩护意见。同时,以电话的形式告知承办检察官辩护人已提交辩护意见,请承办检察官予以重视。

在收到该辩护意见后,承办检察官又与被告人杨某核实了相应的细节。最终,被告人杨某在起诉书中的9人中排名最后。而此前在公安机关的起诉意见书中,杨某在9人中排名第二位。辩护人的辩护意见明显得到了检察院的认可。这一改变对杨某获得免于刑事处罚的判决起到了重要作用。

2. 在案件审理阶段与检察院、法院的有效沟通

在案件审理阶段与检察院、法院的有效沟通主要包括庭审中的有效沟通和案件处于审理阶段时庭外的有效沟通。

在本案中,辩护人在开庭前做了充分的准备工作,对庭审时可能出现的状况做了翔实的预案。同时,辩护人在开庭前三天不仅将书面辩护意见提交给承办法官,还将与检察院沟通的情况向承办法官做了详尽的汇报。

在本案庭审中,由于在审查起诉阶段已经有了成熟的沟通,控辩双方并未发生相对的意见纷争,仅仅在具体量刑上存在不同意见。就合议庭关注的部分,控辩双方均做了详尽的陈述。整个庭审非常顺利,对法院查明

事实极为有利。庭审结束后，辩护人根据庭审的情况，再次有针对性地向法院提交了第二次辩护意见。

纵观本案审理阶段的沟通，其亦是充分有效的。庭前的沟通有利于法院了解案件细节，有利于庭审的顺利进行。庭审结束后的沟通更有利于法院对控辩双方争议焦点进行有效梳理。

案件结果

上海市Y区人民法院于2017年12月20日做出判决：对除杨某之外的8名被告人分别判处八个月至二年不等的有期徒刑，并处二万至数万元不等罚金。对杨某免予刑事处罚。

律师点评

本案发生在2017年度，受害人数量众多，案件作案模式较为新颖，社会危害性较大。该犯罪团伙有效利用了私募基金等新鲜概念，利用合法成立的公司为犯罪主体进行掩盖，对普通群众而言其犯罪方式较为先进。普通群众受不法侵害程度更高，也更不容易识别。为维护广大人民群众的利益，对此类犯罪予以打击显得尤为必要。

但具体到个案中，如何做到罚当其罪并非一件易事。本案也是如此。辩护人认为，被告人杨某从2017年5月中旬受其他涉案人员欺骗，入职上海某新能源汽车有限公司，至2017年7月8日被公安机关采取强制措施，总共在上海某新能源汽车有限公司工作未满2个月，涉案时间较短。在此期间，被告人杨某也仅仅是作为类似工具性质的人员参与进来。至于后续的与客户（被害人）商谈等环节，其几乎没有参与。因此，辩护人建议合议庭考虑到被告人杨某系初犯，在本案中没有主观恶意，犯罪情节显著轻微，以及其坦白和愿意退赃等情形，对被告人杨某适用免予刑事处罚。该观点最终得到了上海市Y区人民法院的支持。

在该案中，辩护人从细节出发，将被告人杨某任职时间较短、受他人欺骗、实际入职公司与名义入职公司并非同一公司、在犯罪集团中承担的角色与分工、非法获利的数额等细节情况，通过各种有效的沟通，传递给办案机关，最终取得了较好的辩护效果。

承办律师

罗贤德，上海市君志律师事务所律师、合伙人，仲裁员，中国法学会会员。主要执业领域为经济类犯罪刑事辩护及公司业务。近年来，罗贤德律师在上海各级法院参与多起民商事案件的争议解决及经济类刑事案件的刑事辩护，取得了较好的社会效果。

王君律师，北京市盈科（苏州）律师事务所律师、执业纪律委员会成员，扬子鳄刑辩团队核心成员，被中共苏州市姑苏区律师协会总支部委员会授予"优秀党员律师"。王君律师从业7年，经过专业的律师培训，代理过几十起刑事案件，尽心尽力为当事人服务。

退休老教师涉嫌"非吸"终被不予起诉
——对"非吸"案件中一般工作人员应不予追究刑事责任

案情简介

2011年3月至2013年5月，J省P市某镇的吴某和耿某（外逃，另案处理）先后在某镇街道设立信贷公司，并先后聘请庄某、刘某、贺某三位退休老教师在其信贷公司担任会计，负责收钱、记账。此后，耿某因资金链断裂外逃而致案发。本案涉案金额约为500万元，数额特别巨大，且绝大部分款项没有被退还，使不少家庭遭受了经济上的损失，在当地造成了较为恶劣的影响。案件发生后，当地公安机关电话通知刘某、庄某、贺某到当地派出所接受调查，之后三人因涉嫌犯非法吸收公众存款罪（以下简称"非吸"罪）被公安机关取保候审。

律师对策

笔者受庄某的委托为其辩护。经了解，庄某、刘某、贺某三位退休老教师都曾任教40多年，在工作期间均非常优秀。

庄某曾担任十几年小学校长，多次被评为县级优秀教师、先进工作者，因工作突出，成绩优秀，被县政府记功一次。

贺某曾被评为全国优秀教师，受到人事部、教育部的表彰，曾作为P市的唯一代表多次在全X市进行师德报告巡回演讲，辅导的学生多次在全县的学科竞赛中获奖。其事迹在报刊中均有记载。

刘某曾多次获得优秀教师、优秀共产党员称号，多次被评为市级先进工作者，多次获得市级数学竞赛优秀指导老师奖，辅导的学生曾获得数学竞赛奖。因教学成绩突出，其被政府嘉奖一次。

三位教师退休后，先后受雇于吴某开办的信贷公司，在公司中负责收钱、记账，按月领取1200元的工资。三位老教师到案后，公诉机关以三人涉嫌犯"非吸"罪将三人诉至法院。

因案件涉嫌数额特别巨大，且绝大部分款项没有被退还，按照庄某及其家人的愿望，如果律师能为其辩护，使其适用缓刑就已经很成功了。但是笔者认识到，根据法律规定，即便三位老教师被判处缓刑，三位老教师的退休金待遇也将被取消，老教师的名声也将毁于一旦。这对三位老教师的打击是非常巨大的。

笔者认为，根据此案的事实情况及相关法律规定，应当为该三位退休教师做不予起诉或免予处罚的辩护。辩护观点如下：

第一，对被告人免予处罚，具有法律依据。

公诉机关已经认定被告人庄某构成自首，属于从犯。

《中华人民共和国刑法》第二十七条第二款规定：对于从犯，应当从轻、减轻处罚或者免除处罚。《中华人民共和国刑法》第六十七条规定：对于自首的犯罪分子，可以从轻或者减轻处罚。其中，犯罪较轻的，可以免除处罚。

本案被告人的犯罪情节明显较轻。从被告人庄某等人在本案中的身份来看，其只是吴某聘请的一般工作人员。

尽管本案涉案金额约为500万元，数额比较大，使不少家庭遭受了经济上的损失，但我们应该看到，吸收公众存款是公司的行为，起决策作用的是公司的发起人吴某和耿某，而被告人庄某等人只是公司的工作人员，是在公司老板的安排下进行工作。换句话说，没有庄某等人的参与，任何一个人在该公司，受该公司领导安排都能从事这些具体业务。因此，其情节明显较轻，情有可原。甚至可以说，他们是无辜的，且绝大部分储户对他们的行为也已经谅解。目前，已有122名储户联名向法院提出申请，请求法院对他们免予处罚。

从被告人庄某等人工作的时间来看，其只是各自参与了1年多一点的时间，时间较短。况且，被告人庄某等人在信贷公司工作时，只是在公司老板的指派和安排下从事工作,没有主动介绍他人到公司存款。

第二,对被告人的刑事责任不予追究,对他们免予处罚,符合国家的刑事政策取向。

最高人民法院《全国法院审理金融犯罪案件工作座谈会纪要》第二部第一节第2项规定:在单位犯罪中,对于受单位领导指派或奉命而参与实施了一定犯罪行为的人员,一般不宜作为直接责任人员追究刑事责任。

在本案中,虽然公诉机关指控被告人吴某等人是自然人犯罪,但实际上吴某等人设立信贷公司,是以公司的名义吸收公众存款。也就是说,如果认定了本案系单位犯罪,司法机关就不应该追究庄某等的刑事责任。即便没有认定本案系单位犯罪,但借鉴这一刑事政策,也应该对庄某等纯粹的打工人员免予处罚。

在此,辩护人建议司法机关在打击"非吸"犯罪的同时,也要注意到宽严适度,对于公司一般工作人员应当有所区别,否则,打击面会过大。

第三,对被告人免除处罚,符合我国罚当其罪、罪刑相适应刑罚原则。

被告人庄某等人是退休教师,为教育工作辛辛苦苦奉献了一辈子,在无意之间其行为构成犯罪。如果他们被判处刑罚,根据相关法规的规定,将会严重影响他们领取退休养老金。他们辛苦工作了一辈子,以后的生活却无所依靠,对他们来说,这样的处罚太过严厉,量刑则显得畸重。这样的处罚也有悖于我国刑法罚当其罪、罪刑相适应的刑罚原则。

第四,对被告人免除处罚,能充分体现司法的人性化,同时能更好地达到刑罚的教育目的。

辩护人了解到,本案所涉的三位退休老教师,为教育事业奉献了一生。

谈到此次涉嫌犯罪,庄老师追悔莫及,多次痛不欲生。他在法庭陈述时说:"40年的风风雨雨,一路走来,含辛茹苦,教书育人一辈子,没想到到了吴某的公司工作,却毁我一生……"说到动情处,庄老师情不自禁地泪流满面……

在庭审陈述时,贺老师捶胸顿足:"没想到我这个当年的全国优秀教师,现在却犯下这个大错……"此次事件让他的精神几近崩溃。

谈到这次涉嫌犯罪,刘老师痛心疾首,说:"我一生堂堂正正做人,清清白白做事,谨小慎微,没想到后来却误入歧途,晚节不保……"其痛悔之意,溢于言表。

刑罚的目的是预防犯罪人重新犯罪。刑罚的手段是惩罚和教育相结合，以惩罚为辅，以教育为主。

事情的发生，已经让被告人受到了深刻的教育。我们相信：他们再也不会从事类似的行为。对庄某等人免予处罚同样能达到刑罚的目的，同时还能让他们老有所养、有所依靠，能充分体现国家司法的人性化。他们及他们的家人、学生会深切地感受到刑法和社会的宽恕，会更加感恩我们的社会。

案件结果

在庭审过程中，笔者从法理和情理的角度出发，阐述辩论观点。在笔者从情理的角度发表辩护观点的时候，庭上庭下一片哭声，甚至审判员、审判长、陪审员的眼里也明显含着泪水。庭审结束后，审判长把笔者叫到一边，让笔者把本案的情况写成书面材料向有关部门汇报，请求有关部门协同公安、检察部门对本案进行研讨。当庭的陪审员则直接指出，本案的老教师不应构成犯罪。这些情况是笔者执业以来从未遇到过的。

按照审判长的要求，本着对案件负责、对当事人负责的态度，在庭审结束后，笔者把本案的相关情况向有关部门做了详细的书面汇报。后来，有关部门对该案非常重视，组织公检法各部门联合对该案进行研讨。经各方研讨，最后公诉机关决定对该三位退休教师撤回起诉。

律师点评

在2014年前后的一段时期内，涉嫌"非吸"的案件高发。在代理此类案件时，笔者逐渐感觉到司法机关对"非吸"案件中一般工作人员的打击过重，打击面过大，甚至对在信贷公司前台负责接待的工作人员也进行追责判刑。

在代理本案过程中，笔者通过阅卷发现，三位老教师在被信贷公司聘用期间只拿固定工资，并不知道其行为将构成犯罪。从法律的角度严格来讲，其行为是不构成犯罪的。对此，笔者根据最高人民法院《全国法院审理金融犯罪案件工作座谈会纪要》第二部第一节第2项的规定，决定为老教师做不予追究刑事责任的辩护。

三位老教师在学校工作期间，兢兢业业，均是非常优秀的教师。哪怕对其判决适用缓刑，老教师也会失去退休金，其名声也将毁于一旦！虽然笔者仅为其中一名庄姓老教师辩护，但是笔者在辩护中罗列了三位老教师一生为教育事业所做的贡献和取得的成就，以三位老教师的群体形象，借助其群体感染力，通过情感打动了合议庭成员，收到了非常好的效果。

笔者的辩护观点打动了审判长。考虑到当时此类案件较多，审判长建议笔者将此案向有关部门做出书面汇报，提请有关部门对此类案件予以重视，并能够组织公检法各部门对此类案件进行研讨。后笔者专门将该案件相关情况向有关部门做了详细的书面汇报，申请对三位退休教师免予处罚并建议司法机关对此类"非吸"案件中的一般工作人员不予追究刑事责任。笔者在《申请暨建议书》中写道："……法院很可能在近期就要对该案做出判决。在此关键时刻，作为一名法律工作者，从我的内心深处我想尽我最大的努力去帮助他们。为了让这几位退休老教师的人生能有一个完美的结局，为了不让这些老人留下终生的遗憾，我特向领导书面汇报，真诚恳切地希望领导能协调组织有关部门对该案以及类似案件予以研讨并做出指示，既要对法律负责，也要对民生负责。"

笔者的努力没有白费，最终有关部门对此非常重视，专门组织公检法各部门对该案及此类案件予以研讨。本着宽严相济的原则，在法律许可的范围内，公诉机关最终撤回了对三位老教师的起诉。该案的处理结果为此类案件的处理树立了一个典范！

承办律师

胡传文律师，2004年7月起在江苏景来律师事务所执业，现任事务所副主任、徐州市律师协会商事仲裁委员会副主任、邳州市司法局法制宣传讲师团讲师，擅长劳动争议、刑事辩护、法律顾问等诉讼及非诉讼法律业务。从业以来，多次在政府、企事业单位开展法制宣传教育，并多次接受地方电视台、电台之邀进行法律咨询、录制法制节目。2006年被邳州市委、市政府评为全市法制宣传教育工作先进个人。

集资诈骗数千万元，为何仅判刑 7 年

案情简介

自 2012 年至 2016 年 11 月，J 省 Y 市周某（男）、王某（女）夫妇以承接工程或做生意需要资金周转为名，通过口口相传，以承诺还本并支付高额利息为诱饵，采取拆东墙补西墙的方式陆续向裴某、曾某等 20 多人非法集资人民币 4033 万元，其间仅以支付利息为由归还被害人 870 万元，造成被害人损失 3163 万元。2017 年 1 月，周某夫妇主动向公安机关投案自首，同日因涉嫌犯非法吸收公众存款罪被刑事拘留。2017 年 7 月，江苏东恒律师事务所律师韩磊和蓝天彬接受委托，担任周某涉嫌犯非法集资罪一案的一审辩护人。2017 年 11 月，J 省 Y 市人民检察院向 Y 市中级人民法院提起公诉，变更罪名为集资诈骗罪。

本案辩护难度很大。根据当地司法实践，周某很可能被判处十五年有期徒刑，甚至无期徒刑，且 J 省当地已有行为人集资诈骗 3000 万元被判处无期徒刑的案例。辩护人认真研究案情，努力收集证据材料，成功抓住案件突破点，取得了较满意的辩护结果。

律师对策

一、关于定性，辩护人认为现有证据不能证明被告人周某的行为构成集资诈骗罪

1. 被告人周某不具有非法占有目的

集资诈骗罪在主观方面必须以非法占有为目的。在本案中，自 2012 年开始，被告人周某、王某向裴某、曾某等 4 人借款 1075 万元，用以承接工

程。后因未中标,被告人就将这些借款转借给黄某,并赚取差息。该情况是裴某等4人默许的。该1075万元为民间借款,借款对象针对的是特定的四人,且被告人与借款对象曾约定相关利息,因此这个问题应通过民事途径解决,不适宜上升至刑事犯罪层面。

2014年8月,黄某涉嫌集资诈骗案发,致使被告人无法要回大量的本金和利息,包括能证实的两百万元借条,以及遗失的六百万元借条。

起诉书称"黄某已归还1059万元,被告人却一直未将款项归还被害人",与事实不符。根据被告人供述和被告人提供的借款、还款明细,被告人与黄某约定月利息四分,可随时要钱,这也是一种营利活动。同时,被告人与裴某等4人约定月利息为一分五厘、一分七厘。因为黄某未能及时支付利息,所以被告人未能进一步支付裴某等4人的利息。但是,正因为约定的利息较高,被告人已经支付部分本金和利息,包括支付给裴某230万元,支付给曾某等人大约450万元。此后,被告人忙于借钱,以归还债务。

由于行业潜规则,这些高利贷借款一般是通过现金支付利息。从被告人银行账户大量的现金支取记录可以看到,一般是借款人转账给被告人后,被告人很快取出现金,去支付利息。

被告人始终稳定供述,后期的借钱是为了归还债务。在本案中,被告人借的钱款,几乎全部用于还债。被告人并未肆意挥霍钱款,也未携带钱款逃匿,未将钱款用于违法犯罪活动,未抽逃、转移资金,未隐匿财产,未逃避返还资金,也未隐匿、销毁账目,相反,被告人主动详细列出借款、还款明细。

目前,没有确实充分的证据证实被告人周某具有非法占有的故意和行为。就整体事实而言,被告人非法占有的故意是何时产生的,本案中没有相关证据予以证实。被告人从各方借款只为还债。直到案发前一个月,也就是2016年11月21日,被告人还在积极筹措钱款,使用自己的银行股金作为抵押申请贷款307万元,以归还债务。被告人还向姐姐、妹夫分别借款20万元,用以还债。

在本案中司法机关不能客观归罪。不能因为一部分钱款被告人未予以归还,就推定被告人具有非法占有目的,进而认定其行为构成集资诈骗罪,而忽视被告人所持的愿意还款、多方筹款的心理态度。

集资诈骗数千万元,为何仅判刑7年

2. 被告人周某大多数时候以"资金周转"为由借款,并无实施诈骗行为(略)

3. 起诉书指控的犯罪数额事实不清、证据不足

本案起诉书指控的数额是包含部分利息的。犯罪数额当中包含的利息应从起诉书指控的数额当中去除。

本案存在一个普遍特点是,借款是本金与利息滚动计算的,存在利息充作本金的现象。被害人蔡某借款27万元一例可予以证实,王某出具三张借条,总计27万元,而实际吸收的金额为10万元。

在本案中,起诉书指控尚有3163万元未归还被害人。该数额认定错误。根据此前起诉意见书中的数据,"借条合计4062万元,总的支付利息大约为2514万元,造成的实际损失是1548万元",司法机关应采信1548万元。这是因为,被害人在报案的时候,出于自身利益考虑,并未完全透露高额利息实际返还的情况,使得实际损失大为夸大。在真伪不明的情况下,根据存疑时有利于被告人的原则,司法机关应采信被告人在自首前整理的借款、还款明细,应采信被告人供述的大量使用现金还款的情况。辩护人提交的录音证据,亦可证实被告人周某还款金额远远不止800多万元。正如辩护人此前已陈述的,由于行业潜规则,这些高利贷借款一般是通过现金支付利息。这导致取证困难,但是法庭应当对这点引起重视。

4. 与被告人周某发生借贷关系的大多数是特定的同学、同事、朋友、亲戚等。相比大范围的非法集资,被告人的社会危害性相对较小

在本案中,周某、王某的借款对象大多数是同学、同事、朋友、亲戚等。辩护人对28个借款对象一一加以分析:同学有3个,同事有3个,亲戚有3个,朋友有1个,熟人有8个,客户有6个,其他人有4个。换言之,如果把同学、同事、朋友、亲戚都算作熟人,那么熟人达到18个,另外一些客户和周某、王某多年前就认识,近似于熟人,并且,28人中有人非但没有实际损失,反而有所获利,包括胡某等6人。

在本案中,周某并非向社会公众即社会不特定对象吸收资金,并非面向所在区域的绝大多数人。周某的借款对象是特定人群,要么是亲戚、朋友、同事、同学,要么是通过朋友介绍认识的人,其行为并不至于扰乱国家金融秩序。相比大范围的非法集资,被告人的社会危害性相对较小。且周某、王某的供述亦与上述判断相吻合。

二、关于量刑，辩护人认为被告人具有以下从轻、减轻处罚情节

1. 被告人周某系从犯

被告人周某在犯罪中起到次要作用，属于从犯。根据卷宗材料可以看出，王某比周某更了解整个过程，起到主导作用。

被告人周某多次供述，"借款对象大多是我老婆的同学"，"付给别人利息都是我老婆经手的，要问我老婆才清楚"，"我老婆联系好了后，我才写借条"，"支付利息都是我老婆操办的"。

王某供述："我的这些同事和同学，有的会主动借钱给我，有的在我向他们借钱时，也会把钱借给我。"

被害人曾某陈述："王某打电话问我有没有钱，说她需要资金周转，可以给我支付利息。"

被害人曾某等都是王某联系的。甘某是王某的校友，甘某某是王某的初中同学，谢某是王某的同事，李某、付某、曾某某是王某的熟人，丁某是王某的银行客户。

具体而言，在近4000万元"借款"中，由王某直接联系的达2700万元；月息在3分以上，甚至高达6分的"借款"，都是王某联系的；"利息"的支付均由王某负责。

由此可见，王某主动联系的人更多，王某在共同犯罪中起主要作用。周某起次要作用，主要是配合王某，在需要出具借条的时候书写借条，其余联系、支付利息等事宜均主要由王某操办。

2. 被告人周某自动投案，如实供述，具有自首情节

被告人周某因为人身安全受到放贷者的威胁，到派出所寻求"保护"，仍然属自动投案。虽然周某认为自己的行为不构成集资诈骗罪，但如实供述了犯罪事实，仍然构成自首。案发后，其能尽力退赔退赃。

3. 被告人周某无前科劣迹，是初犯，且有认罪、悔罪情节，主观恶性较小（略）

4. 被害人有一定过错，面对高达几分甚至几角的月利息，明知有风险，仍积极参与

此外，关于赃款赃物，辩护人认为被告人周某的儿子名下的两套房不属于赃款赃物，不应被查封（被告人对买房的每一笔资金均做了说明，并收集相关的证据材料予以证实，略）。

综上所述，辩护人认为现有证据难以认定周某的行为构成集资诈骗罪，且周某系自首，是从犯，有认罪、悔罪情节，主观恶性相对较小，因此恳请法院依法对被告人予以从轻、减轻处罚。

案件结果

2018年6月，J省Y市中级人民法院做出一审判决：被告人王某犯集资诈骗罪，判处有期徒刑十年，并处罚金人民币八万元。被告人周某犯集资诈骗罪，判处有期徒刑七年，并处罚金人民币五万元。此外，对于周某儿子的第二套房，法院采信了辩护人提交的证据材料，不将该套房认定为赃物，将之解封并返还。

虽然法院没有认定周某是从犯，但是认为在共同犯罪中周某妻子所起的作用更大，对周某可酌情从轻处罚。此外，法院认定周某构成自首，案发后能尽力退赔退赃，可减轻处罚，因此本案才有周某获刑七年、王某获刑十年的结果。

律师点评

这桩案件，历时一年。获此结果，殊为不易。从收案，埋头研究，不断探讨，努力收集证据材料，撰写法律意见书，到数次往返于N市、Y市，和检察官、法官保持沟通，在法庭上做有效辩护，辩护人韩磊和蓝天彬互相配合，全力以赴，打了一场漂亮的"战役"，也获得了委托人真挚的感谢。

如果不是辩护人再三阐述周某的行为不构成集资诈骗罪，如果不是辩护人再三坚持周某是从犯，是自首，很难想象在这个可能判处十五年有期徒刑甚至无期徒刑的案件中最后减轻刑罚的力度会如此之大。

对此类集资诈骗案件，辩护人应主要从几个方面辩护：一是定性，是有罪还是无罪，是重罪还是轻罪。辩护人要重点考察是否具有非法占有目的，是否使用诈骗方法非法集资，从犯罪事实和证据链出发，提出诸多合理怀疑之处，往轻罪非法吸收公众存款罪方向辩护，动摇集资诈骗罪的定性。二是犯罪金额。辩护人要考察证据矛盾之处，减轻数额。三是在共同犯罪中被告人所起作用的大小。辩护人要往从犯方向辩护。四是自首或坦白以及退赔退赃情节。有这些情节对量刑将起到重要的作用。

承办律师

韩磊，江苏东恒律师事务所律师，前检察官，苏州大学法学硕士。

蓝天彬，江苏东恒律师事务所刑辩中心成员，前政法记者，毕业于厦门大学，专注于研究公职人员法律风险防范和刑事辩护。

一起小案的绝处逢生
——罗某信用卡诈骗案的成功辩护

案情简介

2017年6月某日，某公安局接到A银行信用卡中心报案称，2012年2月至2014年12月，持卡人罗某本人持有的A银行信用卡累计透支共计人民币13万多元，其中，本金为10.8万元。2014年12月起，A银行信用卡中心多次催收，罗某仍未偿还信用卡内透支金额。

罗某到案后，还供述了持有的B、C银行两张信用卡透支本金共计19万多元的事实。之后，侦查机关向B、C两家银行核实。两家银行随后向侦查机关提供了《报案书》。

律师对策

笔者在审查起诉阶段介入该案①，经审查认为：本案中认定罗某的行为构成信用卡诈骗罪的有罪证据都已经被搜集在案，取证程序合法，并且罗某系被抓获到案，没有任何减轻处罚情节，因而，在恶意透支数额达到近30万元的情况下，最低会被判处5年有期徒刑。承办检察官也持上述观点。

在上述情况下，笔者认为，必须从犯罪数额入手，只有提出充分理由减少恶意透支数额，本案才可能有转机。带着这样的目的，笔者通过阅卷，

---

① 该案系朋友所托。笔者当时从检察机关辞职尚未满两年，故当时仅提供了处理方案和思路，并未以辩护人身份介入该案。

与相关人员沟通,发现两个问题:第一,通过银行交易流水发现,A 银行信用卡透支的 10.8 万元本金中,有 5 万元仅有还款记录,没有消费记录,属情况异常,故该 5 万元的性质有待核实。第二,B、C 银行透支情况系罗某到案后主动供述,且家属在罗某被采取强制措施后第一时间帮其还清。而 B、C 银行《报案书》落款时间仅仅早于还款时间五六天,存在实际报案时间晚于还款时间的可能性,故该时间先后情况有待核实。确定上述两个工作目的后,笔者向检察机关提交了法律意见书以及调取证据申请,最终成功将本案恶意透支数额降至 5.8 万元。具体情况如下:

一、A 银行交易流水中的 5 万元,属于银行贷款业务,不应被认定为恶意透支数额

1. 主要辩护观点

A 银行提供的《交易明细》之"交易描述 1"列有一项为"现金分期 24 期"。该业务每期金额约为 2083.33 元,共 24 期,金额总计 5 万元。这 5 万元的本质是银行的贷款业务,非信用卡的透支金额。

(1) 从授信额度的使用情况看,信用卡是一种虚拟额度,债务具体的数目无法提前确定。只有持卡人消费或者提取现金之后,债务具体数目才能确定,额度才能兑现。而贷款业务是一次性授信,所借款项由银行分次或者一次性发放到申请人账户。本案中的现金分期业务是 A 银行向持卡人罗某提供的一次性授信,额度被一次性打入罗某的储蓄卡中。

(2) 从还款的功能及效力看,信用卡在还款后具有恢复授信额度的功能,一般以月为单位,而贷款业务即便是在还款后也不能恢复额度,需要另行申请。本案现金分期业务为分期还款,但没有恢复授信额度的功能。

(3) 从款项支出情况看,在案的《交易明细》表明,该 5 万元现金分期业务仅有持卡人的还款记录,即每期应当还款的数额及手续费,并无该 5 万元的支出或者消费记录。而信用卡业务的表现形式均为消费记录以及还款记录,因此这种只有还款记录而没有支出记录的款项,并非信用卡业务。

(4) 从资金流向看,信用卡业务的流程为:第一,持卡人在商家消费;第二,银行向商家支付钱款;第三,还款日之前,持卡人向银行还款。在这个过程中,银行钱款的流向是商家,而不是持卡人。而本案中的现金分期业务的流程是:第一,银行向持卡人的信用卡以外的其他储蓄卡一次性支付定额现金;第二,持卡人根据自己的需要进行消费;第三,持卡人向

一起小案的绝处逢生

银行还款。在这个过程中，银行钱款的流向是持卡人，而不是商家，而这个钱款流向是贷款业务的资金标准流向。

（5）从涉案信用卡在本案中的作用看，信用卡仅仅充当了还款的媒介，除此之外，并无任何作用。本案现金分期业务是附属于信用卡的一种贷款业务。

2. 工作方法及成果

笔者提交上述法律意见书后，还申请检察机关向A银行核实该笔业务的性质。之后，A银行对该笔款项的性质做出了书面情况说明。该情况说明所述内容，与笔者所提法律意见的观点一致，称该5万元属于银行向信用卡持有人提供的一次性放款、分期付款的服务，信用卡仅是还款媒介。意即，在性质上，该5万元属于贷款业务，而非信用卡业务。

二、透支B、C银行信用卡，不构成犯罪

1. 主要辩护观点

从事实看，罗某到案后，在第一次笔录中还主动交代了B银行以及C银行信用卡也存在透支的情况。案卷中附有B银行以及C银行的《报案书》，落款日期分别为2017年6月30日和2017年6月29日。而根据案卷材料，罗某家属代为偿还信用卡欠款的时间分别为同年7月6日和7月5日。

鉴于报案时间和偿还欠款的时间非常接近，笔者大胆设想，侦查机关收到《报案书》的时间可能晚于还清银行欠款的时间。若这种情况成立，则透支B、C银行信用卡就不能被评价为恶意透支。

2. 工作方法及成果

确定上述辩护思路后，笔者向检察机关提交了调取证据申请，申请核实侦查机关收到B、C两家银行《报案书》的时间。后侦查机关按照检察机关的要求，出具了《工作情况》，称收到B、C两家银行《报案书》的时间为同年7月10日左右。因而，司法机关应当认定，在B、C两家银行报案之前罗某已经还清了所有欠款，不能将其以犯罪论处。

案件结果

经过以上努力，笔者成功将A银行信用卡中的5万元、B银行和C银

行信用卡中的 19 万多元扣减，最终《起诉书》认定的恶意透支数额为 5.8 万元。法院最终对罗某判处有期徒刑六个月零五日。

律师点评

信用卡诈骗案件属于常见多发案件。在绝大多数情况下，辩护人只能从量刑情节的角度进行常规性量刑辩护。但是，由于该罪的入罪门槛低、量刑重，结果往往不尽如人意。对本案而言，按照侦查机关提供的证据材料，相应的法定刑为 5 年以上有期徒刑，因为没有减轻处罚情节，最好的结果也只能是 5 年有期徒刑。但是，笔者通过细致的阅卷工作，从银行交易流水中发现 A 银行的 5 万元仅有还款记录而没有消费记录以及 B、C 银行《报案书》落款时间与犯罪嫌疑人偿还欠款时间十分接近两条非常重要的线索，并据此提出了法律意见以及调取证据申请，成功扣减犯罪数额 24 万多元，将恶意透支数额降至 5.8 万元。最终，笔者将至少五年的有期徒刑变为有期徒刑六个月零五日。

本案的辩点并不容易被发现，总结下来，有两点可供借鉴：

（1）必须带着问题意识阅卷。阅卷工作与其他阅读性工作的最重要区别之一就在于，阅卷工作是一个有目的性的工作。阅卷是为了发现案件中的有利和不利情节，而不仅仅是单项获取案卷内容的过程。在信用卡诈骗案中，检察机关对银行交易流水并不做过于细致的审查，在多数情况下仅仅核对透支本金总额。在本案中，笔者如果仅仅着眼于本金总额是否准确，显然不可能发现辩点。

（2）必须大胆假设、小心求证。一般来说，《报案书》的落款时间即被认为是实际报案时间，但是，落款时间往往是起草时间，而实际报案时间往往会晚于这个时间。在本案中，B、C 银行向侦查机关邮寄了《报案书》，而侦查机关收到《报案书》的时间晚于落款时间近 10 天。如果没有这个大胆假设，笔者就根本不可能发现这个时间差，就会造成永远的错案。

承办律师

安宁，北京德和衡（上海）律师事务所刑事业务部主任律师[①]，上海市检察系统人民监督员。原为上海市检察系统优秀公诉人，系"复旦投毒案"二审出庭检察员，曾任上海市检察系统兼职教师、最高人民检察院死刑复核检察人才库首批入选人才等。著有《公诉实务教程》（合著）等。安宁律师的执业方向为重大刑事案件的辩护、刑事法律风险的控制。

[①] 参与该案时，在北京盈科（上海）律师事务所工作。

在"调包分钱案"被告人拒不认罪情况下的证据分析
——解读刘甲涉嫌犯信用卡诈骗罪一案

案情简介

公诉机关指控,2017年8月13日7时,被告人张某某、罗某某、刘甲、刘乙伙同李某某到D市L镇某购物广场伺机诈骗。张某某留在车上接应,刘甲负责望风,李某某、刘乙、罗某某确定被害人欧阳某某为作案目标。罗某某先上前故意把现金2600元掉在欧阳某某前面的地上。李某某、刘乙捡钱后向欧阳某某提议分钱,和欧阳某某一起来到附近一偏僻小巷子假装分钱。罗某某返回,以三人捡到其钱为由要求三人查询银行卡余额,罗某某趁机记下欧阳某某的银行卡密码。罗某某又以确认几人是否相识为由,要求三人互相把财物交给对方。李某某便将身上的财物交给欧阳某某保管。刘乙、罗某某带着欧阳某某离开后返回。李某某仍在原地等候,骗取了欧阳某某的信任。欧阳某某便将身上的两枚戒指(价值8089.75元)、一台苹果6S手机(价值2470元)、现金约300元、一张中国工商银行卡交给李某某保管,然后在原地等待。李某某取得欧阳某某的财物后和刘乙、罗某某返回张某某的车上,刘甲也返回,五人在车上汇合。张某某用欧阳某某的银行卡在民生银行的ATM上取得现金20000元,又在L镇某商场的某珠宝店以刷卡的方式购买了两枚戒指(价值6536元)。张某某等五人将20000元现金平分,共诈骗得37395.75元。2017年8月,公安机关将张某某、罗某某、刘甲、刘乙、李某某抓获。

律师对策

根据刘甲的无罪辩解,分析同案犯供述后,辩护人为刘甲做了无罪辩护。辩护人认为公诉机关指控被告人刘甲犯信用卡诈骗罪的证据不足,现有证据不能证明被告人刘甲与被告人张某某、罗某某、刘乙、李某某共同实施了信用卡诈骗的犯罪行为。

(1)从在案的各被告人的供述可知,在实施犯罪行为之前,各被告人没有进行作案分工,并且从案件庭审时被告人张某某、罗某某、刘乙的当庭供述可知,他们之所以供述被告人刘甲参与了犯罪行为,主要是因为刘甲和他们一起去了,他们就认为刘甲参与了。而其他被告人的主观判断不能作为认定案件事实的依据。

(2)公诉机关指控被告人刘甲在被告人张某某、罗某某、刘乙、李某某共同实施信用卡诈骗的犯罪行为时负责望风的证据不足。从上述在案人员的供述可知,在被告人罗某某、刘乙、李某某对被害人实施犯罪行为时,在案人员均不清楚刘甲身在何处、在做什么,在被告人罗某某、刘乙、李某某得手上车后,刘甲也没有跟着上车,这明显与望风的犯罪分工不符。如果刘甲真的负责望风,就应该时时刻刻关注被告人罗某某、刘乙、李某某的动向,一旦发现三人得手就应该立即一同上车逃离现场。而本案的情况却是被告人刘乙把车开到另外的地方,由罗某某电话告知刘甲上车地点。他们等候了半个多小时,刘甲才上车。同样被告人张某某在使用被害人欧阳某某的银行卡进行取现及消费时,刘甲也没有在旁边进行望风,这明显也不符合望风的犯罪分工。

(3)被告人张某某当庭供述其给刘甲的4000元是偿还刘甲的借款。公诉机关指控刘甲分得赃款4000元并据此认定刘甲参与实施了犯罪显然不能成立。

案件结果

刘甲曾因故意犯罪被判处有期徒刑,在刑罚执行完毕后,五年内再犯,是累犯。一审法院在基准刑的130%以上量刑,判决被告人刘甲犯信用卡诈骗罪,判处有期徒刑三年,并处罚金人民币25000元。

律师点评

本案被告人采用了典型的信用卡诈骗作案手法。被告人通过调包分钱的作案手法，抓住被害人贪小便宜的心理，骗取被害人的信任。被告人取得被害人财物后，冒用被害人信用卡进行消费，构成信用卡诈骗罪。

在本案中，同案犯张某某、罗某某、刘乙、李某某对于刘甲"事前同意参与诈骗，案发时去了现场，亦分得赃款"的供述不能单独作为认定案件事实的依据。如果将同案犯的供述内容直接视为证人证言，就很容易导致误判。根据证据补强规则，只有在有其他证据予以证实的情况下，同案犯的供述内容才能作为定案的依据。

（1）同案被告人的口供不是证人证言。由于在同一案件中，同案被告人很可能为了争取立功或者推脱罪责等提供虚假的供述。在这种情况下，同案被告人的陈述是不具有客观性与真实性的，更不能作为证人证言来推定另一个人的犯罪结果。

（2）司法机关仅凭被告人供述不能定罪。根据《中华人民共和国刑事诉讼法》第五十三条第一款："对一切案件的判处都要重证据，重调查研究，不轻信口供。只有被告人供述，没有其他证据的，不能认定被告人有罪和处以刑罚；没有被告人供述，证据确实、充分的，可以认定被告人有罪和处以刑罚。"本案系共同犯罪，被告人供述的内容不仅包括被告人本人的犯罪行为，也要包括共同犯罪同案犯的犯罪行为。

（3）在有其他证据相互印证，能够证明同案被告人的口供真实可靠的情形下，司法机关对同案被告人口供的证据能力予以承认。我国法律界对同案犯供述证明力的认定，在实践中存在三种意见：第一种意见认为，同案被告人之间是互为证人的关系，其口供只要互相印证，就可以据以定罪判刑。第二种意见认为，鉴于同案被告人之间具有不同程度的利害关系，即使供述一致，相互印证，也只能说明他们的供述朝可靠的方向前进了一步，如无其他旁证印证，其真实可靠性仍然是不确定的，司法机关不能据此定罪量刑。第三种意见认为，同案犯供述的性质仍然是口供，他们不能互为证人。但是，如果下列条件同时具备，则司法机关可以在非常慎重的前提下定罪：①排除串供；②排除非法取证；③供述细节一致。当同案犯仅有两人时，司法机关在原则上不能以口供相互印证定罪，当同案犯有三人以上时，才可以慎重行事。任何刑事案件除了有被告人的供述外，还应有其他相关证据，如被害人的陈述、现场物证等。只有以上证据相互印证，司法机关才能认定该犯罪事实，从而对被告人定罪。在只有被告人供述而没有其他证据印证的情况下，按照"疑罪从无"的原则，就不能认定该犯罪事实。

综上所述，虽然本案没有刘甲的有罪供述，但综合全案其他证据可以得出唯一的排他性结论。因此，虽然刘甲不承认其犯罪事实，但根据现有证据，法院仍足以认定其犯信用卡诈骗罪的事实。法院据此做出的判决是客观准确的。

承办律师

马其友，广东名道律师事务所执业律师、高级合伙人，中国广州仲裁委员会仲裁员，毕业于河南师范大学法学专业。从 2005 年起从事法律服务工作，从 2008 年起在广东名道律师事务所任专职律师，至今从事法律服务工作已十余年，代理民事、行政、刑事案件千余件，同时为东莞各企业、政府部门处理相关非诉业务，得到当事人、企业及相关政府部门的一致好评，被东莞市司法局评为 2010 年度律师工作先进个人。

民事合同纠纷与合同诈骗罪的界限
——范某涉嫌犯合同诈骗罪最终被决定不起诉

案情简介

范某与詹某是多年的粮食生意伙伴。二人平时无任何矛盾、冲突，关系稳定，生意往来频繁。2014年6月5日，范某向詹某发出要约，欲向其出售两船小麦（600多吨）。詹某看过范某的小麦样品之后，觉得小麦质量优良，便向范某表示有购买这两船小麦的意向。二人经过反复磋商最终敲定，范某以每斤1.22元，总价155万元的价格将两船小麦卖给詹某，发货前詹某需先将总货款的90%预付给范某，货款到位后范某便安排船发货。随后，范某将银行卡卡号、两条船的吨位、船号、船主的手机号码等相关信息以手机短信的形式发送给了詹某。

2014年6月8日、6月9日、6月13日，詹某分四次陆陆续续向范某的银行账户汇入140万元货款（第一次50万元、第二次50万元、第三次20万元、第四次20万元），但范某一直迟迟未安排发货。詹某已经和盐城的客户对接、商定好，近期就要将向范某购买的两船小麦发往盐城。詹某多次联系范某，让其尽快发货，但一直未果。如果不按期将小麦发往盐城，盐城客户将追究詹某的违约责任。詹某心急如焚。2014年6月22日，詹某再次打电话联系范某，欲让范某返还140万元货款，但发现范某的手机无人接听，已无法联系上范某。詹某去范某家打听范某的下落时，才知道范某早在2014年年初就已经和妻子离婚了，其前妻也不知道范某的行踪。周围的邻居均说：范某近两年在外面弄传销，负债累累。已经有好几拨人上门讨债了，而范某通常是不着家的。没人知道范某躲到哪儿去了。詹某一听周围邻居如此评价范某，心里更加着急，觉得遇上骗子了，自己的140万元货款有可能要不回来了，便想着要用尽一切办法找到范某。

2014年7月1日，詹某以买卖合同纠纷将范某诉讼至某市人民法院，要求范某返还140万元货款。因范某下落不明，某市人民法院于2014年8月2日进行了公告。

2014年8月10日，詹某向某市公安局报案称自己被范某合同诈骗了140万元。2014年9月20日，某市公安局对本案立案侦查，并于2014年9月28日将犯罪嫌疑人范某刑拘上网追逃。同日犯罪嫌疑人范某在贵州省某市某宾馆门口被抓获。

律师对策

时间对于办理刑事案件的重要性不言而喻。律师在不同时间点介入刑事案件的作用也是不同的。有时律师在关键时间节点及时介入会影响整个案情的走向。当然律师是在法律范围之内为犯罪嫌疑人提供法律帮助，而非知法犯法，教唆犯罪嫌疑人串供或者帮助他伪造证据。范某在2014年9月28日被贵州省某市公安抓获，随后被移交给某市公安局。接受委托后，辩护人抢在公安机关提审范某前会见了范某。范某作为本案的当事人是最了解事情的来龙去脉的———一个买卖合同纠纷为何会演变成合同诈骗罪？辩护人耐心地倾听范某讲述他与詹某的关系及涉案事件始末，为他分析案情，同时告知他合同诈骗罪的相关法律法规、犯罪构成要件及本案的关键点。

通过会见，辩护人发现，范某与詹某之间只是简单的买卖合同纠纷。范某与詹某达成买卖小麦口头协议时，在主观上并不存在非法占有他人财产的故意，而且在客观上范某也没有虚构事实、隐瞒真相的欺诈行为。所有买卖小麦的信息都是真实、准确的。随后笔者向公安机关提出了变更强制措施申请。

辩护人认为，范某的行为不构成合同诈骗罪，本案应属民事经济纠纷，依法应由人民法院民事审判庭处理，而不应该由公安机关作为刑事案件管辖。具体理由如下：

（1）根据《中华人民共和国刑事诉讼法》第九十五条之规定，辩护人认为公安局以涉嫌合同诈骗为由对范某采取刑事拘留的措施不当，应当变更强制措施。

（2）犯罪嫌疑人范某与詹某之间为民事经济纠纷，非刑事合同诈骗。詹某也为此依法于2014年7月1日以买卖合同纠纷向某市人民法院提起民事诉讼，要求范某返还货款人民币140万元。人民法院也依法受理此案并进行了公告。双方是否存在买卖合同纠纷，范某是否应返还货款人民币140万元，应由人民法院开庭审理后，依法判决处理。但公安机关却在2014年9月20日把该经济纠纷作为刑事合同诈骗立案侦查，于2014年9月28日到贵州将范某抓回并刑拘。辩护人认为公安机关不应该以刑事手段来取代民事责任的追究，否则不符合我国法律的要求和规定，公安机关依法应变更强制措施。

（3）辩护人认为，范某的行为不符合合同诈骗罪的构成要件，因为范某在主观上无合同诈骗、非法占有他人财物的故意，在客观上无虚构事实、隐瞒真相的欺诈行为。

在侦查阶段，辩护人只能从犯罪嫌疑人以及侦查机关相关人员口中得到案件的信息。二者的立场不同，其观点都有可能是片面的、不客观的。在侦查阶段，当所有"事实"都尚处于模糊状态时，如果辩护人能抓住一切机会及时提出意见，可能就会达到事半功倍的效果。事实证明，在范某合同诈骗案中，辩护人的策略是正确的。等案件到了审查起诉阶段，辩护人仔细阅完全案卷宗后，发现卷宗中的证据印证了范某供述、辩解的真实性：没有证据证明范某具有非法占有的目的，范某与詹某之间的买卖合同也无任何虚假成分，范某的失联只是因为手机丢失以及在外躲债。这更加坚定了辩护人的辩护方向：范某的行为不构成合同诈骗罪，至少目前所有在案证据无法证明范某的行为构成合同诈骗罪。紧接着辩护人与主办检察官进行了沟通并向他陈述了辩护意见。有了前期侦查阶段辩护工作的铺垫，辩护人和主办检察官沟通得更加顺畅了。

案件结果

本案历时一年多，经某市人民检察院审查并两次退回公安机关补充侦查，最终某市人民检察院仍然认为某市公安局认定的犯罪事实不清、证据不足，不符合起诉条件，于 2016 年 11 月 3 日依照《中华人民共和国刑事诉讼法》第一百七十一条第四款的规定，决定对范某不予起诉。

律师点评

本案中范某绝不是第一个因民事合同纠纷被当成刑事合同诈骗而被立案侦查的，也绝不会是最后一个。对于刑辩律师而言，能辨别哪些是民事合同纠纷，哪些是合同诈骗罪至关重要。

如何辨别民事合同纠纷与刑事合同诈骗罪呢？笔者认为需要从民事合同纠纷与合同诈骗罪的异同出发。

一、民事合同纠纷与合同诈骗罪的相同之处

民事合同纠纷与合同诈骗罪的相同之处在于：① 两者都产生于民事交往过程中，并且都以合同形式出现；② 在履行合同的过程中对合同所规定的义务都不履行或不完全履行；③ 合同诈骗罪在客观上表现为虚构事实或者隐瞒事实真相，民事合同纠纷中的当事人有时也伴有欺骗行为；④ 两者都是非法占有特定物。

二、民事合同纠纷与合同诈骗罪的不同之处

尽管合同诈骗罪与民事合同纠纷有许多相似之处，但二者也有着本质的区别。合同诈骗罪是指以非法占有为目的，在签订、履行合同过程中采取虚构事实或隐瞒真相的手段，骗取对方当事人的财物数额较大的行为。因此构成合同诈骗罪的前提是行为人在主观上有非法占有他人财物的目的，这也是区分民事合同纠纷与合同诈骗罪的关键点。

我们无法一眼看穿行为人的主观目的，但是可以借助行为人的行为予以考察。具体可以从结合以下几个方面来判断：

（1）行为人在签订或者达成合同时有无履约能力。这不是判断行为人是否有非法占有他人财物目的的绝对标准，但不可否认的是行为人签订或者达成合同时有无履约能力，在某种情况下对于判断行为人是否具有非法占有他人财物的目的，有着重要意义。比如：行为人在签订或商定合同时无履约能力，且不积极设法履行合同，我们就可以认定行为人具有非法占有他人财物的目的。

（2）行为人在签订和履行合同过程中有无欺骗行为。从司法实践看，如果行为人在签订和履行合同过程中没有欺骗行为，即使未能全面履行合同，其行为也不能被认定为合同诈骗罪。这种情形只能被当作合同纠纷处理。一般而言，对于那些伪造证件，使用假证件，编造谎言，骗取对方当事人的信任，掩盖自身根本无履约能力的真相，给对方造成重大损失的，司法机关应当以诈骗或者合同诈骗罪论处。

（3）行为人在签订合同，无履约能力后是否愿意承担违约责任。司法实践告诉我们，在一般情况下，行为人若有履行合同的诚意，发现自己违约或者对方提出违约时，尽管从自身利益出发可能提出种种辩解，以减轻责任，但是一般会持"事在事有"的态度，当对自己违约无可辩驳时，会承担违约责任。然而有些人在明知自己违约，不可能履行合同时，往往采取潜逃等方式进行逃避，使对方无法追回经济损失。这就说明其在主观上具有骗取财物的故意。对于这种人的行为，司法机关一般就以合同诈骗罪论处。但是，应当指出，对于那些不得已外出躲债，或者在双方谈判中用合理事实反复辩解，否认自己违约的，其行为一般不能被认定为合同诈骗罪。这种情形应被当作合同纠纷处理。

（4）行为人未履约的原因。合同未履行的原因不外乎主观和客观两种情况。查明合同未履行的原因，对于认定行为人在主观上是否具有骗取财物的目的有很大作用。根据《中华人民共和国民法通则》之规定，合同当事人均享有合同的权利和承担相应的义务。一方取得权利，就必须承担相应的义务，享受权利和承担义务是对等的。如果合同当事人享受了权利，而不愿意、不主动去承担义务，那么合同未履行就是行为人造成的。这就说明行为人具有非法占有他人财物的目的。对其行为，司法机关应当以合同诈骗罪论处。但是，如果合同当事人享受了权利后，尽了最大努力去承担义务，然而由于发生了无法预料的事实，致使合同无法履行，那么其行为不能被认定为合同诈骗罪，因为在这种情况下行为人不具有骗取财物的目的。这种情形只能被当作合同纠纷处理。

如何有效防止民事合同纠纷被当成合同诈骗罪处理呢？无论是民事合同纠纷还是合同诈骗罪，均是由不诚信引起的。因此，有效地防止民事合同纠纷被当成合同诈骗罪处理，避免不必要的牢狱之灾的策略之一就是"做人做事，以诚信为本"。

承办律师

陈志学，江苏胜泰律师事务所执行主任，泰州市律师协会刑事业务委员会主任，2016—2017年度泰州市优秀律师，泰州市法治建设法律专家，泰州市律师协会第五届理事会理事，江苏省律师培训师资授课（刑事）专家库成员。

谈恋爱谈出的故意杀人案
——从故意杀人到意外事件的逆转

案情简介

2016年9月某一天,在H省M县B镇的堤坝上,闵某用手机给男朋友谢某发短信:"老公,这是我最后一次叫你了,永别了。"闵某在黄河岸边坐了大约10分钟,谢某来到了闵某跟前。闵某对谢某说:"你滚,我不想见到你。我们都订过婚了。你不和我结婚,我就跳河……"闵某说着就准备往黄河里跳。谢某伸手拉闵某却没有拉住。闵某脚下一滑,就掉进河里了,不知道谢某是否也掉进河里了。闵某不会游泳,喝了几口水就没有意识了,也不知道被水冲了多远,在水里感觉手摸到石头就站了起来,发现所在的位置水不深,是水中的一个小沙丘上。当时河边风大浪急,比较冷。闵某不敢乱动,在上面等了十几分钟,其间喊了几声救命,但无人听到。后来闵某看到有人打着手电在四处照射,就喊救命。相互应声后,闵某知道是谢某的父亲。谢某的父亲无法接近闵某,就让闵某不要乱动,又回村里叫来两个男子跳进水里将闵某救到岸上。在河堤上,闵某问谢某的父亲谢某在哪里,而谢某的父亲说先回去吧,谢某应该没啥事。回到家没有见到谢某,闵某对谢某家人说,刚才谢某也去了河边,会不会也掉进了河里,并让谢某的家人赶快去找一下。谢某的家人和邻居又到河边找谢某,但没有找到,于是就赶紧报了警。

2016年10月某一天,警方在M县H镇发现了谢某的尸体,也就是三天后在河的下游发现了谢某的尸体。得知谢某已经死亡后,公安机关又对闵某进行了讯问。从第二次笔录到第五次笔录，闵某改变了口供。改变的内容主要有：在河边的石头上，闵某对谢某说"你不跟我结婚我就跳下去"，说着就顺着石头往河里走。谢某过来拉闵某。闵某闪了一下身子。谢某没有拉住，脚下一滑就掉进水里了。由于水很深，谢某掉进去后就消失了。闵某没敢下去救谢某，就顺着河边往下游走，想看看能不能下去捞到谢某，但走到一个小滩时就不敢走了，站在那里……在谢某的父亲等人把闵某救上岸后，闵某因为害怕，没敢跟他们说谢某掉进河里的事情，也没跟警方说，害怕谢某家人说自己害了谢某。

据闵某说，开庭时她当庭多次强调第一次笔录的内容才是当时的真实情况，第二次笔录是公安机关为了促成赔偿诱供所得。闵某说她一直想着谢某没有死，当突然听到谢某死亡的消息后，很害怕，脑子里一片空白，而公安机关说谢某已经死亡，只要她认了对谢某的死有责任，赔点钱就没事了。在这种情况下她稀里糊涂地在第二次笔录上签了字，接下来就有了和第二次笔录内容一致的第三、四、五次笔录。

2017年11月，M县法院判决闵某犯故意杀人罪，判处六年有期徒刑。闵某不服，决定上诉，并委托河南森合律师事务所的王军丽律师提起了上诉。2018年2月L市中级人民法院以事实不清、证据不足为由撤销M县法院上面的判决，发回重审。经过重新审理，2018年10月，在宣判前，M县检察院做出撤回起诉决定书，向M县法院撤回起诉。M县法院裁定准许撤回起诉。2018年10月M县检察院做出不起诉决定书，决定对闵某不起诉。

律师对策

一审法院以故意杀人罪判处闵某六年有期徒刑。闵某不服，决定上诉。闵某的亲属委托笔者作为二审的辩护人。接受委托后，辩护人向一审律师了解案情并阅卷，并在第一时间到看守所会见闵某。向闵某了解案情后，辩护人再次仔细查阅案卷材料，将闵某的五次口供笔录进行比对，又与其他证人证言的笔录相互比对，找出不可信的矛盾点，理出能够相互印证、有可能还原案件事实的一致点。结合案件客观实际情况及法律相关规定，辩护人认为本案纯属意外事件，闵某的行为根本不构成故意杀人罪。根据比对分析得出的这个结论，辩护人从认定事实错误、事实不清、证据不足等几个方面起草了《上诉状》。在二审的书面审理过程中，辩护人结合案件事实，依据证据材料和承办法官进行了认真的沟通，形成了以下二审的辩护意见：

第一，本案的事实及发生的前因后果完全符合"意外事件"的法定情形，闵某的行为根本不构成故意杀人罪。《中华人民共和国刑法》第十六条明确规定："行为在客观上虽然造成了损害结果，但是不是出于故意或者过失，而是由于不能抗拒或者不能预见的原因所引起的，不是犯罪。"这就是我国法律上的意外事件。在本案中，谢某落水（跳水）这件事，闵某是不能预见的。在当时水深浪急的情况下她更是不能抗拒的，根本不具备救助的可能和条件。更何况本案事实到现在还没被查清楚。闵某在一审庭审中坚持说自己先落水，被救后不知道谢某是否落水。这些说法与她的第一次笔录是吻合的。且警察当晚看到水深浪急、天又黑，认为没法找，也没法施救，就走了。这些都说明当晚谢某在落水并被冲走后根本不具备被救助的可能及条件。谢某的死亡与闵某没有直接的因果关系，纯属意外事件。

第二，闵某的第一次笔录和谢某父亲的唯一一次笔录相互印证的地方证明其他三个证人证言是不真实的。这三个证人证言在没有其他证据相印证的情况下是不可信的。公安机关根据案发时不在现场的三个证人证言中的相关推测来认定本案事实，没有做到保证证据确实充分，更没有做到排除合理怀疑（闵某先落水而谢某后落水这种说法有可能就是当时的实际情况），更何况三个证人证言与被告人闵某及死者父亲的证人证言在关键地方相互矛盾。死者父亲说："走到河堤上时，闵某说你们去找找谢某吧。"这种说法和闵某的说法相吻合，证明被救当时被告人在主观上没想到谢某会死，还让谢某的亲属去找谢某。而其他三个证人证言一致说："她当时啥都没说，就没有提谢某。"这种说法很明显是不真实的。在没有其他证据相印证的情况下司法机关不能抛开对被告人有利的证据而简单采信对被告人不利的言词证据。

第三，本案事实不清、证据不足。司法机关不能仅仅依据被告人前后矛盾的口供来认定案件事实。

谈恋爱谈出的故意杀人案

本案被告人闵某的第一次供述和后面四次供述相矛盾。闵某在一审庭审过程中一再说第一次笔录才是当时落水时的真实情况。从一审到现在，被告人的律师在每一次会见，问到具体案情为什么会出现前后不一的说法时，都要求闵某一定要实事求是地说。而闵某每次都坚定地说，从第二次笔录到第五次笔录之所以改变第一次笔录的说法，是因为：公安机关在第二次讯问之前告诉她谢某已经死亡，且死亡是因她而起，她当时很害怕。为了尽快促成赔偿，公安机关说谢某已经死亡，这是意外事件，只要她承认此事因她而起，与她有关，并且赔偿谢某家人，就没事了。在这种情况下，紧张又急于回家的闵某稀里糊涂地就在第二次笔录上签了字。公安机关让闵某回家筹钱。闵某将自己所有的存款2.1万元在两天后转给谢某家人，没想到过了三天自己就以涉嫌犯过失致人死亡罪被刑事拘留了，接着以涉嫌犯故意杀人罪被逮捕。闵某的弟弟在半个月内凑了4.3万元给了谢某的家人，并与之达成了谅解协议。在以上情况下，依据前后矛盾的口供认定闵某故意杀人是错误的。

第四，被告人准备跳河的行为与谢某意外死亡的结果之间没有法律上的因果关系。

在本案中不论是谢某因为伸手去拉被告人而滑落水中溺水死亡，还是谢某因为看到闵某跳入水中就跳进水中救闵某而溺水身亡，闵某都不构成犯罪。试想，如果两人落水后死亡的是闵某，而不是谢某，谢某就可以被认定成犯故意杀人罪吗？显然不可以，因为双方都没有对对方实施任何犯罪行为。闵某没有预见到，更没有想到谢某会意外死亡。

经过和法官沟通，二审承办法官采信了辩护人的辩护意见，认为本案事实不清、证据不足，将案件发回重审。

在重新审理的一审中，辩护人当庭发表了以下辩护意见：

一、公诉机关认定"被告人在谢某落水后未采取任何救助措施，持放任态度"的观点是不符合案件事实的

（1）现有证据只能证明谢某是溺水身亡，不能证明谢某是如何落水的。公诉机关仅仅注意到被告人供述笔录中以及证人证言中对被告人不利的相关内容，而忽视了有利于查清案件事实的一些矛盾点。现有证据不能排除被告人先落水，谢某为救被告人后落水的事实。本案被告人的第一次供述和后面四次供述相矛盾。在原来的一审中被告人当庭一再强调后面的四次笔录是在得知谢某死亡后，办案人员为了促成赔偿诱供所得。被告人当庭一再强调第一次笔录才是对当晚客观真实的供述。第二次笔录是在事件发生后的第四天做出的。被告人听公安机关说谢某已经死亡后，极度害怕，在脑子一片空白，且办案人员反复讯问的情况下形成了第二次笔录。因此司法机关不能抛开对被告人有利的笔录内容，而简单采信对被告人不利的笔录来认定本案事实。没有其他证据相印证，仅仅依据前后矛盾的5次口供来认定案件事实，属于典型的事实不清、证据不足。

（2）即使"谢某是在拉被告人的过程中滑入水中，从而溺水身亡的"这样的认定成立，被告人的行为也不构成故意杀人罪，最多构成过失致人死亡罪，因为被告人"闪了一下身子"的行为，是本能的事实行为，不是违法行为。在谢某落水后，我们不能简单地说被告人未采取任何救助措施，因为当时的实际情况对被告人不具有期待可能性。在当时水深浪急的情况下被告人自身处于极度危险的境地，根本不具备救助的可能和条件。

（3）对被告人的救助行为不具有期待可能性，这一点从办案机关提供的证据中可以充分得到证明。在当时水深浪急、自身难保的情况下我们不可能期待被告人采取任何救助行为。死者父亲的证言说明，当时水深浪急，被告人自身都难保，不可能施救，更不存在放任的情况。死者的哥哥和父亲相互印证的证言也充分证明当时水深浪急。在几个男人都不敢贸然下水相救的情况下，法律更不能要求一个弱女子在当时自己都极度危险的情况下对死者进行施救。合议庭应综合全案证据，既要看对被告人不利的证据，也要看对被告人有利的证据，保证事实清楚、证据确实充分，排除合理怀疑。只有做到这些才能准确定性。

二、公诉机关认定被告人"事后隐瞒事实"的说法与案件事实是不相符的

（1）本案事实不清。公诉机关不能排除被告人第一次笔录所说的被告人先跳水，不知道谢某何时落水溺亡的这种情况存在。如果被告人先落水，不知道谢某的情况，就不存在事后隐瞒这一说法。笔录证明被告人先落水的事实是可能存在的。公诉机关不能排除被告人先跳水，谢某为了救被告人后落水这种情况存在。

（2）假设公安机关认定的谢某是在拉被告人时滑入水中从而溺亡的事实存在，因为害怕，被告人没有及时说出谢某落水的事实，那么被告人在

主观上也不构成隐瞒事实，因为故意杀人罪的隐瞒事实是指行为人在主观上希望被害人死亡且在客观上隐瞒被害人死亡事实或放任被害人死亡结果发生，而本案被告人是因为害怕才没有及时说，在主观上不希望也没想到谢某会死亡。被告人的笔录和死者父亲的笔录相互印证，证明被告人在找不到谢某，谢某又没有在家的情况下确实担心，说出谢某也去河边了，让谢某的家人赶紧去找并报警。这些相互印证的证据足以说明被告人在主观上没想到谢某会死，也不存在希望或放任谢某死亡的心态。

（3）谢某死亡的直接原因是当时意外落水且水深浪急，与被告人因害怕而没有及时告知没有直接的因果关系。即使被告人在被救的第一时间说出谢某落水的事实，在当时的情况下谢某的家人也是无法施救的。因此谢某的死亡是个意外，与被告人没有及时说出没有直接的因果关系。

三、如果一定要认定被告人有罪，那也是过失犯罪。过失致人死亡比故意杀人更符合客观事实，对被告人而言相对更公正些

《中华人民共和国刑法》第十五条规定："应当预见自己的行为可能发生危害社会的结果，因为疏忽大意而没有预见，或者已经预见而轻信能够避免，以致发生这种结果的，是过失犯罪。"在本案中，被告人一直没想到谢某会死亡，属于疏忽大意的过失。在谢某的家人在河边没找到谢某，谢某又没有回家的情况下，被告人赶紧说："谢某刚才也去河边了，会不会也跳河了。你们赶快去找。"被告人此时符合已经预见到谢某可能有危险，但不相信他会死，其行为属于过于自信的过失。

四、本案因恋爱而起，与其他恶劣的刑事案件不同。被告人没有主观恶性及人身危险性，事发后尽其所能进行赔偿，也取得了死者一家的谅解。请合议庭考虑宽严相济的量刑指导思想，对被告人减轻处罚

案件结果

本案经历了一审、二审、发回重审三次审理。经过审理，一审法庭很认可笔者的辩护意见，认为本案就是一起意外事件，连过失致人死亡都构不上。审委会等部门经过研究，最终做出了对闵某不起诉的决定（相当于认定闵某无罪）。

律师点评

从被告人一审被判故意杀人罪到最终被告人被判无罪,本案可谓是一个成功的典型案例。本案在适用法律方面明显显现出故意杀人的证据不足。本案所有的证据只能证明谢某是溺水身亡,无法证明谢某是如何落水的。公安机关一直不采信闵某所说的"自己先掉进河里,不知道谢某是否也跳河了"的说法。办案机关认定在谢某拉闵某的过程中,闵某闪了一下身子导致谢某落入水中,而闵某没有掉入水中。办案机关据此认定闵某没有对谢某施救,隐瞒谢某落水,符合间接故意杀人罪的构成条件。然而这些认定是根据闵某前后矛盾的五次笔录做出的,没有充分的证据支持。在这种情况下笔者最大的成功就是将刑法理论"不具有期待可能性"与案件具体情况结合起来进行辩论,很自然地就推翻了公诉人的指控。从法律层面上理解,不具有期待可能性作为责任阻却事由,是指从行为当时的具体情况来看,不能期待行为人还能做出合法的行为,那么即使行为人做出了违法犯罪的行为,也无罪。笔者很好地将不具有期待可能性理论与案件具体事实结合起来:在当时水深浪急且天黑的情况下,被告人自身都处于极度危险之中,根本不具备救助的可能性。由于在辩护过程中恰到好处地运用了刑法理论,辩护人最终使辩护达到了很好的效果。

承办律师

王军丽,河南森合律师事务所合伙人、婚姻家庭部主任,擅长刑事犯罪辩护业务。现为洛阳市律师协会刑事专业委员会委员、洛阳市女律师工作委员会委员、洛阳市律师协会维权委员会委员。具有良好的职业道德和敬业精神,严谨好学,认真执着。从事法律工作期间办理过大量刑事案件、婚姻家庭案件,多次受邀到洛阳电视台法制频道进行法律答疑和点评。积累了丰富的业务经验技巧,得到了当事人的认可和赞赏。

不了了之的凶杀案
——无罪辩护成功后的遗憾

案情简介

被告人陈某（男）于2012年与本组村民林某（女）勾搭成奸。2014年3月的一天晚上，陈某发现林某与本组村民齐某（男，本案被害人）亦存在通奸关系，便对齐某怀恨在心。2014年8月，陈某又来到林某家中。林某态度冷淡，催促其早点回去，并限定其一个月只许来3次。于是双方发生争吵。陈某愤然离开林某家。陈某回家后越想越气，认为林某态度的转变都是齐某造成的，于是便产生害死齐某并将其扔入附近河中的念头。随即从自家床下的塑料桶中取出2根皮线绕在身上，将齐某从家中骗出，又以买感冒药为借口，将齐某骗至同组村民吕某华家门前系晾衣绳的水泥柱处，趁齐某不备，抓住其头发，将其头部朝水泥柱上猛撞一下。当齐某反抗时，陈某又将其头部对着水泥柱猛撞数下，致齐某当场瘫倒在地。陈某到吕某伟家水井处清洗手上的血迹，并在河边找了一只黑色塑料袋，将齐某的头套上，并将齐某背至河堆旁一座水泥桥上。此时发现齐某还有呼吸，即用手捂住齐某的口鼻，直至齐某死亡。接着，陈某用随身携带的皮线把齐某的手和脚捆起来，把尸体抛入河中，把齐某的白色拖鞋抛至河坡草丛中，又把自己沾有血迹的上衣扔入河中。

律师对策

辩护人接手案件之初就遇到两道难题：一是公诉人曲解"移送主要证

据复印件"的规定,在庭前提供的证据极少,使辩护人无法了解案件全貌,如:关于被告人的供述和辩解,公诉人只提供了1次讯问笔录;关于证人证言,公诉人只提供了部分证人的各1次证言;现场勘查笔录和很多物证及鉴定结论公诉人都不予提供。二是会见被告人时,被告人坦然承认自己杀害了被害人,并把作案经过讲得头头是道,而这与被告人家属委托时介绍的情况截然不同。

如此局面激起了辩护人探索真相的决心。在刑事诉讼中,辩护人依据事实和法律为被告人辩护,有着独立的诉讼地位,不是被告人的代言人。于是,辩护人带着审视的目光仔细推敲公诉人提供的证据材料,全力搜索其中的漏洞,寻求辩护的突破口。然后多次亲临实地,反复调查核实,经历了由表及里、去伪存真的过程。最终确信这起凶杀案不是被告人陈某所为,于是毅然决然地为陈某做了无罪辩护。

辩护人围绕定案证据材料,着重从正、反两个方面展开论证。

一、针对公诉人提供的现有证据材料,论证其相互矛盾之处,认为疑点太多,达不到确实、充分的证明要求

1. 指控被告人的作案动机是争风吃醋显属牵强附会,难以成立

(1)如果林某对被告人转变态度是因为又勾搭上死者齐某,那么,应该在2013年秋天与齐某刚勾搭之时表现得最为明显,而不应该在与被告人断绝关系5个月之后。

(2)林某与齐某虽然多次在一起,但均未发生性关系,不会对林某与被告人的通奸关系产生大的影响。

(3)案发前,林某对被告人的态度还是比较好的,"要谈晚上你来跟我谈","我是替你玩玩的"。被告人的说法是"喊门就开,要玩就玩"。

(4)林某跟被告人讨价还价是为了钱:"这年把他给我的钱就没前两三年多","他不老把钱给我了,我就不大想理他,态度就没有以前好了"。对此,被告人也是知道的。

2. 指控被告人作案的时间、地点、工具、路线等一系列重要情节,疑点和矛盾太多,与客观事实不符,不具有真实性

(1)作案时间。被告人庭前供述,是2014年8月25日夜里11时左右将被害人齐某从其家中喊走的。此作案时间不真实。因为根据被害人妻子孙某证言,当晚夫妻俩在堂屋看电视剧《武则天》,而被害人好像有心事,只看一集就去屋里洗澡了。孙某看完第二集,到屋里后发现被害人不见了,他之前脱了上衣,在水池中洗了头,而干净衣服放在板凳上,木桶里的洗澡水是清的。这说明被害人准备好洗澡但尚未洗就赤膊离家了。辩护人到B县广播电视台查询得知,电视剧《武则天》每晚播出两集,第一集结束时间为9:25左右。据此推测,被害人离家的时间应为9:30左右,而不可能是夜里11时左右。这证明被告人并不知道被害人的离家时间。

(2)作案地点。公诉人认定,第一现场为村民吕某华家门前,是被告人借口到医生吕某伟家买感冒药,将被害人骗去,而后作案的。但辩护人认为,选择这样的作案现场不合常理,明显是被告人知道凶杀案情况后编造的谎言。① 被告人看病买药根本不需要到较远的吕某伟医生家去,因为他家附近就是村卫生室,由吕某伟与另一位医生轮流值班,还有联系电话,所以看病很方便。他不可能以这个理由骗走被害人。② 被告人庭前供述:"把死者骗到吕某伟家屋后的水泥柱子上撞死。"实际上,吕某伟家屋后根本没有水泥柱子。水泥柱子是在吕某华家门前。③ 被告人庭前供述:"到吕某伟家门口,又把死者引到吕某华家水泥柱子处。"试问:到吕某伟医生家去买药,怎么会走到更远的吕某华家去呢?被害人又怎么会走到被告人前边去呢?这些情节,经不住推敲,是虚构的。④ 被告人庭前供述:"听到南边庄子上的狗叫得厉害,就到吕某华家东屋山头躲了头十分钟。"辩护人经过实地调查,得出的结论是:南边庄子上没有狗。反倒是吕某伟、吕某华兄弟两家一共养了4只狗,有的被拴着,有的没被拴,当天深夜叫得厉害。吕某华还证明:自家东屋山头是躲不住人的,因为家里不仅养了2只狗,而且他们老夫妻睡觉的屋里有个大窗户正对着东屋山头。因此,被告人编造的上述谎言足以证明,他根本不知道第一现场的真实情况。

(3)作案工具。公诉人认定,被告人带了2根1米多长的皮线,但只是用于捆绑死者的手脚,实施杀人就凭赤手空拳:用手抓住被害人的头发并将被害人的头部撞向水泥柱,用手捂住被害人的口鼻。像这样的凶杀案件,被告人要杀死一个比自己年轻、身高体壮的人,事先不做好充分准备,仅凭赤手空拳,是不可能的。更何况被害人的头发很短(刚理发2天),被告人怎么抓呢?而且抓住头发,将被害人的头部撞了一下后又撞了数下,这怎么可能呢?

(4)作案路线。案卷中有一张被告人亲手绘制的"杀人现场图":描绘了从家中出发,最后又逃回家中,沿途作案经过的路线。辩护人深入实地,反复体验,发现至少有两处根本无法通行。①前往吕某伟医生家的约100米长的田埂根本无法通行。因为案发于8月盛夏,田埂上长满了半人高且带锯齿的茅草,村民普遍认为"人没法走",更何况被告人和被害人都穿着裤头、拖鞋,被害人还是上身赤膊。辩护人实地勘查时,感到走路吃力,因为地上倒伏的枯草足有20厘米厚,可见夏天时茅草长势之茂密。②往河边运尸经过的一处坟地根本无法通行,因为那里是斜坡路、油泥土,而且当天夜里还下了小雨。连辩护人都绕弯穿行,艰难跋涉,更不用说被告人了。案发时,坟地荆棘丛生,雨后路滑。被告人年近六旬,矮小瘦弱,穿着拖鞋,背着100多斤重的尸体怎么过得去呢?!上述事实证明,被告人绘制的"杀人现场图"完全是虚构的。

二、本案中能够客观反映案件事实的诸多物证公诉人却没有提供,反证本案更加无法认定

(1) 足迹。吕某华家门前水泥柱子下有一枚足迹,两个脚趾头很清晰(吕某伟、吕某华证言)。

(2) 血指印。吕某伟家门前鸡笼纱网上有血指印2处、手样状血迹4处(吕某伟、吕某华证言,现场勘查笔录)。以上痕迹物证十分重要。经过鉴定,犯罪嫌疑人即能被锁定。公诉人未提供这些证据,只能证明凶杀案并非被告人所为。

(3) 血衣。如果被告人庭前供述的"踩入河泥中"属实,那么经过打捞,血衣这个重要物证应能被获取,因为地点确定,离岸不远,案发及时,又值盛夏,易于打捞。辩护人到过河边,察看过现场,认为血衣被踩入泥中也是被告人编造的谎言,就像之前讲将血衣藏在床下、扔进茅坑一样,都是假话。

(4) 皮线。被告人庭前供述,捆绑死者手脚的皮线是自家的白色电话线。案发后,侦查人员从被告人家中提取了若干根皮线,但在庭审中没有主动出示。辩护人也从被告人家中提取了皮线。经过当庭比对,该皮线与捆绑死者手脚的皮线明显不同。这证明被告人胡乱招供,因为他根本不清楚案件真实情况。

此外,辩护人还指出,被告人当庭诉说的被逼供、引供、诱供的具体细节以及身体受到的伤害情况,应该是真实可信的,证明其庭前供述是在

不了了之的凶杀案

非正常情况下形成的，不具有合法性，应该被排除，不作为定案的证据。

最后，辩护人认为，本案证据既不确实又不充分，请求法官查明事实，依法宣告被告人无罪。

案件结果

H市中级人民法院裁定，准许H市人民检察院撤回起诉。随后，H市人民检察院将案件退回Y县公安局。Y县公安局主动为被告人办理了取保候审手续。

本案办理取保候审的情形亦很特别：Y县公安局侦查人员把被告人带到派出所，要求其家属在取保候审决定书上签字，担任保证人，然后把被告人带回家，但遭到家属拒绝；只好又要求村组干部担任保证人，但同样遭到拒绝；最后是派出所警察签字担任保证人。

律师点评

"撤回起诉—取保候审"的结案模式有损司法正义，会导致严重后果。

本律师办理的多起无罪辩护案件中，大多数都是以这种"撤回起诉—取保候审"不了了之的模式结案的。实际上，1996年的《中华人民共和国刑事诉讼法》实施后，公诉案件撤回起诉已经失去了法律上的依据。但最高人民法院、最高人民检察院仍以司法解释的形式将公诉案件撤回起诉纳入刑事诉讼轨道。20多年来，各地检察院和法院联手，在刑事诉讼活动中频繁使用撤回起诉，借此化解无罪案件。这不仅给司法实践带来很大弊端，也给本应获得无罪判决的被告人的权益造成极大伤害，有损司法正义。

"撤回起诉—取保候审"模式直接导致两个严重后果：

一是当事人难以获得司法救济。因为法院未做出无罪判决，当事人手中没有判决书，甚至可以说，案件程序尚未终结，所以当事人获得司法救济障碍重重。

二是尘封凶案，放纵真凶。本律师曾为多起故意杀人案件的被告人做无罪辩护成功，被告人也早已获释，但这些故意杀人案件却一直被尘封。真凶何在，无人知晓。

承办律师

魏磊，北京市盈科（苏州）律师事务所律师，苏州市行政与经济法研究会理事，苏州大学王健法学院"卓越法律人才培养基地"实践导师，扬子鳄刑辩团队核心成员，滨海县第十三届政协委员，曾被盐城市司法局、盐城市律师协会授予"盐城市十佳青年律师"称号。

张建，江苏民和众律师事务所律师。曾任滨海县人民检察院检察员、检察委员会委员，滨海县司法局副局长。1988年参加全国律师资格考试，取得律师资格。退休后从事专业刑事辩护工作。在媒体上郑重承诺：愿为全国各地可能被判处死刑者提供免费法律援助。先后为20多名被告人、犯罪嫌疑人做无罪辩护成功，其中包括6起故意杀人案件的被告人、犯罪嫌疑人。现在仍然从事专职刑事法律援助工作。

不了了之的凶杀案

故意伤害致人死亡之共同犯罪
——评析万某等人故意伤害致人死亡案件

案情简介

万某（男）与曾某（女）系男女朋友。2015年9月24日，万某因曾某在外唱歌且不回其电话，赶至杭州市下城区某KTV包厢，想强行将在包厢唱歌的曾某带走，但遭到曾某拒绝。于是万某就与同在该包厢唱歌的曾某的朋友向某、李某及本案的被害人徐某等人发生了争执。经过KTV工作人员的劝阻，众人离开包厢后去了停车场。此时万某深感自己势单力薄，就打电话将自己与人发生矛盾之事告知了徐甲和徐乙，叫他们前来帮忙。徐甲和徐乙随即和当时与其二人在一起的汪甲和汪乙赶往了万某所在的停车场。汇合之后，万某和徐甲先后掌掴了曾某，向某及被害人徐某等人见状上前劝阻。双方开始争吵和拉扯。随后徐甲将被害人徐某带到了停车场外的路边，汪甲跟随在后。徐甲动手打了被害人徐某。徐某随即进行反击。汪甲见状就参与打斗。此时万某与徐乙赶来，一同殴打被害人徐某，汪乙则跟随在旁。除汪乙外其余各人都参与了打斗，对被害人徐某施加暴力，导致徐某最后倒地不起。随后徐甲、汪乙在路边拦叫出租车，与其余三人共同乘车逃离犯罪现场。被害人徐某被送往医院之后，经抢救无效于当日凌晨死亡。法医鉴定结果表明，被害人徐某符合酒后头部遭钝性外力作用致广泛性蛛网膜下腔出血死亡。

律师对策

综合在案证据以及汪乙等人的供述，汪乙的辩护人为其做出了无罪辩护，认为公诉人指控被告人汪乙犯故意伤害罪不成立。节选辩护词如下。

一、汪乙在主观上没有犯罪故意，在客观上未实施犯罪行为

1. 在主观上，汪乙与本案其他被告人没有共同伤害他人的意思联络，不具有共同伤害的故意

共同犯罪要求各个犯罪人之间有共同的犯罪故意，相互之间有犯意联络。但在本案中汪乙与本案被告人并没有故意伤害被害人的意思联络。

（1）汪乙在案发前与本案的被告人没有共同伤害被害人的意思联络。

据汪乙本人供述，案发前汪乙与汪甲等人在一起，在同行的几人中除汪甲外其余的都不熟悉，更不认识万某。当与汪甲等人去往案发地时，其只是消极地跟着汪甲，并不知道去哪，也不知道去做什么。在只熟悉汪甲一人并和他一起来的情况下，汪乙跟着汪甲行动是人之常情，况且汪甲自始至终都未向汪乙表示此次行动是前去打架。这一事实结合汪甲、徐甲、徐乙的供述可以得到证实。

（2）汪乙在本案中没有进行过伤害他人的意思联络。

汪乙等人赶到的时候，万某正在跟女友吵架，并未与被害人动手。在吵架过程中被害人徐某与徐甲等人发生争执。此时徐甲等人才产生故意伤害的共同犯意。汪乙全程都未参与打斗过程，也没说过一句话，只是旁观者，与本案的被告人并没有故意伤害被害人的意思联络。

2. 在客观上，汪乙并未实施伤害被害人的行为

本案中故意伤害行为发生的根源在于双方在吵架、劝架过程中矛盾不断升级。事前万某并未明示让汪乙等人去殴打被害人徐某，汪乙等人赶到时万某也并未明示他们帮助殴打被害人徐某。同时汪乙只与汪甲相熟，与其他被告人都只有一面之交，与万某并无交集，案发时与本案的被害人、证人、其余被告人没有任何交流。这一点有相关笔录可以佐证，其中徐甲和万某在笔录中明确表示汪乙没有动手打人。

综上所述，汪乙在主观上并没有殴打被害人的动机，在客观上也没有实施殴打被害人的行为。

故意伤害致人死亡之共同犯罪

二、从法律规定的共同犯罪构成要件上看,被告人汪乙无论从客观方面还是从主观方面看都不构成犯罪

辩护人认为本案属于共同犯罪。根据《中华人民共和国刑法》第二十五条第一款规定:"共同犯罪是指二人以上共同故意犯罪。"这一规定高度概括了共同犯罪的内在属性,体现了共同犯罪成立的主客观相统一原则,即共同犯罪要求两个以上的行为主体不仅要有共同的犯罪故意,而且必须有共同的犯罪行为。共同犯罪的成立要求同时具备主观、客观和主体三方面要件。本案问题主要存在于主观和客观方面。

从主观方面来看,共同犯罪的主观要件是指两个以上的行为人具有共同犯罪故意,即各行为人通过犯意联络,明知自己与他人共同实施犯罪会造成某种危害结果,并希望或放任这种危害结果发生。包括共同犯罪的认识因素及共同犯罪的意志因素两个方面。第一,认识因素。认识因素主要包括:① 行为人都认识到不是自己一个人单独实施犯罪,而是与他人共同实施犯罪。② 行为人不仅认识到自己的行为会导致某种危害结果,而且认识到其他共同犯罪人的行为会导致该种危害结果。第二,意志因素。意志因素主要包括:① 行为人决意参与共同犯罪。② 行为人不仅希望或放任自己的行为可能会导致的某种危害结果发生,而且对其他共同犯罪人的共同犯罪行为可能导致该种危害结果持希望或放任态度。结合本案具体情况来看,汪乙事前并不知去案发地做什么,也就表明其不可能认识到自己是与他人一起去犯罪。在意志因素方面,汪乙并不是主动去案发地,只是被动地随着仅认识的汪甲一起自然离开KTV。在本案中汪乙并不认识被害人徐某,也不认识万某,与被害人徐某不可能有任何仇恨和过节,也就不可能无故成为万某的帮凶去殴打被害人,即汪乙不具有希望或放任自己的行为给他人造成伤害的想法,不具有共同犯罪的意志因素。

从客观方面来看,根据法律规定,故意伤害罪的客观要件是指两个以上的行为人必须具有共同犯罪行为,即各犯罪人的行为都指向同一犯罪,彼此联系、互相配合,成为一个有机的整体,并与犯罪结果之间都存在因果关系。即各行为人所实施的行为都必须达到犯罪的程度:① 各共同犯罪人的行为都必须具有社会危险性;② 各共同犯罪人所实施的行为必须都是刑法意义上的行为;③ 各共同犯罪人的行为的社会危害性都必须达到足以构成犯罪的程度。从本案来看,根据在案证据,汪乙到达案发地后自始至终未曾接触过被害人，甚至没有与本案的被害人和被告人有过言语交流，也就谈不上具有配合其他被告人殴打被害人、呐喊助威或恐吓他人的行为。

案件结果

一审法院最终认定，在案证据不能证明汪乙动手殴打被害人，汪乙在本案中系共同犯罪的从犯，依法可予减轻处罚；认定汪乙犯故意伤害罪，判处有期徒刑三年，缓刑四年。同时基于汪乙亲属向附带民事诉讼原告人进行了赔偿，并与原告方达成了调解，原告方撤回了对汪乙提起的附带民事诉讼。本案其余被告人被判处十年以上刑罚，且均未适用缓刑，其中万某被判处无期徒刑。

律师点评

根据《中华人民共和国刑法》第十四条及二百三十四条规定，故意伤害罪的故意是指行为人明知其行为会导致损害他人身体健康的结果而实施。故意伤害致人死亡罪是故意伤害罪的加重结果。在数个实行行为人共同实施故意伤害行为，而部分人的行为导致被害人死亡的情况下，未直接导致加重结果发生的人是否应当承担责任，法律界对此有不同意见。

在本案中，有关人士对万某等被告人犯故意伤害致人死亡罪没有争议，但是对汪乙应该对什么行为承担刑事责任则有争议。第一种意见认为对汪乙也应该定故意伤害致人死亡罪，因为汪乙与万某等人均是该共同犯罪的共犯，所以汪乙应该也对整个过程的犯罪行为及其所造成的结果承担刑事责任，但由于汪乙与其他几人在共同犯罪的过程中所起的作用不一样，因此对汪乙应当处以比万某等人轻的刑罚。第二种意见认为虽然对汪乙也应该定故意伤害罪，但汪乙不应该对万某等人过失致人死亡的行为及结果承担刑事责任。从《中华人民共和国刑法》的立法规定可以看出，"共同犯罪应局限于故意犯罪部分，对于过失部分不能成立共同犯罪"，万某等人的故意伤害致人死亡的行为属于共同犯罪中的实行过限行为，因此汪乙不应该对过失致人死亡的行为及其结果承担刑事责任。还有一种意见则认为汪乙在本案中并未参与打斗，在主观上也没有犯罪的共同故意，其行为依法不构成故意伤害罪。最终法院认定,虽然在案证据不能证明汪乙动手殴打被害人,但汪乙跟随徐甲等人到案发现场助阵,在打斗快结束时应同案被告人要求与徐甲一同拦叫出租车帮助同案犯逃离,证明汪乙在本案犯罪中有客观帮助行为,与本案其余被告人构成共犯,对其行为依法应以故意伤害罪定罪处罚。由此可以看出,在共同犯罪中部分行为人过失导致被害人死亡加重结果的情形下,另一部分未对死亡加重结果有直接导致行为的人,若要承担刑事责任则必须对加重结果的发生具有过失。在本案中汪乙的过失就在于其虽未直接参与打斗,但也并未消除其在共同犯罪中的影响,在本案犯罪中有客观的帮助行为。全体实行犯共同实施基本犯罪的时候每一个实行行为之间是相互依存、相互利用的。故意伤害共同犯罪中的各实行行为人除了对自己的行为具有防止死亡结果发生的义务之外,还对其他行为人的行为是否引起加重结果负有监督义务,且具有防止其他行为人的行为引起加重结果的义务。当行为人因违反义务而导致加重结果发生时,其对加重结果就有过错,根据《中华人民共和国刑法》规定则应当承担与其行为相应的刑事责任。

根据《中华人民共和国刑法》规定,承担刑事责任需要具备主体、客体、主观方面和客观方面四个方面都符合刑法规定的条件。律师在办理相关案件时要首先从法律规定出发,看各方面是否都满足承担刑事责任的条件,以免发生冤案。

承办律师

马晓胜律师,北京盈科(杭州)律师事务所高级合伙人、刑事重案部主任,盈科长三角刑辩中心副主任,扬子鳄刑辩联盟经济犯罪研究中心主任,盈科全国刑民交叉法律事务专业委员会副秘书长。从事专职律师多年,担任多家企业法律顾问,承办过浙江、上海、天津、江西、山东、江苏等全国各地各类案件,其中包含大量疑难、复杂的刑事案件。

是交通事故还是过失致人重伤
—— 许某某过失致人重伤，检察院终撤诉结案

案情简介

2013年11月，被告人许某驾驶小型轿车，在某市某区车辆监测站的验车车道内违反交通标志规定，由西向东逆向行驶，与被害人刘某某驾驶的电动车相撞，造成被害人头部受伤。经法医鉴定，被害人因外伤致左颞枕创伤性硬膜外血肿、双侧额叶脑挫伤。此属人体重伤。事发后，被告人拨打了110报警，后如实供述了自己的犯罪事实。本次事故属于非道路交通事故，被告人许某负事故的主要责任，被害人刘某负事故的次要责任。

律师对策

本律师接受许某家人委托后，根据本案的事实及法律适用情况，向检察机关提出了许某不构成犯罪的律师意见。后某市某区人民检察院指控被告人许某犯过失致人重伤罪，向某区人民法院提起公诉。本律师在慎重考虑后仍决定为被告人涉嫌过失致人重伤一案做无罪辩护。辩护观点如下：

公诉机关将被告人许某的行为定性为过失致人重伤罪没有法律依据。被告人许某驾驶车辆在某区车辆检测站的验车车道内将人撞伤。公诉机关根据举证的非道路交通事故认定书等证据认为该事发地点为非道路，许某的行为不构成交通肇事罪，应为过失致人重伤罪。辩护人认为此认定没有法律依据。《最高人民法院关于审理交通肇事刑事案件具体应用法律若干问题的解释》第八条第二款规定：在公共交通管理的范围外，驾驶机动车辆或者使用其他交通工具致人伤亡或者致使公共财产或者他人财产遭受重大损失，构成犯罪的，分别依照刑法第一百三十四条、第一百三十五条、第二百三十三条等规定定罪处罚。这条规定涉及了《中华人民共和国刑法》第二百三十三条过失致人死亡罪，并没有将过失致人重伤罪包括进去。在法无明文规定不定罪的原则下，在对非道路交通事故致人重伤的处理上，司法机关应该将非道路交通事故致人重伤按一般交通事故做民事侵权处理，而不能违反罪刑法定原则将被告人的行为定性为过失致人重伤罪。

本案事发地点系某区车辆检测站内。该检测站系敞开式的。进出车辆不需报备，监测站内的车道检测场所与大路均相连。该检测站对外出租经营修理厂及押运公司。该监测站内的道路应该属于《中华人民共和国道路交通安全法》第一百一十九条规定的"虽在单位管辖范围但允许社会机动车通行的地方"道路范畴。该案应属道路交通事故，而非非道路交通事故。许某的行为不符合《中华人民共和国刑法》第二百三十五条关于过失致人重伤的规定。

综上所述，辩护人认为被告人许某的行为不构成过失致人重伤罪，许某所涉案件系一般交通事故，其仅应承担民事侵权的赔偿责任。

案件结果

某市某区人民法院一开始对本案适用简易程序，后于2014年7月转为普通程序，并组成合议庭，公开审理了此案。且在案件审理中，经公诉机关建议，延期审理两次。2015年5月，某市某区人民检察院认为许某致人重伤情节显著轻微，不需要判处刑罚，撤回对被告人许某的起诉。某市某区人民法院于2015年5月做出刑事裁定书，准许某市某区人民检察院撤回对被告人许某的起诉。

律师点评

本案的主要争议为事发地点系道路还是非道路，如果是非道路，被告人的行为是否构成过失致人重伤罪。辩护人接受委托后查勘了事发地点，发现事发地点是敞开式、车辆可以自由进出的场所，符合《中华人民共和国道路交通安全法》第一百一十九条规定的"道路"的定义范畴。同时辩护人对《最高人民法院关于审理交通肇事刑事案件具体应用法律若干问题的解释》第八条第二款规定进行分析:其在规定非道路交通事故致人伤亡时仅仅将过失致人死亡罪明确进行刑事处罚,而没有将过失致人重伤列入刑事打击范围。辩护人据此据理力争,认为公诉机关指控被告人许某犯过失致人重伤罪没有法律依据。辩护人从正反两个方面来阐述被告人许某的行为不构成过失致人重伤罪。许某的行为仅仅系民事侵权行为,许某应该承担民事赔偿责任。司法机关不应该适用刑法来对许某定罪量刑。对于道路和非道路交通事故是否构成犯罪,应该严格根据刑法及相关司法解释来进行分析和定罪量刑,对罪与非罪还是要根据犯罪构成的四要件来进行分析认定。

承办律师

周钦明,北京市盈科(苏州)律师事务所合伙人,扬子鳄刑辩团队资深律师,苏州大学王健法学院法律硕士。1999年10月正式执业,在刑事辩护及法律顾问方面有着丰富的经验。

相约开房,提上裤子后成强奸嫌疑人
——张某涉嫌强奸一案在侦查阶段被撤销

案情简介

张某是某市一名成功的"80后"企业家,家庭幸福美满,企业运营良好。张某和被害人李某某是通过第三人张某介绍认识的。第三人张某告诉张某:"李某某是市里某大专院校的学生,可以约出来玩的。"2014年5月的某天中午,第三人张某介绍张某和李某某见面。在认识之后三人一起到饭店吃饭。张某在吃饭时向李某某献殷勤。李某某想要某明星的演唱会门票,张某也一口应承,当场表示好感。吃饭后张某让第三人张某通过微信去问李某某是否愿意和张某出去开房玩。第三人张某确认了李某某同意。张某也两次主动向李某某提出开房休息的要求,李某某均以明确的语言和行为表示同意。然后张某开车带李某某去附近宾馆开房。在双方一前一后自然进入房间后,张某主动帮李某某脱了鞋子,脱了连衣裙,解了胸罩,褪下了连裤袜,而李某某均没有任何反抗;在脱内裤的时候李某某有攥着裤沿不让脱的轻微举动,但张某还是把李某某的内裤脱下来了。张某接着自行脱了自己的全部衣服,其生殖器已经自然勃起。张某没有要求李某某先用手撸和口交,而是想直接开始性交。在要进行性交前,张某还先下床戴了安全套,然后上床采取"男上女下"的体位准备插入性交。这时候,李某某有轻微推张某身子,但语言上没有反对。于是张某就插入,和李某某进行性交。抽插的时候,李某某虽然再没有推的动作,但也不主动,表情也比较木然,没有愉悦和享受的神色。张某抽插了两三分钟就射精了,然后起身到卫生间洗澡。李某某则没有跟去洗,也没有穿衣服，而是在床上玩手机。在这个过程中双方的衣物均没有损坏，房间现场的其他陈设也没有任何损害。张某洗好澡后，没有提要不要给李某某钱（按正常逻辑应该要主动付钱）。之后李某某说自己的手机充电器掉在了张某车上，张某就穿好衣服下楼去取。结果张某在楼下碰到公安临检。临检的民警以未以自己名义开房间为由询问张某，并立即到房间进行临检。李某某在临检民警面前说不出张某的名字，但否认系卖淫，随后声称自己被强奸了。张某则对现场的便衣民警反复强调自己没有卖淫嫖娼。

接下来，公安机关很快就以张某涉嫌强奸为由立案，并且立即对张某进行刑事拘留，在刑拘之后很快就向检察院申请批准逮捕。张某在侦查机关做口供时比较诚实，承认了在脱内裤的时候，李某某有过抓着裤沿不让脱的情节，也如实交代了采用"男上女下"体位趴在李某某身上准备插入前，李某某有轻微推过自己，还交代了在性交抽插的过程中，李某某表情木然，自己不知道她是高兴还是不高兴。但对于李某某是不是自愿和自己发生性关系，张某刚开始一直坚称李某某不可能不自愿，如果不自愿就不可能同意和他开房，如果不同意其连裤袜就不可能被脱下。但是在侦查人员的多次讯问下，张某做出过李某某并非自愿的陈述。然而张某告诉辩护人，由于企业完全靠他在运营，很多重要事务离开了他就无法运转了，他迫切希望尽快获得取保候审，而公安民警对其做出过如果他承认强奸，就可以为他办理取保候审的承诺，因此他做出了前面的陈述，但实际上该陈述不是客观事实。李某某在了解情况之后希望侦查机关不要追究张某刑责，但在笔录上还是说自己是非自愿的，内裤是被张某扒下来的，插进去之前她也试着推过。

律师对策

这个案件是张某的父亲找到我们的（周小羊律师和时雪峰律师合作办案）。接受委托后我们马上去看守所会见了张某。张某是成功的年轻企业家，但这次以强奸被刑拘后，落差太大，情绪很不稳定。我们在会见张某时,尽力稳定住了张某的情绪,极力促使张某在冷静的状态下仔细回忆整个过程,包括从认识到报案之前的每一个细节。在会见张某,掌握基本事实的同时,我们也详尽做好每一次会见笔录,以尽量保护律师自身的权益。通过会见我们认为,本案所涉及的强奸犯罪和传统意义上的用暴力等手段进行强暴的犯罪在行为表现上有显著的区别,是一种"非典型的强奸"。当然不论是否典型,定罪的核心还是是否违背妇女的意志。在这种非典型的强奸中,律师需要对案件发生的整个过程进行系统分析,从而准确判断妇女的真实意志。综合本案发生的前情和相约开房、配合脱衣服等情节,运用日常生活逻辑,用一个正常人的思维来判断,我们认为张某的行为被认定为强奸不适当。我们初步决定做无罪辩护。我们先向侦查机关申请取保候审并提出撤销案件的律师意见,但侦查机关坚持认为张某构成犯罪。在辩护人会见过张某后,办案人员再提讯时,张某对事实细节的陈述基本相同,但就李某某是否自愿进行陈述时,张某认为李某某是自愿的,并强调之前说"明知李某某不自愿"不是事实,之所以那么说是为了能早点获得取保候审出去,因为他长期不出去会导致企业运营出问题。而侦查人员对我们具有明显的敌意,甚至用威胁的口吻警告说,他们随时可以调查我们。

侦查机关认为本案证据确凿,将张某刑拘后不到一周就向检察院申请批准逮捕。在这个阶段,我们多次会见张某,力求他能实事求是地向检察官陈述案件的重要细节,并对之前有可能有偏差的供述做出合理的解释。作为辩护人,我们也准备好了详细的辩护意见,并约检察官当面沟通。我们在写辩护意见,对事实进行描述时也避免先入为主,一味尽信张某的话,即使推测也努力做到合情合理,对法律观点的陈述客观公正。

我们认为,在这种非典型的强奸案件中,对于是否违背妇女意志,显然不能仅通过被害人在事发后的陈述来认定。对于妇女是否自愿,我们应以妇女当时而非事后的意思表示来判断,以其当时明确表达出来的语言和行为来综合判断;不应以妇女当时内心隐含的意思表示,而必须以常人能够理解和判断的意思表示为标准。李某某对开房间休息隐含的含义必然是明知的。"开房"在目前社会的语境中,在本案的特定情况下,显然包含发生性关系的意思。这是客观实际,也是普通人的正常认知。

结合本案,我们认为对于张某的行为是否构成强奸罪,可以从以下几个方面分析:双方认识的原因、目的、时间是否表明双方的交往是以性为目的;双方在交往过程中的语言、行为是否表明双方对性已经持一种开放的态度;双方对于"开房"的沟通是否充分,是否达成一致,对于"开房"所隐含的意思是否理解;依据李某某的实际情况,能否评估出她对性是否持开放或者可以利益交换的态度;在发生性关系的整个过程中,李某某是否有明确的持续的不愿意或者反抗的语言和行为,若有不愿意和反抗的表达,则表达的程度是否能足以让张某准确无误地接收到这样的信息;在发生性关系的整个过程中李某某的表现是否会让张某理解为她愿意;张某的行为是不是让李某某达到不敢反抗、不知反抗或者不能反抗的程度;在发生性关系过程中,李某某是否有呼救的行为或者有足够脱离现场的机会;在双方发生性关系后是否有客观能够表现出来的身体伤害以及衣服等被撕扯的证据存在;李某某是在何种情形之下控告张某强奸的;等等。

　　在本案中,我们通过多次会见张某,了解到基本事实,对张某描述的两人进入房间之后的行为和语言进行分析,认为两人发生性关系时存在半推半就的情形。辩护人从整个事实发展的过程来分析,倾向于认为李某某可能有点不情愿,但总体上对发生性关系是自愿的。而事后女方陈述被张某强奸,可能的原因:一方面是张某完事后不提钱,其因此心中有抱怨;另一方面是其在被民警临检询问时不知男方名字,心中惊慌,担心被当成卖淫嫖娼处罚。毕竟作为女孩子和学生,名声是很重要的,在作为强奸案件的受害人还是作为卖淫者的选择上,其当然做出两害相权取其轻的选择。如果这一段意见能够与检察机关掌握的全面证据所证明的事实相印证或者部分印证,那么我们认为认定张某构成强奸是达不到证据确实充分的证明标准的,以上的合理怀疑更无法被排除,检察机关绝不能仅仅依据或者抽出一两个有"强行"特征的片段,而认定张某构成犯罪。同样我们认为,如果李某某确实有不情愿的心理,她有义务通过明确的行为和语言有一定强度地持续地表达出来,因为本案的情形绝没有达到"不敢反抗""不知反抗"和"不能反抗"的程度,但她的反应没有让张某明确地接收到她不情愿的信息。所以我们认为,司法机关如果据此认定张某违背妇女意愿从而惩罚张某将是不公正的。

案件结果

检察院通过研究,做出了"本案事实不清,证据不足,不批准逮捕"的决定。张某在被拘留之后的第二周恢复了自由。之后,辩护人又再次向公安机关递交了撤销案件的律师意见,并和办案警官进行了多次沟通。最终,公安机关做出了撤销案件的决定。

律师点评

在司法实践中,对"半推半就"式的强奸如何认定,法律界一直有争议。男女朋友反目之后女方报警称被强奸;在卖淫嫖娼过程中女方因价钱没有谈好或者敲诈不成报警称男方强奸;女方设陷阱,故意半推半就,结束后就报警……类似的案件确实很多,男方就此被判强奸的也不在少数。可以说在"半推半就"式强奸中,如果"推"大于"就",那么女方应当被认定为不自愿,男方应当被定性为强奸;但是如果"就"大于"推",那么女方应当被认定为自愿,男方应该是无罪的。如何考量这个判断的关键点呢?这就需要我们考量全案的情节。在本案中,我们应该考虑男女是怎么认识的,他们为什么会认识,一个女孩子和一个刚认识的男人相约去开房意味着什么,女方同意男方脱掉衣服意味着什么,女方如果不自愿为什么不发出强烈清晰和明确的反抗信号,在这个过程中女方是不是不敢反抗、不知反抗或者不能反抗,事后女方为什么没有逃离、报警或呼喊,男方没有主动给钱会不会导致女方怨恨,正好碰上民警临检是不是女方说男方强奸的重要原因等因素。这需要综合判断,而不是挑选出一两个片段(比如女方在被脱内裤的时候有过攥住内裤的动作,在男方压在其身上准备插入时有过轻推的动作)作为判断的依据。如果以此就认定男方违背了妇女意志,将男方定性为强奸,那么这是典型的机械司法。一个普通人被套上一个"强奸犯"的罪名该是多么严重的事情。如果这是冤假错案,那将累积多么大的社会矛盾。所以对于女方没有强度的"半推半就"式强奸,辩护人应当高度审慎,如果根据案件情况和自己的专业知识判断犯罪嫌疑人或被告人不应被定性为强奸,就应该大胆去做无罪辩护。

对于"半推半就"式强奸案,最重要的证据就是男女双方当事人的笔录了。男方刚被侦查机关讯问时可能因为被诱导或不懂，有时候也可能因为"半推半就"，不太好判断女方是否自愿，所以经常会违心地说清楚女方不自愿，但在辩护人会见过之后，常会翻供。这对辩护人来说风险很大。所以，承办这类案件一定要两个律师一起会见犯罪嫌疑人或被告人，详细做好笔录，注意问话的方式，实事求是地提问和解答。专业的辩护意见当然十分重要，但辩护人也要当面约谈办案警官和检察官，因为当面沟通的效果会更好。

另外，对于这类案件，我们曾经组织苏州大学王健法学院的学生进行过模拟法庭的演练。学生们将辩论上升到了法益保护的选择、女性的反抗应该达到的强度和男性性行为的合理注意尺度的高度上。

承办律师

周小羊，简介见第 11 页。

时雪峰，江苏少平律师事务所合伙人、副主任，苏州市骨干型律师，2002 年通过国家司法考试。目前系常熟市律师协会理事，苏州市律师协会公司法业务委员会委员，常熟市青年联合会常委，常熟市律师协会商事业务委员会副主任、维权和惩戒委员会副主任。2017 年入选常熟市委法律专家库、常熟市政府法律顾问人才库，同时受聘担任苏州市实习律师面试考官库成员、常熟市公共法律服务中心专家服务团成员、常熟市人民调解专家库成员。专精于政府、企业法律顾问实务、公司法、合同法、人力资源合规、民商争端解决、知识产权等领域的法律服务，对于刑事辩护亦有一定研究。连续多年被评为"常熟市优秀律师"。

从量刑十年以上到不予追究刑事责任
——丁某等人轮奸案小记

案情简介

2017年5月某日晚上,共同经营一家理发店的丁某、丁二、丁三与丁四在理发店打烊后相约到某KTV唱歌喝酒。其间,四人分别叫了一位"小姐"进行有偿陪侍服务。酒过半巡,丁四与自己叫的"小姐"小丽先行离开,并告知丁某三人去"开房"了。丁某三人喝至将近凌晨3点从KTV出来。丁三打电话给丁四问其身在何处。丁四答道:"不知道。"小丽接过电话告知丁三:"在××宾馆××房间,你们来吧。"丁某三人来到宾馆房间见丁四躺在床上。丁某问丁四:"人呢?"丁四掀开被子。丁某等三人发现小丽赤身裸体与丁四躺在一起,之后拉小丽到房间另一张床上分别进行抚摸。此时,丁四提出自己要先回去了。等到丁四离开房间,小丽便回到原先的床上,同时提出:"要给钱的。"丁某三人一口答应。小丽再次提出:"要戴套。"因宾馆提供的免费避孕套已经用完,丁三便下楼购买了四枚避孕套。于是,丁某、丁二、丁三依次与小丽发生了性关系。丁某事毕后感觉燥热便先行下楼在车内等候。二三十分钟后丁二下楼。丁某打电话给尚在房间内的丁三吩咐道:"要给钱的。"又过了半小时,丁三打电话给丁某说:"小丽说要两万元人民币。我支付宝里的钱不够。"丁某告知丁三:"先把支付宝里的钱转给她(小丽)。"过会,丁三再次打电话给丁某说:"她说要8000元。"丁某答道:"先下来再说。"于是,丁某与丁二一同返回宾馆大厅,见到丁三时,小丽已经用宾馆大厅电话报了警。

小丽说:"前面有得商量,现在没得商量。"丁某等三人便坐在宾馆大厅,直至警方到来。

律师对策

本律师接受丁某家人委托后,立即会见了丁某,在了解了案情后向公安机关提出了撤销案件意见,并向检察院提交了不予批捕意见。

根据《中华人民共和国刑法》第二百三十六条,强奸罪是指违背妇女意志,使用暴力、胁迫或者其他手段,强行与妇女发生性交的行为。本案如果以轮奸论,则犯罪嫌疑人的量刑在十年以上。本案有如下情节,不符合强奸罪的定案条件。

一、被害人小丽与三名犯罪嫌疑人发生性关系是出于自愿,是想赚取三人的"嫖资",绝非被强迫

(1)三名犯罪嫌疑人当晚并没有对被害人小丽采取殴打、捆绑、堵嘴、卡脖子、按倒等危害人身安全或者人身自由的暴力手段,也没有对被害人小丽进行威胁、恫吓,达到精神上的强制胁迫,引起被害人的恐惧心理,使被害人小丽不敢反抗;被害人小丽无任何验伤报告。故而强迫发生性关系一说毫无根据。

(2)三名犯罪嫌疑人从 KTV 出来时丁三打电话给丁四。丁四告知丁三不知道在哪里。反而是小丽主动接过电话告知三人,她与丁四在宾馆房间,让三人过去。如果在与丁四发生性交易之后小丽不愿与三名犯罪嫌疑人再发生性关系,大可不必主动告知宾馆房间地址并主动邀请。

(3)三名犯罪嫌疑人到达宾馆房间后,丁四掀开被子。当时小丽裸身在床。小丽并没有当场反对丁四的举动,也没有进一步表示抗议、愤恨、恼怒,更没有表示要报警。可见,小丽对在三名犯罪嫌疑人面前裸露身体并没感到羞愧和生气。按常理,在朋友到访之时小丽是不可能裸体在床接待的。那么,在宾馆房间这一个特定的环境中,在自身从事有偿陪侍,刚刚与丁四发生性关系的情况下,小丽面对着三名刚刚一起在 KTV 唱歌喝酒的成年男人,其行为显然不仅仅是性暗示而是赤裸裸的性诱惑了。

(4)三名犯罪嫌疑人将小丽拉至另一张床上进行抚摸调情时,丁四表

从量刑十年以上到不予追究刑事责任

示自己要先回去。小丽却没有提出要一起离开,只是回到原先的那张床上,同时提出"要给钱的"。由此可见,其想要赚取"嫖资"的目的十分明确。

(5) 三名犯罪嫌疑人与小丽性交完毕后,丁三打电话告诉丁某:"小丽说要两万元人民币。"然后又打电话给丁某说,"她说要 8000 元。"最后小丽说:"前面有得商量,现在没得商量。"这分明是一个讨价还价失败的交易过程。

(6) 小丽报警的时间是在与三名犯罪嫌疑人发生性关系完毕并与丁三讨价还价不成之后。小丽在事发前、事件中未报警,事后也未用手机第一时间报警,而是用宾馆电话报警。在三人并未限制其使用手机的情况下,此与常理不符:如果小丽系被强暴,在可以使用手机的情况下应当第一时间用手机在房间内当场报警。

由以上六点可知,作为失足妇女,小丽在电话中主动告知了三人房间地址,在三人到房间后故意裸身示人,没有跟丁四一同离开,是想与三人发生性关系从而获得进行性交易的"嫖资"。通俗地讲,她是想"做成这笔生意",是自愿甚至一心想要促成、推动事件的发生。

二、三名犯罪嫌疑人并没有强迫小丽发生性关系,自始至终三人均认为与小丽发生性关系是嫖娼行为

(1) 在小丽提出"要给钱的"后,三名犯罪嫌疑人立即答应。之后,丁某还打电话告诉丁三"要给钱的"。这说明丁某等人认同与小丽发生性关系是一笔性交易。只要给钱就可以达成性交的目的,自然没有强迫之说。

(2) 小丽说"要戴套"后丁三自觉地到宾馆楼下购买避孕套。从下楼购买避孕套的行为可以看出,双方已经达成进行性交易的合意。如果是强奸行为正在发生,犯罪嫌疑人出于害怕的心理往往希望尽快达成犯罪目的,而不会迁就被害人的意愿,去冒拖延时间而使事情败露的风险。

(3) 小丽报警时与丁某供述时均未提及三名犯罪嫌疑人限制小丽人身自由或限制小丽使用手机。因此,本案若属强迫发生性关系,则与常理不符。在当今这样资讯发达的社会,如果想要强迫对某人进行侵害,那么限制被害人使用手机,掐断其与外界联系的唯一通道是一个智力正常的人的第一反应。而三名犯罪嫌疑人均认为他们与被害人进行的是一场性交易,所以根本不需要限制被害人使用手机。

(4) 宾馆是一个特殊的公共场所。在整个事发过程中,从三名犯罪嫌

疑人一同进房间、丁四离开、丁三下楼购买避孕套、丁三购买避孕套回来、丁某与小丽性交完毕先行下楼、丁二与小丽性交完毕下楼，到丁三与小丽一同下楼，小丽一共有七次打开房间门的机会，但她没有一次夺门而出，也没有求救呼喊，事后也未提及被人胁迫。如此镇定的表现，与一个人受到伤害时的自然反应不符。

（5）丁三用手机支付宝转给小丽300元现金。三名犯罪嫌疑人与小丽系初次见面，之前并未交换手机号码。小丽报警时也未提及被强迫手机转账。可见小丽自愿接受丁三支付的300元性交易费用，认可与他们之间的性交易行为。

（6）在小丽报警后，丁某等三人并未仓皇逃窜，而是自觉在宾馆大厅等候出警民警到达现场，因为他们三人自始至终都未强迫小丽发生性关系，认为与小丽只是进行了一次"嫖娼"行为，所以不惧怕警察的到来。

综上所述，小丽主动邀请三名犯罪嫌疑人来到其与丁四所在的房间，然后以裸体引诱三人与之进行性交易。本案实属失足女性在交易后要价无望，挟私报警以泄愤，与轮奸罪事实不符，证据不足。

案件结果

检察院做出不予批捕的决定。2017年6月Y市公安局做出将丁某等三人取保候审的决定并于当日释放。之后Y市公安局于2018年1月做出解除取保候审，不追究刑事责任的决定。

律师点评

强奸罪在客观上必须具有使用暴力、胁迫或者其他手段，使妇女处于不能反抗、不敢反抗、不知反抗状态或利用妇女处于不知、无法反抗的状态而乘机实行奸淫的行为。在本案中，失足妇女小丽诱惑三名犯罪嫌疑人进行性交易，以达到赚取更多的"嫖资"的目的。事件的起因中存在着女方自愿甚至主动诱惑的因素。三名犯罪嫌疑人自始至终都以完成性交易为目的，与强奸罪主观要件不符；三名犯罪嫌疑人并未采取任何暴力胁迫等手段，与强奸罪客观要件不符。三名犯罪嫌疑人与小丽一同商量"要给钱的""要戴套"。如果这不是性交易而是其他合法交易的话,就合同法来看,双方已经完成要约、承诺的过程,但是双方对达成的合意不清或未达成合意,导致在合同部分履行后产生纠纷。一方有意多要,另一方有意少给,并不能否定合同订立之初的自觉自愿。

本律师近期代理过多起同类案件。案件的起因相同,均是男女双方相识于色情场所,相约或暗示开房进行性交易。案件发展的过程却多种多样、不一而足,有劝酒把失足妇女灌醉的,有使用暴力的。办理这类案件的关键还是分析案件是否符合刑事案件的四要素。

承办律师

胡水清,现任浙江清清律师事务所主任,毕业于北京大学法学系,有较深的理论功底和实践经验。2015、2017年度被义乌市律师协会评为"义乌优秀律师"。2017年担任浙江法学会浙藉法学家研究会理事。2016年被法律快车网站评为"十大精英律师"。2017年被找法网评为"婚姻家事专业站首席律师"。主攻婚姻家事(特别是离婚财产分割、房产纠纷、分家析产、遗嘱见证、继承)以及刑事案件,对处理经济纠纷、合同纠纷也有较多经验。

青春无法倒带，霸凌只有伤害
——刘某某涉嫌犯侮辱罪

案情简介

本案发生在2016年5月某日晚23时，被告人刘某某伙同李某某（未成年）、龚某（未成年）因之前与被害人崔某某（未成年）的矛盾，将崔某某带至李某某宿舍内，用化妆品在崔某某的脸部涂抹，并在其额头书写侮辱性英文字母。后刘某某等三人将崔某某带回崔某某的寝室，又伙同任某某（未成年）、王某某（未成年）用推搡殴打、抽打胳膊、弹烟灰、逼迫抽烟、摸胸部等方式对崔某某实施侮辱。被告人于某某在对面宿舍楼看到上述情况后，用微信联系的方式教唆刘某某等人，用水泼崔某某，让其在寝室阳台上跳舞，并用手机拍下视频发送给于某某。刘某某等人照做后，又继续逼迫崔某某下跪、喊"爸爸妈妈"、吃刘某某吃过的口香糖、通过微信语聊向于某某说性侮辱的话，还以用塑料瓶子砸、扇巴掌等方式对崔某某实施侮辱，直至次日凌晨1时许结束，导致崔某某遭外力作用致头部外伤后伴有神经症状、头皮挫伤、面部软组织挫伤等，构成受轻微伤。事后，被害人崔某某报案，刘某某等人到案。

律师对策

辩护人接受委托后，第一时间会见了刘某某，为其分析了侮辱罪的相关法律规定，并安抚其慌乱的心情，建议其积极配合公安机关的调查。

会见结束后，辩护人积极与刘某某的父母联系，沟通赔偿事宜。在与刘某某的父母就赔偿问题达成共识的基础上，辩护人在晚上8点多赶去会见被害人崔某某的父母，并就赔偿谅解事宜进行协调。

第一次见崔某某的父母时，崔某某的父亲情绪非常激动，坚决不接受刘某某父母的道歉，导致调解失败。但是辩护人并未气馁，再次通过学校联系崔某某的父母，让三方一同协商。在调解过程中，辩护人坚决不做法律条文的搬运工，遂先从法律角度分析此案，并晓之以理，动之以情，希望双方理智地处理孩子的问题。通过辩护人的努力，崔某某的父母愿意接受刘某某父母的赔偿，并让崔某某出具谅解书。此时距离开庭已经不到三天。辩护人拿到谅解书后，在第二天一大早送到检察官和法官手上，并就本案的量刑进行沟通和建议。

在法庭上，辩护人在辩护词中提到以下内容：

"……（一）被告人刘某某主观恶性、社会危害性均较小。1. 本案发生在学校。被告人刘某某与被害人崔某某为同学关系。本案是因同学之间的恶作剧而起。从主观上讲，被告人相对于那些预谋犯罪、蓄意报复他人的有犯罪行为的人而言，其主观恶性、社会危害性都明显较轻。2. 被告人在事发后多次以不同方式向被害人道歉，这再次表明被告人积极消除社会危害性的主观努力。……（三）被告人家属已经代为充分补偿了被害人，且已经取得被害人充分谅解。1. 被告人家属在事发后，即与被害人及其家属积极沟通，并数次看望被害人，给予了被害人高额的补偿。他们倾全力弥补被害人损失，抚慰被害人及其家属，及时、积极化解了同窗同学乃至两个家庭可能产生的矛盾。2. 被告人已经取得被害人的充分、全面谅解。被告人的行为产生的社会危害性已经完全被消除。……（五）被告人此次犯罪属于初犯、偶犯，且已经承担应有的全部后果。1. 被告人此次犯罪纯属因为单纯而一时冲动的初犯、偶犯。在案发后，被告人自动投案，积极配合侦查机关的侦查工作，如实供述自己的行为。在本案庭审中，被告人的供述与侦查机关的侦查情况基本一致，认罪态度诚恳，悔罪态度良好。2. 此起案件是发生在两个同龄同学之间的悲剧。两个同学中一个承受了伤痛，而另一个面临法院的判决。作为同样是一个孩子父亲的辩护人，我为被害人感到同情的同时，也为被告人自己的行为深感遗憾。3. 本案是一个未成年人犯罪。辩护人认为未成年人触犯法律，构成犯罪时，我们在关爱被害人、惩罚被告人、警示社会其他人的同时，也需要对被告人的成长给予双向的关注。一方面要依法惩罚，另一方面也要本着'治病救人'的思路，给予认识到行为严重性并积极改正的未成年人一个改过自新、重新做人的机会，更要给予其更多的关心和帮助。

"今天在座的我们大多都已经为人父母，经历过一个孩子从小到大的成长历程，也看到过一个孩子得到帮助时的快乐表情和无助时的绝望表情。今天这个案件的被告人，如果不是因为对自己行为认识不足，不是在这里，她依旧是一个活蹦乱跳、清纯可爱的孩子。她是一个不满十八周岁、未成年的孩子。我们很难将其和犯罪联系在一起。在辩护人去看守所会见她时，她首先提到的是她的爷爷奶奶，说他们身体不好，她好久没有去看他们了，怕他们知道，经受不起打击。她还问我们，她的父母身体怎样，说她没有想到会弄成这样，这次真是给家人丢尽了脸。这些让我们真实地感受到了她的懊悔。而每次会见时，我们一见到她就会看到她滴下第一滴眼泪，到会见快结束时也会看到她满面泪痕。这让我们真的感觉到了她本质上是一个好女孩、好孩子，更感受到了她的懊悔和她对自由的渴望。尽管她的父母多次提醒她在学校要好好学习，和同学搞好关系，学校老师也屡次教育她，要求她遵纪守法，但她因为处在懵懵懂懂的不经事的年龄，依旧走到了今天。

"在这个我们不想让任何孩子以被告人的身份出现的地方，我们可以依法严格惩罚，也可以依法给予本案被告人关心、关爱，让她从这次事件中充分吸取教训，在未来很长的人生路上，少走错路，少走弯路，少走岔路。为此，我们需要献出一点爱心。就像一首歌所唱：'只要人人都献出一点爱，世界将变成美好的人间。'对于本案的被害人，我们需要献出一点爱，让其从这个事件中尽快走出来；对于未成年的被告人，我们一样需要献出一点爱，让其感受到世间的温暖，依旧走向有爱的人生。就像我们教育孩子，打不是目的，促使其健康成长才是我们期望所在。

"纵观本案，被告人用多次道歉、主动到案自首、如实陈述、超额补偿等数种实际行动来表示她的真诚悔意及认罪服法的态度。结合今天庭审来看，被告人已经充分深刻地认识到了自己行为的不当，接受了深刻的教训。从现在来看，刑罚的惩罚和教育功能已经充分实现。所以就本案来说，作为被告人的辩护人，我们请求法庭能根据本案件的案发实际情况、被告人的行为动机、应当减轻和从轻处罚情节、被告人已取得被害人谅解及上述

青春无法倒带，霸凌只有伤害

辩护意见,给予被告人一个改过自新的机会,对被告人处以二年以下有期徒刑并适用缓刑。相信被告人在经历此次磨难,回归社会后,会做一个有益于社会的人。"

辩护人从多方面为被告人进行辩护,先是从法律层面阐述应当从轻处罚的依据;再从被告人的悔罪态度及赔偿层面阐述应当从轻处罚的观点;最后动之以情,从为人父母的角度上恳请法庭从轻处罚。

案件结果

《中华人民共和国刑法》第二百三十七条规定:"以暴力、胁迫或者其他方法强制猥亵他人或者侮辱妇女的,处五年以下有期徒刑或者拘役。聚众或者在公共场所当众犯前款罪的,或者有其他恶劣情节的,处五年以上有期徒刑。猥亵儿童的,依照前两款的规定从重处罚。"

辩护人接受委托后,积极联系被害人的父母进行调解。在争取到对方谅解后立即向检察院、法院提交谅解材料。当然最重要的是辩护人在庭审中的辩护意见:不仅从法律角度阐述了应当从轻处罚的依据,还从亲情、友情方面阐述了本案从轻处罚的效果会远远好于严惩的效果。

最终法庭采纳了辩护人关于从轻且适用缓刑的辩护意见。

律师点评

同学间的感情应当是最单纯、不夹杂任何世俗杂念的。可就是在这个纯净的年纪,被告人做了一件让她后悔一生的事情。也许是因为叛逆期的冲动,她将罪恶之手伸向了自己的同学。

校园霸凌是一个新鲜的词汇,也是我们辩护人求学时未曾经历过的。所以当接到本案的委托,了解了事件的全部情况后,我们震惊了。这个年纪的孩子不是应该三五成群地结伴上课、上自习、参加校内外的活动吗?不是应该为自己的将来努力学习吗?被告人却在这么一个美好的年纪做出了一件无法挽回的事情,也将承受其他同龄孩子未曾承受过的牢狱之苦。我们想,她一定悔恨不已,恨自己为何如此年少轻狂,如此糟蹋同窗之情。可是青春不能倒带,也没有"后悔药"可以买。她必须对自己的一切行为负责。

作为辩护人,我们不能一味地讨伐她犯下的罪。我们要守好法律的底线,为被告人进行合法合理的辩护。古语有云:罪有应得。我们作为辩护人,认为这个"应得"是指她最终承受的处罚与其犯罪行为、主观恶性、悔罪表现等相匹配,而不是有罪即重罚。作为刑事案件的辩护人,我们必须时刻保持一颗理智的心,不能过分地疾恶如仇,应当运用合法的方法帮助被告人。

虽然我们认为校园霸凌是非常恶劣的社会现象,本案的被告人也应承担刑事处罚,但是我们不得不反思,孩子的法律意识淡薄以及唯我独尊的思想观念较深到底是谁之过?我们觉得这应当是家长在平时的教育中存在的一种行为缺失造成的。作为家长,不能觉得自己已经给孩子提供了很好的生活条件就是尽到了抚养义务。其实,孩子最缺乏的应该是陪伴和家长对其判断是非对错的引导。培养法律意识从娃娃抓起应当是每个学校、家庭的重点工作。

从小我们就接受"我们是社会主义接班人"的教育,那么我们的发展就不能只是局限在德、智、体、美、劳这五个方面,我们还应当注重培养法律意识。我们每一个接班人都应当在守好法律底线的前提下,发挥我们的积极作用,为国家做出最大的贡献。

承办律师

魏建平,上海汇鼎律师事务所律师、合伙人,具有扎实的法律功底和丰富的实务经验,参与过近百起刑事案件辩护,对刑事辩护有独到的研究,曾开展过数百场法律讲座。

魏建平律师是上海市第十届、十一届律师代表大会代表,上海市徐汇区律师工作委员会委员,2013年度上海市徐汇区司法行政系统先进个人,第九届上海市律师协会教育与文化业务研究委员会委员,第十届上海市律师协会破产清算业务研究委员会委员,上海市律师协会申请律师执业人员实习考核面试考官,中国国民党革命委员会上海委员会社会与法制工作者活动中心副主任,中国国民党革命委员会上海市徐汇区委员会委员、法律工作委员会主任、祖国统一工作委员会主任,上海市徐汇区"法治进校园"讲师团讲师，上海市徐汇区中青年知识分子联谊会副会长，上海市徐汇区社会组织统战工作联合会副会长，上海市徐汇区政协委员，首批上海农民工创意创业导师。

  周鹤，上海汇鼎律师事务所律师，对刑事辩护、婚姻家庭纠纷、合同纠纷有比较深的研究，善于制作各种法律文书，如出具法律意见书，起草、审核与修改合同等。为民建上海市徐汇区委员会会员、上海市律师协会社会公益与法律援助业务研究委员会委员、上海市徐汇区律师界妇女联合会第一届执行委员会委员、上海市徐汇区社会组织统战工作联合会会员、上海农民工创意创业导师。

逃亡十四年,终还清白身
——朱某某涉嫌犯绑架罪终被判无罪

案情简介

J省F市L区D镇胡姓男子与周姓女子解除婚约,因礼金退还产生纠纷。2001年1月某日上午,D镇政府组织双方调解。男方邀请亲属车甲、车乙等十几人从F市来助阵。女方弟弟周某某邀请同学余某某等人来帮忙。中午时分,余某某等人与车甲、车乙等人发生争执,打了起来。车乙受伤,被送到D镇卫生院治疗。因车乙受伤比较严重,医生建议其去F市治疗。

车甲等人打车准备回F市时,余某某等人将车甲拦住,说自己这方有人受伤,索要医药费。余某某打电话给朱乙(朱某某的弟弟),让他开车来接人。随后,朱乙开一辆吉普车来到D镇十字街,和余某某等人一起将车甲拉上车,送到D镇Z村村委员会余家村祠堂,将车甲绑在柱子上进行殴打。

车甲亲戚接到车甲的电话,被告知拿钱去赎人。车甲的大舅哥胡某某筹集了几千元钱,邀村干部黄甲等人到余家村。当时,L区公安局治安大队民警、D镇派出所民警、D镇政府干部及村委会干部都来协调纠纷。

干部叫朱某某来商谈赎金之事。之所以找朱某某来商谈,是因为他在当地有一定的名望,与余某某关系要好,能说上话。朱某某在车甲亲属和余某某双方之间沟通,最后商定,车甲亲属给余某某等人5500元。胡某某先给了3000元,然后写了2500元欠条,出具了不报案的保证书。

当晚10时30分许，车甲被放出来。经鉴定，车甲的伤情为轻微伤乙级。1月10日，车甲将余下的2500元钱交给了朱某某。

2001年3月，石家庄爆炸案发生后，全国开始严打。朱某某被沙石场竞争对手举报欺行霸市。公安局领导指示严厉打击。车甲的亲戚怀疑朱某某组织策划了该扣人事件。2001年3月底，这起扣人事件被立案侦查。朱某某为犯罪嫌疑人之一，而且是组织者。朱某某闻讯后潜逃，辗转多地，最后潜伏在S市，过着"地下人"的生活。

2011年公安部开展"清网行动"时，L区警方多次动员家属联系朱某某归案，但朱某某认为自己没有犯罪，拒绝投案。2014年12月25日，朱某某在S市被抓捕归案。L区警方补充了一部分证人证言。经两次退侦后，朱某某因绑架罪被起诉至L区法院。2016年4月L区人民法院做出判决，认定被告人朱某某的行为构成绑架罪，判处其有期徒刑7年，并处罚金人民币10000元。2016年8月2日，F市中级人民法院以该案事实不清、证据不足裁定撤销原判决，发回重审。2017年7月，L区人民法院做出判决，采纳辩护人无罪的意见，认定朱某某无罪。

律师对策

辩护人会见朱某某和阅卷之后，认为本案事实不清、证据不足，无法证实朱某某有绑架的犯罪事实，拟做无罪辩护。本案涉及的问题及辩护人的具体诉讼对策有以下几个方面。

一、证据之辩

1. 律师调查取证

自辩护人接受朱某某的委托始，朱某某就坚称自己没有参与绑架。而且，2013年，朱某某曾经回到L区，收集了十几位证人证言，以自证清白。

在侦查阶段，我们调查收集了39位证人的证言，证实朱某某不在案发现场，没有参与绑架。这几位证人曾于2013年向朱某某出具过情况说明。我们核实了证人证言的真实性，制作了律师询问笔录。这些证人证言被提交给办案机关后，办案人员对其中的几位证人的证言进行了核实。公安机关的询问笔录与律师获取的证人证言一致。

后来，在法庭上，公诉人认为因案发时距今年代久远，证人记忆可能模糊，所以辩护人收集的证人证言不真实。一审法院没有采信这些证人证言。

2. 被害人和证人出庭

被害人和证人出庭作证对本案事实认定十分关键。在一审阶段，我们向法院申请被害人车甲及三位证人出庭作证。被害人车甲曾于2001年对公安机关做了不实的陈述，说是朱某某指挥绑架、殴打他，并且是用朱某某的手机打电话让家属拿钱来赎人。被害人的亲属黄乙也在2001年对公安机关做了虚假证言，说绑架者是以朱某某为首。证人黄丙参与了婚约纠纷的调解，目睹了整个扣人过程。

在庭前会议上，公诉人坚决反对证人出庭，并声称如证人出庭，将追究证人的伪证责任。一审法院以没有出庭必要为由驳回证人出庭作证申请。在二审期间，辩护人再次申请证人出庭作证。辩护人专程到F市中级人民法院找法官沟通。最终F市中级人民法院允许证人出庭作证。在法庭上，被害人车甲向法庭承认其2001年向公安机关所做陈述不真实，并表示之所以做虚假证言是因受到亲属误导，误认为绑架者为朱某某。三位证人当庭证实朱某某没有参与绑架。其中一位证人黄丙当庭表示愿拿人头担保其证言的真实性。

3. 瑕疵证据的排除

2001年侦查人员调查取证比较粗糙。侦查人员收集了11份言词证据，但取证程序和方式违反1998年《公安机关办理刑事案件程序规定》第一百八十、一百八十四、一百八十九条和2012年《公安机关办理刑事案件程序规定》第二百零一条。这些瑕疵如：被告人供述无询问起止时间，未告知被讯问人对无关问题有拒绝回答的权利，未告知被害人陈述的权利、义务和法律责任，未告知证人作证的权利、义务和法律责任，未写明"以上笔录向我宣读过，和我说的相符"，没有询问地点，侦查人员签名为同一人笔迹。车甲出庭时证实其接受公安机关询问的地点是一间路边小店。黄乙出庭时证实，办案民警事先写好证言让其签字，且证言并非其真实意思表示。

依2013年《最高人民法院关于适用〈中华人民共和国刑事诉讼法〉的解释》第七十六、七十七、八十二条规定，公安机关应对该11份瑕疵证据进行补正或做出合理解释，否则不得将之作为定案根据。但公安机关未予补正。

检察机关认为新的司法解释对 2001 年的取证行为不适用。辩护人认为此观点完全错误。实体法适用从旧兼从轻原则，程序法适用审判时的法律规定，这是法学常识。瑕疵证据应适用现行程序规则，而非当时的法律标准。法律修改、法治进步所产生的程序利益应归于被告人。公安机关 2015 年调取了部分新证据。这些证据可视为对上述瑕疵证据的一种补正，应当被采信。

4. 新证据的采信

2014 年 12 月，朱某某归案后，公安机关先后询问了被害人车甲、证人黄乙等 7 人。辩护人也收集了 9 位证人的证言。朱某某也将其 2013 年自行收集的证据提交法庭。检察机关、一审法院认为上述证据由于距离案发时间较长，不应被采信；朱某某自行收集的证据不能作为证据使用。

辩护人认为：拒绝采纳新证据是不理性的。新证据是诉讼的关键，是启动再审、推翻原判最重要的原因。许多冤案被平反皆因新证据的出现。任何诉讼主体皆可收集新证据。法律从不禁止当事人调查取证。取证是当事人辩护权的关键，是源于自然权利的基本人权。没有证据证明被害人、证人受到不当干扰。2015 年的新证据与 2001 年公安机关收集的证据并不完全矛盾，甚至是相互补充的。即使新证据与原证据有矛盾，亦应做出有利于被告人的推定，这是刑事诉讼人权保障原则和无罪推定原则的要求。

5. 是否达到证明标准

证据是否达到刑事证明标准是本案核心争点。公安机关、检察院、一审法院均认为本案事实清楚、证据充分。本案被发回重审后，我们曾建议检察院撤诉，但公诉人仍然坚持起诉，并说准备派精干力量出庭支持公诉。

辩护人认为本案主要证据相互矛盾，犯罪事实不清，证据不足，未达到排除合理怀疑的刑事证明标准，无法得出朱某某参与绑架的唯一结论。仅凭 2001 年公安机关收集的证据就能证实朱某某未参与绑架。

为了更好地说明本案证据薄弱，辩护人将案件事实分成以下六个基本事实：是否参与拦车并将车甲拉上车；是否参与押送车甲；是否打电话给朱乙，让他开车来押人；是否有策划、指挥行为；是否逼车甲给亲戚黄乙打电话要钱；以何身份参与商谈赎金。辩护人详细分析了证据与待证事实之间的关联，清楚展示出本案主要证据矛盾，多项基本事实的证据为孤证，甚至没有证据，没有形成完整证据链。

二、定性之辩护

辩护人认为本案所谓绑架，实质是解除婚约引发的民事纠纷，最多违反《中华人民共和国治安管理处罚条例》，根本不构成犯罪。

（1）本案事出有因，且被害人有过错。产生婚约纠纷的男方，请被害人等从F市来到D镇助威，并与女方亲属等发生冲突。双方均有人受伤。

（2）余某某等人扣人索要医药费，尽管手段不当，但目的合法。余某某等人的行为不可能构成绑架罪。即使该医药费不能得到法律的支持，余某某等人也不应被认定为有绑架他人以勒索钱财之目的。

（3）本案情节轻微，因婚约纠纷而起，因双方打架而激化。扣押是打架斗殴行为的延续，且扣人时间极短，不到7小时，仅造成被害人轻微伤。

（4）扣人行为是突发事件，具有公开性。车甲被扣押是典型的突发事件，并非事前策划。所谓幕后指使，完全是被害人及其亲属当时的想象。整个事件具有公开性。打架、扣押车甲、将车甲拘禁于村中祠堂，广为人知，有一百多人围观，且乡镇干部、村干部、派出所民警均在场。"赎金"的商谈也是由干部和民警主持。如果有涉嫌犯罪的行为，民警完全有能力也应该当场制止，民警未及时制止表明该行为够不上犯罪。

本案余某某等人的扣人行为是否违法，值得考量，但绝对不构成犯罪。本案其实是一起简单的民事纠纷，但是因为"严打"，多人被"打成"犯绑架罪。

在审查起诉、一审、二审、重审各阶段，辩护人一直坚持上述观点。特别是在二审法庭上，辩护人（徐昕教授）以"拒绝严打思维"为题发表辩护词，详细论证了上述观点，认为在一审阶段朱某某之所以被定罪判刑是因为检察机关和一审法院延续"严打"思维，恳请二审法院从"严打"思维转向法治思维，坚守证据裁判和无罪推定原则，依法判决朱某某无罪。

案件结果

2017年7月，L区人民法院做出判决，采纳辩护人的无罪意见，认定朱某某无罪。

逃亡十四年，终还清白身

法院认为：本案系十六年前一场婚约纠纷引发的打人、扣人事件。余某某等人索要的是因打架致伤的医疗费。该扣押车甲的事件具有公开性。证人证实被告人朱某某并未在扣人现场。直接证实被告人参与绑架的证据为两个同案犯的供述，但两个同案犯供述的绑架车甲的过程存在不一致，且与其他目击证人陈述的事实存在偏差，未能证实朱某某以什么身份参与商谈。本案证明案件事实的证据链不够完整，无法得出被告人系绑架共犯的唯一结论，未达到排除合理怀疑的证明标准，应遵守存疑时有利于被告人的原则，故公诉机关指控被告人朱某某构成绑架罪的证据尚不充分，法院不予支持，对被告人朱某某及两位辩护人无罪的意见予以采纳。

律师点评

本案历时 16 年。法院最终抛弃"严打"思维，对于刑法谦抑性原则的适用具有示范性。法院严守刑事证明标准，指出：本案证据链不够完整，无法得出被告人系绑架共犯的唯一结论，未达到排除合理怀疑的证明标准，应遵守存疑时有利于被告人的原则。这是对疑罪从无、无罪推定原则的最好诠释，对于证据不足的案件具有指导性。本案能取得较好的辩护效果，有法治进步，法官公正、有担当，律师努力三方面的原因。就辩护工作而言，有以下经验可总结：

（1）律师介入早，积极辩护。2014 年 12 月，朱某某被捕归案后即委托律师介入。在侦查阶段，律师积极调查收集对犯罪嫌疑人有利的证据，积极争取被害人和证人出庭作证。在诉讼各阶段均向办案机关提交书面意见，与办案人员积极沟通。在二审及重审阶段都与承办法官有良好的沟通，与法官探讨案件中的问题。

（2）注重法律问题的论证。对案件中的专业问题的论证，是取得好的辩护效果的关键。让审判人员接受辩护人观点，离不开专业的辩护意见。本案发案于 2001 年 1 月。2014 年 12 月犯罪嫌疑人归案，2017 年最终被判无罪。本案历时 16 年，涉及新旧法的适用、互相矛盾的新旧证人证言的采信、瑕疵证据的采信、刑事证明标准的适用、被告人是否可以自证清白等专业性问题。

特别是对证据的采信、对证据是否达到刑事诉讼证明标准的判断，主观性强，裁量空间大。本案证据除了一份鉴定意见外，均为言词证据，包括同案犯、被害人、证人近20人的证词。从表面上看，证据似乎充分，因为犯罪基本事实都有证据证明。但经仔细分析，认真比对，辩护人发现真正能证实犯罪的证据并不多，主要证据相互矛盾。辩护人通过对证据的梳理和对事实的条分缕析，向法庭展示了该案证据不足，并运用法理充分论证了前述问题。

（3）当事人的决心，辩护人的坚持。本案的无罪判决来之不易。虽然辩护人自侦查阶段就向公安机关提出被告人无罪，并提交相关证据，在审查起诉阶段、一审阶段都提出详尽的无罪辩护意见，与办案人员多次沟通，但辩护人的意见并没有得到重视和采纳。公安司法人员的某些有罪思维严重，一审法官不允许证人出庭，致使被告人被判处7年有期徒刑。由于家庭贫困，被告人的家属一度失去信心，要被告人认命，但被告人坚持自己无罪，决定"战斗"到底。辩护人也坚信自己的无罪辩护意见是正确的。在二审中，本案终于迎来了转机。二审法官认真研究了案卷，允许证人出庭，并在庭审中认真听取了被告人的辩解，采纳了辩护人的意见，最后认定本案证据不足、事实不清，将本案发回重审。

承办律师

徐昕，北京圣运律师事务所兼职律师，北京理工大学教授，博士生导师。曾任西南政法大学教授、博士生导师。2003年毕业于清华大学，获法学博士学位。1996年开始律师执业。近年来承办了天津大妈赵某某涉枪案、深圳王某买卖鹦鹉案等具有较大影响力的案件。其中陈某某诽谤案、朱某某绑架案分别被评为"中律评杯"2016年度、2017年度十大无罪辩护经典案例。徐昕律师还发起"无辜者计划"，参与推动多起重大冤案的纠正。

罗金寿，江西豫章律师事务所兼职律师，江西师范大学副教授，硕士生导师。2010年毕业于西南政法大学，获法学博士学位。自2009年律师执业，办理了大量民、刑事案件，参与了江西张某某案、温某某案等重大冤案的申诉。其中朱某某案被评为"中律评杯"2017年度十大无罪辩护案例。

逃亡十四年，终还清白身

几十名反恐警察参与营救的绑架案件终被定非法拘禁
——记"京外有才刑辩团队"成功实现有效辩护案例一则

案情简介

张某与李某原系男女朋友关系，双方一起生活了很长一段时间。张某见过李某的父母后，李某离开张某独自到了另一个城市，并且跟张某明确，父母不同意双方再交往。但是，李某却经常以新的QQ号加张某为好友，并不断地进入张某的QQ空间。张某认为李某系因家长反对而不愿再与自己交往，李某的这些行为系对自己依然满怀期待，便想携李某一同见李某父母再谈双方婚事。

张某定下这个想法后，开始进入李某的QQ空间，经过多次分析，认定李某的一名好友是李某的同事后，加其为好友，想尽办法了解李某所在公司的名称及大体位置。由于李某的同事毫无戒备，张某如愿得知了部分信息。2017年某月某日，张某利用QQ定位功能，加上从李某同事处得知的信息，分析出李某所在公司相对准确的位置，便收拾行囊来到了李某所在的城市，再通过进一步定位分析后，来到了李某的公司。张某选择下班时间站在公司的门口，看着熙熙攘攘的下班人流，却没有找到李某。失落而归的张某再次上网，通过QQ定位后，确定李某就在当天其观察过的公司。第二天，张某再次于晚间下班的时候来到公司门口，并趁下班时因人流量大员工不易被识别的机会偷偷混了进去。

张某进入公司后，当天未能找到李某，便在公司最高的一幢女员工宿舍楼顶待了一夜。次日,张某早早地在制高点观察公司内的情况,终于在7点多看到李某去了食堂。张某迅速从楼顶下去,小跑着到食堂找到李某,并要求李某和他一起去找李某的父母面谈双方婚事。在被李某果断拒绝后,张某不愿放弃,一直跟随在李某左右。李某为摆脱张某,便向路过的同事呼救。公司一名保安恰好路过,李某便说:"我是公司的员工。我的人身安全公司要负责。"

张某担心自己未能达到目的就被赶走,便捡起旁边草地上的一块眼镜镜片,从背后用左手绕着李某的脖子,右手持镜片,并提醒路过的公司员工:"你们不要靠近我。我不会伤害她,我只想和她回家跟她的父母好好谈谈。"张某一直维持这个姿势,拉着李某往工厂大门方向走去。大约走了二三十米,李某瘫软在地,但张某仍不松手,蹲在李某身后用碎玻璃顶住其脖子。

公司保安报警后,四十几名反恐警察及时到来。一名资深警察与张某谈心,希望张某不要激动,并与张某亲人通话。张某仍不让任何人靠近,并提出希望公安机关提供车辆送其和李某去李某老家找李某的父母。40分钟后谈判仍无果。警察安排好相关人员后,同意为张某安排车辆。上车后,民警一直在做张某的工作,但无果。民警驾车不到五分钟,便提出天气太热,需要下车休息或者换辆有空调的车,并趁张某下车之际将张某控制。

律师对策

公诉机关认为被告人张某绑架他人作为人质,其行为已触犯《中华人民共和国刑法》第二百三十九条第一款之规定,建议法院以绑架罪追究其刑事责任。

绑架罪是侵犯公民人身权利类罪中的重罪。在构成犯罪的情况下找到轻罪理由,从而说服法官接受辩护意见,把量刑从原建议12年有期徒刑改为8个月有期徒刑,需要翔实的论证,更需要有效的说服。

"京外有才刑辩团队"接受委托时已经是侦查阶段的尾声了。在最短的时间内会见当事人后,团队进行了全面讨论。领衔律师翁京才力排众议,认为辩护应从类罪入手,恪尽辩护人权利,最后将辩护方向定在改变案件定性,并且定在对同类罪中的非法拘禁罪的论证上。整个团队在这一基础上尽一切智慧进行有效辩护,并在庭上发表了张某所实施的行为不应当被定性为绑架罪的辩护意见。具体理由如下:

《中华人民共和国刑法》第二百三十九条第一款前段规定绑架罪:"以勒索财物为目的绑架他人的,或者绑架他人作为人质的……。"绑架是指利用被绑架人的近亲属或者其他人对被绑架人安危的忧虑,以勒索财物或满足其他不法要求为目的,使用暴力、威胁或者麻醉方法劫持或以实力控制他人的行为。

本案中不存在以勒索财物为目的的情形。本罪侵犯的客体是复杂客体,包括他人的人身自由权利、健康、生命权利及公私财产所有权利。辩护人从张某的客观行为(使用暴力、威胁的程度)、主观心理角度分析,认为张某的行为不应当被定性为绑架罪。

一、不能机械理解"绑架他人作为人质"

《中华人民共和国刑法》第二百三十九条中将绑架的类型分为两大类,一类是"以勒索财物为目的绑架他人的",另一类是"绑架他人作为人质的"。从法理上说二者所侵犯的法益的严重程度应当是等值的。刑法将索取合理债务而限制人身自由的行为评价为非法拘禁罪,将索取超过合理限度而限制人身自由的行为评价为绑架罪,而对绑架罪的评价中就隐含着是否有重大不法请求。因此在客观行为上,绑架罪客观表现为复合行为,即由非法拘禁及勒索或者有其他不法要求等两个行为组成,其既遂应以实施了复合行为为限度。因此在客观行为上,"绑架他人作为人质"也应当是在行为人提出重大不法请求的基础上被认定。

首先,张某的限制人身自由的行为在客观上没有达到威胁李某生命安全的程度。从侦查人员的执法记录仪所记录的现场录像可以看出,张某用右手的内肘扣住被害人李某,限制其自由,而左手的手掌呈半弧形包住玻璃片,靠在右手上。从视频中可以明显地看出包住玻璃片的左手与脖子有一段距离,并且右手是挡在前面的,并非起诉书所描述的左手抵住李某的脖子,而且张某数次明确提醒被害人及参与救助的其他人不要乱动,以免伤害到被害人。可见,张某限制李某人身自由的目的与限度都不是伤害被害人,并且张某在整个行为过程中时刻保持克制,怕伤及被害人李某。从执法记录仪所记录的情况来看，张某的行为是相对克制的，并且张某多次跟在场的人员表示："你们放心，我不会伤害她的。"在视频时间当日8时52分46秒至8时52分49秒，张某甚至跟李某说："别动啦，等下刮到了！"可见，张某在主观上是为了不让他人干扰其与李某进行感情问题的处理，并非以李某生命安全相威胁来达到非法的目的。所以，本案表面上虽然与人质型绑架案有形式上的相似，但张某客观行为的危害性明显小于其他人质型绑架罪的危害性。虽然张某要求民警及工作人员不要靠近，但实际上现场的民警以及工作人员在与张某交谈时是面对面站着或者蹲着的，甚至在张某面前随意走动。当民警及工作人员靠近时，张某仅仅表现出短暂的情绪激动，并未做出伤害李某的实质动作，也未通过语言威胁在场的人员。从上述两点可以看出张某限制被害人人身自由的程度远远低于一般人质型绑架案件甚至很大一部分非法拘禁案件的暴力程度。

特别需要注意的是，被害人李某脖子上的伤痕并不是张某在限制其自由时故意伤害的结果。根据《法医临床司法鉴定意见书》：李某的伤口呈左上到右下的走向，并且上深下浅，属于典型的快速划伤的伤痕。从执法记录仪的录像及现有的证据来看，并没有证据证明该伤口是张某故意划伤的。再结合张某衣服上喷溅的血迹可以看出，该伤口应该是在解救的过程中，警方按住张某手部时，张某无意中划伤的，因为案发时张某一直站在被害人身后，衣服上不可能有喷溅的血迹。

其次，张某在客观上没有提出不法请求。由于绑架罪和非法拘禁罪在法定刑上相差甚远，因此，起刑点更高的绑架罪在入罪时的标准应当更加严格。绑架罪的处罚标准呈逐层递进的阶梯式，有一般标准，也有加重和从轻标准。《中华人民共和国刑法》对于"绑架他人作为人质"并没有要求勒索。从法理上说，"以勒索财物为目的绑架他人的"与"绑架他人作为人质的"在侵犯法益的严重程度上应当是相等的，即"绑架他人作为人质"所提出的要求必须是不法请求。《中华人民共和国刑法》对于不法请求并没有进行明确的定义。从法律解释的文义解释而言，"不法"是不符合法律规定的意思，应当被理解为"重大不法利益"。从张某要求的内容来看，根据卷宗及执法记录仪所反映的现场情况，张某在与李某见面时就请求李某与其一起回家见父母商量感情的问题，在限制李某的人身自由后仍然只是要求与李某一起回家。从要求的表现形式来看，张某提出要求时使用了"帮我""警察叔叔送我们回家"等词,说明张某并未以被害人的人身安全威胁其他人员。从要求的实现形式来看,张某并没有提出特殊的要求,认为无论是民警还是自己的堂哥送他和李某回去都可以。张某的要求既不是诸如政治诉求之类违反法律法规的非法要求,也不属于伤害其他人合法权益的重大不合理要求。所以,辩护人认为张某没有提出不法请求。

二、客观行为能够有效反映行为人的主观心态

从张某客观行为的表现可以看出,张某并没有提出不法请求的主观心理,限制被害人人身自由的目的只是不让别人靠近,同时,张某也没有伤害被害人李某的故意。通过张某在现场所实施的行为,结合张某事后在侦查机关的讯问笔录、被害人李某的证言,辩护人可以还原二人见面时的现场:张某到某公司找李某协商感情的问题,提出二人一起去见李某的父母并把问题说清楚,但李某拒绝张某的请求并寻求同事帮忙驱逐张某,从而引发张某临时起意,捡起地上的碎镜片架在李某脖子上。从还原的二人见面时的场景可以看出,张某捡起地上碎镜片的原因是李某在二人交谈中请求同事帮忙驱逐张某。张某在讯问笔录中说:"我原本想找李某好好沟通,可李某不但不肯给我机会好好沟通,还求助同事把我赶走,所以,我才生气挟持李某当人质。这样做第一是为了不被公司保安赶走,第二是为了和李某继续沟通。但是我不会伤害李某,因为我很爱她,我生怕她会生气,会受伤。"这说明张某手持镜片只是为了让其他人不要靠近他,因为他需要时间与李某谈。即使他要攻击人也只会攻击其他人而不是被挟持的李某。

辩护人还提请合议庭注意,张某跟李某对话时,多次跟李某说:"走啦,听话,回家!"并且多次跟民警表示李某已经答应跟他一起回家了。如果张某欲以李某的生命安全要挟从而满足其目的,何必在意李某是否同意,何必跟民警强调李某已经答应跟他回家了。可见,张某的本意并不是以李某的生命安全要挟他人满足他的请求。

三、被告人行为所造成的社会危害性较小,将该行为定性为绑架罪与刑法中罪责刑相一致的原则不符

首先,本案是因感情纠纷而起。张某并无事先预谋,限制李某人身自由时所使用的工具也是其临时从草地上拾起的。其行为属于事出有因,临时起意,并非针对不特定的社会人员。事发现场属于相对封闭的厂区。从执法记录仪的记录情况上看,现场除了办案民警外并没有其他人围观,甚

至有工人推着推车从旁边经过。由此可见，张某的行为并没有严重扰乱社会公共秩序和公司的生产秩序。

其次，张某的主观恶性小。在限制李某人身自由的过程中，张某明确向现场的人员表示不会伤害李某，他的行为也能够证明他并没有伤害李某的故意。

案件结果

一审法院最终认定：被告人张某以劫持方式非法剥夺他人人身自由，其行为已构成非法拘禁罪。被告人张某的供述、被害人李某的陈述以及证人唐某、伍某、林某、张某等的证言可以证实被告人张某挟持被害人的目的系让被害人李某随其离开，而非非法占用他人车辆。被告人张某虽有劫持被害人李某的行为，但未以此提出其他不法目的。公诉机关指控被告人张某犯绑架罪，属定性不当，法院依法予以变更。辩护人关于被告人张某的行为不构成绑架罪的辩护意见，法院予以采纳。被告人张某归案后如实供述自己的罪行，认罪态度较好，法院依法予以从轻处罚。辩护人关于此节的辩护意见，法院予以采纳。被告人张某犯非法拘禁罪，判处有期徒刑一年六个月。

律师点评

本案的争议焦点是张某的行为构成绑架罪还是非法拘禁罪。

辩护人介入后马上会见了被告人。在审查起诉阶段仔细查阅了卷宗，并深入讨论后，"京外有才形辩团队"领衔律师翁京才坚持认为张某的行为不构成绑架罪，但也不能将辩护方向往寻衅滋事罪靠，应当向非法拘禁罪这一轻罪方向辩护。

在多次会见被告人及向家属了解情况之后，辩护人认为张某可能患有精神疾病，便向侦查机关递交了精神病鉴定申请书，但侦查机关没有接受申请。在审查起诉阶段，辩护人再次提交了相关申请。公诉机关将案件退回补充侦查，并明确要求办案机关进行相关的鉴定。虽然最终鉴定结果证实被告人作案时未发生精神病性症状，有完全刑事责任能力，但辩护人并不后悔做过如此尝试，因为辩护人的使命就是在尊重事实与法律的情况下，最大限度地维护被告人的合法权益。

辩护人认为，如果将辩护方向往寻衅滋事罪靠，很难说服办案单位，并且案件如果被定性为寻衅滋事，也未必能够有好的判决结果。而非法拘禁罪与绑架罪在同一类罪中，跨度较小。只要辩护人仔细分析绑架罪与非法拘禁罪的法益的不同，并进行充分论证，说服办案单位的可能性就会更大。为此，辩护人尽一切努力发现案件事实，并在客观事实的基础上论证法律适用。在案件办理过程中，辩护人一直将观点与办案单位相关主办人员进行沟通，并提交了大量的文字材料。最终在法院审理阶段取得了主审法官的认同，让建议量刑为12年的绑架案件最终被定性为非法拘禁。

承办律师

翁京才，"京外有才刑辩团队"领衔律师，北京大成（福州）律师事务所合伙人，诉讼法博士。福建省律师协会刑事法律专业委员会秘书长，福州市律师协会刑事法律专业委员会委员，福建省、福州市两级律师协会扫黑除恶专项工作律师辩护代理业务指导委员会委员，福州市律师协会优秀专业律师人才库成员（刑事方向），福州市人民检察院第二届、第三届人民监督员，福建江夏学院法学院兼职教授，民盟福州市法制工作委员会副主任，中国法学会案例法学研究会理事，中华毒品犯罪辩护联盟福建分部秘书长，大成刑辩学院诈骗犯罪研究中心研究员。

花季叛逆离家"成婚",
生活窘迫被逼卖儿

——邓某某涉嫌拐卖儿童终不被起诉

案情简介

邓某某(案发时系未成年人)因与社会青年朱某甲谈恋爱,无心学业,辍学在家,加之不听父母劝阻,与父母闹翻,故年纪轻轻就入住朱某甲家中,以"夫妻"名义生活。邓某某于15周岁生育大儿子,17周岁生育双胞胎儿子。因朱某甲全家老小一共9口人,只有朱某甲的父亲朱某乙(即邓某某的"公公")每月有打工收入2500元,邓某某、"丈夫"朱某甲、"婆婆"均待业在家,其他家庭成员中有3个在上学(其中邓某某大儿子上幼儿园),2个年幼(邓某某双胞胎儿子),故朱某甲家的经济十分困难。朱某甲提出将刚出生的双胞胎儿子卖掉一个,缓解全家经济困难。之后经人介绍,朱某甲、朱某乙、邓某某等人将双胞胎儿子中的一名卖给了王某某、刘某某夫妇,收取6万元。事后,邓某某后悔,因欲退回款项将儿子找回一事与朱某甲等人发生矛盾。2016年12月邓某某向公安机关报案,揭发本案的犯罪事实。

律师对策

辩护人对公安机关指控犯罪嫌疑人邓某某的行为构成拐卖儿童罪没有异议,但是辩护人认为本案具备对邓某某不起诉的条件,应当大力争取说服承办本案的检察官,争取审查起诉阶段的不起诉,力争将本案阻却在法院审理阶段前,防止本案给邓某某今后的人生带来法律上的"犯罪前科"不良影响。因此,辩护人书写的《法律意见书》重点在于分析邓某某的法定量刑情节与酌定量刑情节,还深入剖析了本案发生时,邓某某因年纪尚幼,无力抚养孩子,不敢忤逆家长决策而无奈出卖亲生儿子的心境,引起了同为人母的检察官的同情。

《法律意见书》内容如下:

辩护人认为邓某某犯罪情节显著轻微,检察机关可对邓某某不起诉。具体理由如下。

一、案件事实方面

邓某某在本起犯罪中起辅助作用,属于从犯。

1. 邓某某不是本起犯罪的犯意提出者

通过查阅本案卷宗材料可知,本案中最初提出将婴儿卖给他人抚养的人是朱某甲,即孩子的亲生父亲,不是邓某某。这一点在嫌疑人王某花(朱某甲母亲)、朱某甲本人的供述中可以得到印证。

2. 邓某某不是本起犯罪的主要实施者和积极参与者

纵观全案,本案拐卖儿童犯罪是由朱某乙通过王某灵与王某某、刘某某夫妇达成买卖儿童交易。具体是朱某乙通过王某灵将"家中孩子多,经济条件太差,怕养不活孩子,故欲将孩子出卖"的意向向王某某、刘某某夫妇转达。王某某、刘某某夫妇因女方生育女儿后身体太差,无法生育,如今女儿已经长大,故有抱养儿子"养儿防老"的想法。于是在王某灵的带领下刘某某第一次前去邓某某坐月子的房间查看过婴儿的情况,第二次刘某某与王某某携带6万元前去完成买卖儿童的交易。从整个交易的过程来看,邓某某当时正处于坐月子期间,既不是交易的发起者,也不是交易的策划者、洽商者,更不是交易的主要实施者。整个交易过程都受朱某乙、朱某甲等人主导,邓某某实施的行为仅仅是当王某某、刘某某夫妇带着"抚养协议"及6万元到她坐月子的房间时,在协议上被动地签字,并被动接受卖儿款6万元。

二、法定的量刑情节方面

案发时,邓某某未满十八周岁,属于未成年犯罪。《中华人民共和国刑法》第十七条规定:"已满十四周岁不满十八周岁的人犯罪,应当从轻或者减轻处罚。"邓某某在本案中属于从犯的法律地位,根据《中华人民共和国刑法》第二十七条第二款的规定，对于从犯，应当从轻、减轻处罚或者免除处罚。本案之所以发生，是因为邓某某出了月子后，十分思念被卖掉的儿子，在万分悔恨下主动将卖掉儿子的犯罪事实向公安机关告发，并如实供述了自己的犯罪事实。根据《中华人民共和国刑法》第六十七条的规定，邓某某构成自首。

三、酌定的量刑情节方面

1. 邓某某主观恶性小

邓某某同意卖掉自己的亲生儿子是基于以下几个不得已的原因：① 邓某某未满18周岁就跟朱某甲谈恋爱，先后生育两胎共计三个儿子（其中第二胎是双胞胎），且三个孩子年龄相近，在客观上抚养压力确实很大。② 朱某甲家经济条件很差。据邓某某称，朱某甲虽然年长邓某某不少，但是缺乏家庭责任感，并没有因为孩子的诞生而辛勤工作，承担起养家的责任。全家大大小小得靠朱某乙务工养活。③ 邓某某年少辍学，跟朱某甲谈恋爱并生育孩子后，邓某某的父母觉得颜面尽失，对邓某某失望至极，与邓某某一度断绝往来。因此，无论在朱某甲家生活得多么不好，邓某某都无法得到父母的支持与帮助，只能屈从朱某甲一家的安排。④ 朱某甲一家向邓某某提出卖掉一个儿子时，正值邓某某生育完双胞胎儿子后坐月子期间。邓某某当时正处于身心俱疲、心力交瘁的时期。且邓某某当时因坐月子在客观上无法工作，丝毫没有经济收入，只能依赖朱某甲家供自己与孩子生活。据邓某某称，其起先不同意卖自己的孩子，但是朱某乙与朱某甲父子以"若不同意就将母子四人赶出去"相威胁。最终，出于对被赶出去后母子四人真的会饿死街头的恐惧，邓某某只能忍痛，无奈地答应朱某乙与朱某甲父子的要求。

2. 本案社会危害性相对较小

本案社会危害性相对较小，具体表现为：① 案发后，买卖儿童的款项6万元已经完全归还收买方。收买方也将买来的孩子归还给朱某乙家。② 邓某某不得已卖掉的孩子是自己的亲生儿子。本案与其他单纯为了谋取非法利益，蓄意拐卖他人孩子，造成万千家庭破裂，陷万千家庭于无限悲痛中的拐卖儿童案件应当有所区别。③ 邓某某之所以同意卖掉自己的孩子，一方面是因为经济能力太差，抚养压力太重，另外一方面也是因为看到收买方王某某、刘某某夫妇具备抚养能力，认为他们能够把孩子养大成人。而对于收买孩子的王某某、刘某某夫妇而言,其买回邓某某的儿子后,完全可以把其当作自己的孩子来抚养成人。

3. 邓某某具备良好的悔罪态度,且其所在的村委会具备帮教条件

从邓某某能够主动向派出所告发本案的犯罪行为,并如实供述自身的犯罪事实来看,邓某某是具备良好的悔罪态度的。从《社会调查报告》来看,邓某某所在的村委会具备对邓某某进行帮教的条件。

案件结果

某县人民检察院采纳了辩护人的意见,做出《不起诉决定书》,认为邓某某的行为情节显著轻微,危害不大,不构成犯罪,依照《中华人民共和国刑事诉讼法》第十五条第(一)项和第一百七十三条第一款的规定,决定对邓某某不起诉。

律师点评

本案的犯罪嫌疑人邓某某犯罪时未满十八周岁。辩护人认为,这是社会之痛、教育之失、少女之殇。小小年纪的邓某某,固然有她倔强不听劝、不服管教、误入歧途的错误之处,但是当下在她身上发生的未婚先育却无力抚养,因告发"丈夫"一家而与"丈夫"一家决裂等不幸,令人怒其不争的同时,也让人哀其不幸。司法机关在依法惩治未成年人犯罪的同时,应当做到情理兼容,能够真正体现"教育为主,惩罚为辅"。邓某某在花季因错误的选择已然偏离了正常的人生轨道,但是如今她才18周岁,其将来的人生之路漫漫,还有无限美好的可能。因此,在本案中检察机关采纳辩护人的意见,对邓某某不起诉是切实维护未成年人权益。当然,本案应当引起社会对家庭教育、校园教育、社会教育的反思。

承办律师

何秀英,福建矩圆律师事务所律师,2014—2015年度福建省优秀律师,长汀县公安局2017年度优秀红土律师义警。

对于侵犯公民个人信息如何把握入罪的度

——何某某涉嫌侵犯公民个人信息终不被起诉

案情简介

何某某是一名普普通通的"80后",大学毕业后进入装修行业工作,拿着不错的工资,养着一家老小,和绝大多数人一样,按部就班地生活,平静而幸福。却不想,2017年5月的某天晚上,公安机关办案人员来到家中,以其涉嫌侵犯公民个人信息对其立案侦查。何某某就此陷入无尽的忧虑与惶恐之中。

何某某一直在装修公司从事销售工作。2012年在B公司担任营销部经理。2014年年底公司倒闭后,何某某在S公司担任电话销售主管,直到2017年5月。从2012年开始,为扩大客户量,推广销售业务,何某某通过装修业务QQ群或经人电话推销等多种途径购买房屋业主个人信息。信息内容包括房屋业主的姓名、房号、联系方式,还包括房屋面积和交房日期等一些较为详细的信息。在B公司工作的两年期间,何某某购买房屋业主个人信息将近10000条,花费2万~3万元。在S公司工作期间,何某某购买房屋业主个人信息将近15000条,花费6万~7万元。何某某通过上述途径联系卖方购买房屋业主个人信息时,通常是大致浏览卖方的房屋业主个人信息目录后,与其上级领导协商,由其领导决定是否购买。若领导决定购买,则卖方将房屋业主个人信息以电子数据形式通过QQ或者U盘传送给何某某。这些房屋业主个人信息都被存储在何某某的电脑中。购买房屋业主个人信息的资金由何某某垫付，然后向公司报销。何某某依据房屋业主个人信息目录购得的个人信息并非全部都符合何某某的需求，其中还有许多虚假信息、过期信息和重复信息。这些个人信息都被何某某所在公司电话销售部门的全体员工用于推广公司合法装修业务。

2017年5月，公安机关接到报案，依据相关线索来到何某某家中进行搜查，将何某某传唤至派出所进行讯问并将何某某家中的电脑主机扣押。何某某在讯问中如实供述其通过经人电话推销或装修业务QQ群等多种方式购买了房屋业主个人信息。但其购买房屋业主个人信息主要是为扩大公司业务，并且其购买房屋业主个人信息的资金是由公司报销，而公司也确实因此获得装修业务的推广。何某某的上级领导对其购买房屋业主个人信息的事情也知情。公安机关在立案侦查后对两位受害人进行了询问，在对电脑主机进行检查后认定何某某侵犯公民个人信息条数共计5.7万条，对何某某涉嫌侵犯公民个人信息交易的QQ内容未解析成功。之后何某某于取保候审一年期满前向S公司提出离职申请。

律师对策

何某某作为一名一直以来遵纪守法的普通公民，自从因侵犯公民个人信息被立案侦查后，备受压力。其正常的工作与生活受到严重影响。何某某多次与辩护人联系，担忧案件进展情况。

在对卷宗进行仔细查阅并向何某某详细了解案件经过后，辩护人认为，何某某的行为不构成侵犯公民个人信息罪；本案不应当被认定为自然人犯罪案件，而应当被认定为单位犯罪案件。从法理角度来看，自然人犯罪与单位犯罪的具体犯罪行为都是由自然人实行的。要将二者加以区分，就需要判断是否出于单位意志。单位犯罪是自然人在单位意志的支配下实行的，自然人的行为只是单位意志的外在体现；自然人犯罪是自然人在个人意志的支配下实行的，自然人的行为是其个人意志的外在体现。单位意志通过以单位名义实行、由单位决策机关或者负责人决定、属于单位的业务范围、为了单位利益、违法所得归单位所有等外在形式表现出来。在本案中，何某某一直在装修行业从事销售业务。在装修行业中，购买房屋业主个人信息进行电话销售来推广公司业务属于业内普遍现象。稍有规模的装修公司都会有专门的电话营销部门。电话销售部门的员工通过公司数据库记载的数据向潜在客户致电推销，而数据库的数据来源虽有一部分是通过举办活动时让客户登记获得，但更多的是通过购买获得。对何某某通过购买房屋业主个人信息的方式扩展公司业务，何某某的上级领导是知情的、默许的，因为如果不采取购买信息的方式，业务是较难开展的。甚至，何某某是与其上级领导协商好，经其上级领导翻阅房屋业主个人信息目录并同意交易价款后才决定向卖方购买信息的，而何某某购买信息的资金也是由公司报销的。何某某购买的业主个人信息都是由其所在公司电话销售部门的全体业务员为了推广公司的装修业务共同使用。因为购买所得的房屋业主个人信息，公司装修业务得到大幅推广，公司也确实因此获利。依据何某某购买公民个人信息的动机与对公民个人信息的后续使用情况，结合购买信息的行为是由何某某的上级领导决定，公司因此获利这些情况，可以得出结论，何某某购买公民个人信息的行为属于职务行为。该行为是单位意志的外在体现，如果构成犯罪，应被定性为单位犯罪。但是在本案中，公安机关在侦查阶段并未对B公司和S公司及公司相关负责人进行任何取证，在对何某某进行讯问的过程中也未对单位涉案的情况进行任何核实。在这起侵犯公民个人信息案中，办案机关仅将何某某抓获并将其定性为个人犯罪，却丝毫不提及B公司和S公司涉案的相关情节，不对可能涉案的公司追究法律责任，却让公司的普通职工承担远远超出其犯罪成本的法律责任。这是极其不客观、不公平的。

《最高人民法院、最高人民检察院关于办理侵犯公民个人信息刑事案件适用法律若干问题的解释》第六条规定："为合法经营活动而非法购买、收受本解释第五条第一款第三项、第四项规定以外的公民个人信息，具有下列情形之一的，应当认定为刑法第二百五十三条之一规定的'情节严重'：（一）利用非法购买、收受的公民个人信息获利五万元以上的……"本案属于单位犯罪，符合侵犯公民个人信息罪中为合法经营活动而非法购买公民个人信息的情形。公安机关在提交的起诉意见书中提出，何某某是为了扩大自己的业务量而购买房屋业主个人信息。对此辩护人并不认同。从上述的分析中可以得出，何某某购买房屋业主个人信息的行为属于职务行为，

对于侵犯公民个人信息如何把握入罪的度

是为扩大公司业务。并且B公司与S公司作为合法成立的装修公司，仅将购买所得的公民个人信息用于推广其合法的装修业务，并未对被侵权公民造成严重困扰，属于利用公民个人信息进行合法经营的范畴，并非出于私人目的，将所购买的房屋业主个人信息用于实施犯罪活动，也未严重危及被侵权公民的正常生活或给被侵权公民带来较大经济损失或导致其他严重后果。若要将单位为合法经营活动购买公民个人信息入罪，则单位必须满足获利5万元以上的条件。公安机关在起诉意见书中认为何某某购买公民个人信息5.7万余条。对此，辩护人在查阅证据后发现，关于购买条数的认定证据没有形成完整的证据链，在侦查证据卷中关于电子数据的部分仅有四页纸的统计目录，并无关于被侵权公民个人信息的具体明细，让人无法核实何某某购买的公民个人信息中重复和无效的部分。且公安机关在侦查时将何某某电脑中所有涉及公民个人信息的数据都作为非法购买所得数据通过软件识别认定，并未排除公司通过合法途径所得的数据及过期数据。此外，公安机关使用的取证软件为《取证大师》。依据辩护人的办案经验，该软件对信息的认定错误率极高。因此，将何某某通过非法手段购买的公民个人信息数量认定为5.7万余条明显不合理。另外，公安机关并未查实何某某与上家存在买卖公民个人信息的行为，在卷宗外未记录任何交易经过或交易细节，对于可能存在交易记录的QQ也未成功解析，无任何证据支持存在交易行为。本案的卷宗证据链存在明显的缺失，不能达到证据确实、充分和排除合理怀疑的证明标准。公安机关将购买的公民个人信息的条数认定为5.7万余条却无充分证据证明，更无法查明公司获利5万元以上。

案件结果

辩护人经过专业分析，向检察院侦查监督科提出了书面的辩护意见，并约请检察官进行当面沟通。之后，检察机关将何某某一案两次退回补充侦查，而侦查机关仍未提供充分有罪证据，最终当事人何某某因犯罪事实不清、证据不足未被起诉。

律师点评

随着社会经济的快速发展，公民个人信息的价值逐渐被人们认识。作为商业机构争夺的重要社会资源，公民个人信息开始被犯罪分子利用。大量收集与买卖公民个人信息，并以此进行的违法犯罪活动，不仅严重侵害了公民的个人生活，也对社会秩序造成了不良影响。为保护公民个人信息，防止个人信息被非法泄露导致的人身、财产权益和个人隐私受到严重侵害，《最高人民法院、最高人民检察院关于办理侵犯公民个人信息刑事案件适用法律若干问题的解释》于2017年6月1日开始施行。

侵犯公民个人信息，情节严重的才能入罪。在司法实践中，通常"信息数量"及"牟利数额"为入罪标准。但笔者认为：仅以此考量情节是否严重容易导致罪刑失衡或将无罪判为有罪，因此，必须设定更加严格的入罪标准，综合考量。可考量行为人的主观恶性程度，其非法获取的公民个人信息是否用于犯罪活动；可考量行为对个人的侵害程度及对社会的危害程度，行为是否严重危害公民个人正常的生活，使公民的人身及财产权益受到损失，是否给社会造成严重负面影响；可考量获取公民个人信息的手段是否恶劣；等等。依据刑法的谦抑性原则，对于是否将非法获取公民个人信息的行为入罪，司法机关应当做多因素分析，并慎重定刑。侦查机关在取证时应明确区分通过非法方式获取的公民个人信息与通过合法方式获取的公民个人信息，并应排除其中无效的公民个人信息，而不能将所有公民个人信息都认定为非法获取的公民个人信息。此外，该罪应当重点针对的是非法提供公民个人信息的行为人。只有在源头打击，我们才能有效制止犯罪泛滥。而对于侵犯公民个人信息的行为人，若要将之入罪，我们应着重考量其主观恶性程度及行为后果。

关于侵犯公民个人信息罪，由于其存在许多出于职务行为而实行的情形，我们应当严格区分自然人犯罪和单位犯罪，避免将单位犯罪归于自然人一人，使自然人承担超出其犯罪成本的责任。判断行为是自然人行为还是单位行为，应结合该行为是否具有为单位谋利的目的和动机，以及该行为是否经过单位决策机构或负责人同意来进行。并非任何为单位谋利的行为都是出于单位意志。如单位普通员工为得到上级领导重视或得到奖励，为了单位利益擅自实行犯罪行为，该行为未经单位决策机构或负责人直接

对于侵犯公民个人信息如何把握入罪的度

或间接同意,不属于单位行为,属于自然人行为。判断行为是否出于单位意志,还可以通过分析该行为是否符合单位长期的业务政策规定或操作习惯来进行。若行为为单位行为,我们应分析该非法获取的公民个人信息是否用于合法经营。《最高人民法院、最高人民检察院关于办理侵犯公民个人信息刑事案件适用法律若干问题的解释》第六条规定:"为合法经营活动而非法购买、收受本解释第五条第一款第三项、第四项规定以外的公民个人信息,具有下列情形之一的,应当认定为刑法第二百五十三条之一规定的'情节严重':(一)利用非法购买、收受的公民个人信息获利五万元以上的……"所以我们认为,非法获取公民个人信息,若是为了合法经营活动,应满足获利5万元以上的条件才能入罪。

为此,笔者建议:

(1)最高人民法院以量刑指导意见的形式,或者最高人民法院、最高人民检察院以批复的形式对侵犯公民个人信息刑事案件进行从宽指导和调整。

(2)司法机关不机械按照数量认定情节严重和情节特别严重。

承办律师

周小羊,简介见第11页。

张剑,北京市盈科(苏州)律师事务所律师,扬子鳄刑辩团队新秀律师。执业范围为刑事辩护。张剑律师毕业后即进入律师行业,经办若干起刑事案件,兼具刑事辩护理论方面与实践方面的能力。在办案过程中善于解析案件事实,钻研案件卷宗,并从中抓住案件细节。自工作以来,始终履行律师的使命,维护当事人的合法权益,取得了当事人的信任与认可。

 几枚 "烟蒂" 证据背后的盗窃案
——解读李某某被指控盗窃4起，
3起无罪的案件

案情简介

公诉机关指控2010年1月至2016年5月期间，被告人戴某某单独或伙同李某某、刘某某等人串至某县某乡等6地的养猪场，盗窃变压器铜线、铝芯线、彩钢带及小猪等。其中戴某某盗窃作案6起，涉案价值达217170元；李某某盗窃作案4起，涉案价值达167770元；刘某某盗窃作案1起，涉案价值达64350元。

本案证据情况如下：

① 第1起：办案机关在犯罪现场提取3枚烟蒂。经鉴定，编号烟蒂3为李某某所留。烟蒂1为戴某某所留。经鉴定，被害人被盗物品价值达8220元。戴某某和李某某均做无罪供述。

② 第2起：办案机关在犯罪现场提取烟蒂和帽子。经鉴定，烟蒂及帽子上的斑迹、吸附物为戴某某所留。被害人被盗的99头小猪，经鉴定，价值达64350元。戴某某、李某某均做无罪供述。刘某某做有罪供述，指认系戴某某与李某某共同犯罪。在第二次开庭过程中，公安机关补充出示两份新证据：第一，被告人刘某某与李某某的通话话单。这证实李某某接听刘某某电话时在案发现场。第二，监控卡口拍摄的面包车照片。这证实刘某某有罪供述属实，案发当晚刘某某确实与戴某某驾驶该面包车经过该监控卡口，前往案发现场。

③ 第3起：办案机关在犯罪现场提取7枚烟蒂。经鉴定，其中5

枚烟蒂系李某某所留,1枚系戴某某所留。被盗财物74头小猪,经鉴定,价值达59200元。戴某某与李某某均做无罪供述。

④ 第4起:办案机关在犯罪现场提取8枚烟蒂。经鉴定,其中3枚烟蒂为戴某某所留,4枚为李某某所留。被盗财物45头小猪,经鉴定,价值达36000元。戴某某与李某某均做无罪供述。

某县人民法院一审判决被告人戴某某、李某某、刘某某盗窃罪成立,判处戴某某有期徒刑7年10个月,并处罚金人民币70000元;判处李某某有期徒刑6年3个月,并处罚金人民币55000元;判处刘某某有期徒刑3年,缓刑4年,并处罚金人民币15000元。判决后,被告人戴某某、李某某不服,提起上诉。在二审期间,该案未经开庭便被发回一审法院重审。被告人李某某亲属于发回重审后的一审诉讼阶段前来办理委托手续,要求本律师担任李某某一审阶段辩护人。

律师对策

本案虽然是发回重审后的一审案件,但是整个诉讼过程历经两次庭审,并由承办法官两次提交本院审判委员会研究讨论。辩护人经过阅卷、会见等工作后,发现公诉机关对于指控被告人罪名成立的思路是"一个前提,两个推定"。

"一个前提"指的是各被盗的地点在案发当晚之前,都不存在被告人的烟蒂。在本案中,三名被告人均不是在案发现场被抓获,案发当晚也没有目击证人指认被告人犯盗窃罪。三名被告人到案以后,除被告人刘某某做有罪供述以外,戴某某、李某某均做无罪供述。因此,办案机关并没有直接证据证实被告人实施了盗窃犯罪。办案机关凭借现场提取的烟蒂DNA就认定是被告人实施了犯罪。辩护人认为,只有该前提被论证,现场提取的烟蒂才能作为"被告人案发当晚实施了盗窃犯罪,并在现场遗留了烟蒂"的证据。针对这一点,辩护人的应对策略是在法庭上陈述办案机关的逻辑思路,指出只有这个前提能够被论证,公诉机关的指控才有逻辑基础。进而特别论证从公诉机关提供的全案证据来看,其并不能构建这个逻辑前提展示给法庭审查。

"两个推定"指的是公诉机关在论证本案指控能够成立时建立了两个有罪推定。第一,办案机关认为案发现场发现了含有被告人DNA的烟蒂,就推定本案6起盗窃犯罪就是被告人实施的。关于这一点,辩护人的应对策略是认真分析本案证据的提取、送检等程序,通过质疑鉴定意见来破解。第二,办案机关认为案发当晚李某某接听刘某某电话时,被盗的猪场所处的地理位置在李某某接听电话时对应的移动基站辐射信号的覆盖范围内,就推定李某某在案发现场。针对这一点,辩护人阅读并研究了大量的"电话记录分析原理、方法"等相关知识、学术论文,借助学术和科学技术知识的力量来驳斥控方的观点。

基于以上的分析与对策,辩护人认为,公诉机关关于被告人的行为构成盗窃罪的指控事实不清、证据不足,不能成立,主要理由如下。

一、事实不清部分

本案公诉机关指控被告人实施盗窃犯罪行为的赃物并未被查扣,无法说明被盗财物的数量。本案几份价格鉴定结论的鉴定数据全数由被害人单方提供,并无其他证据可供核实。该鉴定结论缺乏客观性。公诉机关指控被告人的犯罪数额不能成立。

第4起案件现场提取的烟蒂有8枚,但是只有7枚经鉴定被认为是本案被告人戴某某和李某某所留,那么还有1枚究竟是何人所留未被查清。

二、证据不足部分

1. 本案第2起指控

现场勘验笔录中记载现场勘察提取的烟蒂有4枚,但《现场勘验检查提取痕迹、物证登记表》中记载的烟蒂却有6枚。因此,本起案件中的物证来源不明,某市公安局DNA比中结果通知单记载的DNA比中结果——其中2枚烟蒂DNA与李某某的DNA数据一致,不得作为本案的定案依据。

2. 本案第3、4、5起指控

本案公诉机关指控被告人犯盗窃罪所运用的主要证据有:物证烟蒂,某市公安局物证鉴定所出具的某公鉴〔2016〕352、353、354、535号《鉴定文书》,某市公安局物证鉴定所出具的某公鉴〔2017〕1164号《鉴定文书》。

公诉机关对以上证据进行如下论证:①将现场勘查提取的烟蒂与2016年6月17日补送的血样进行鉴定,得出烟蒂DNA与2016年6月17日被告人血样DNA一致(某市公安局物证鉴定所出具的某公鉴〔2016〕352、

353、354、535号《鉴定文书》）。②将2016年6月17日血样与2017年10月24日提取的血样进行鉴定，得出两次血样DNA一致（某市公安局物证鉴定所出具的某公鉴〔2017〕1164号《鉴定文书》）。③论证结论：现场提取的烟蒂DNA与2017年10月24日在看守所提取的被告人血样DNA一致。

辩护人认为，公诉机关对本案证据的论证不能成立，理由如下：

（1）本案中所有被提取的烟蒂均不是出现在被盗猪场内部，而是出现在猪场外的山路、草丛、空坪等地方。因此本案中所有被提取的烟蒂均不是出现在案件的中心现场，不得作为指控被告人的直接证据。烟蒂只能证明外围现场出现了烟蒂这个事实，但不能说明被告人去过案件现场。

（2）本案的所有鉴定文书的鉴定结论均不得作为本案的定案依据。理由如下：

物证登记表记载的烟蒂与鉴定文书中的烟蒂检材同一性无法被认定。现有证据无法证实现场勘查提取的烟蒂有分开包装、检材编号。现有证据无法与各份《鉴定文书》中所列的检材进行对应，也就是说无法准确识别《鉴定文书》中各个编号的检材究竟是从《现场勘验检查提取痕迹、物证登记表》中现场哪个位置提取的。

《鉴定文书》中所列的检材烟蒂来源不明。因为《现场勘验检查提取痕迹、物证登记表》中记载的烟蒂缺乏鉴定委托送检手续，无法证实《鉴定文书》中记载的检材全部来自各痕迹、物证登记表中记载的烟蒂。

2016年6月17日被补送的被告人的血样缺乏提取程序，缺乏血样检材分开包装、编号程序，也缺乏委托送检程序。被鉴定血样检材来源不明。

根据《最高人民法院关于适用〈中华人民共和国刑事诉讼法〉的解释》第八十五条"鉴定意见具有下列情形之一的，不得作为定案的根据：……（三）送检材料、样本来源不明，或者因污染不具备鉴定条件的……"的规定，本案烟蒂在提取时因无法被证实有分开包装、编号，故我们不能排除检材被污染的风险。且本案的烟蒂来源不明，2016年6月17日的血样来源不明，因此，本案的所有《鉴定文书》不得作为定案根据，应当被排除。因此，公诉机关对证据的论证不能成立。

（3）公诉机关在第一庭审之后补充侦查期间提交了两份新证据：①被告人刘某某与李某某的通话话单，证实李某某接听刘某某电话时在案发现场。②监控卡口拍摄的面包车照片，证实刘某某有罪供述属实，案发当晚刘某某确实与戴某某驾驶该面包车经过该监控卡口，前往案发现场。

辩护人经认真审查，认为这并不能证实控方的主张。理由如下：

① 刘某某的供述与公安机关提交的某县监控卡口照片3相互矛盾。如果刘某某的供述是真实的，那么在2016年1月12日凌晨4点11分52秒时，李某某的面包车还在被刘某某、戴某某使用。可是在短短的6分钟之后，2016年1月12日4点17分56秒在监控卡口却出现了一辆具有同样外形特征的面包车（照片3）。这首先在时间上不可能实现。另外刘某某无法辨认出照片3中的面包车驾驶员和副驾驶室的乘员。因此这张卡口照片并不能证实控方的主张。

② 即便李某某与刘某某通话话单真实，基站代码也只能证实李某某当晚接听刘某某电话时，其接听电话的位置在基站辐射信号覆盖范围内，不能说明李某某就一定在被盗猪场的案发现场。基站，即公用移动通信基站，是指在一定的无线电覆盖区中，通过移动通信交换中心，与移动电话终端之间进行信息传递的无线电收发信电台。基站辐射信号的覆盖范围因市内和郊区而有所不同。在市内由于阻挡物较多，因此基站辐射信号的覆盖范围一般较小，在郊区覆盖范围则较大。通话记录显示接打该通电话的基站代码，只能说明行为人可能位于该基站辐射信号覆盖范围内的任意一处地点，并不能说明其所处的具体位置。因此，这不能证实李某某就一定在案发现场，而只能证实李某某接听该电话时，在该基站辐射信号覆盖范围内。

案件结果

辩护人提出的针对被告人李某某的第1、3、4起指控事实不清、证据不足的无罪辩护观点得到法院采纳。法院经审理认为：在没有其他证据印证系被告人作案的情况下，不能排除指控不能成立的合理怀疑。而且公诉机关针对第1起指控未提供现场遗留物的提取笔录。对于第3起指控，公诉机关所运用的主要证据是烟蒂和公安机关的DNA比中通知书，而未提供DNA鉴定意见书。法院认为该3起指控属证据不足，不予支持。对辩护人的相关辩护意见予以采纳。但是对于指控的第2起，法院认为该起指控成立，予以支持。因此，针对被告人李某某的4起指控中，只有1起成立，涉案金额从167770元减少到64350元。故法院对被告人李某某的判决从

"有期徒刑6年3个月,并处罚金人民币55000元"变成"有期徒刑3年5个月,并处罚金人民币15000元"。

律师点评

本案虽然没有达到全案无罪的完美辩护效果,但是经过辩护人的辩护,达到了部分无罪的效果。辩护人大幅度降低了被告人的刑期与财产刑的金额,受到了被告人及其亲属的认可。辩护人依然认为审判机关对证据的"三性"界定值得商榷。

首先,基站辐射信号的覆盖范围是一个区域,而不是具体的某个地理位置。通话记录显示接打该通电话的基站代码,只能说明行为人可能位于该基站辐射信号的覆盖范围内的任意一处地点,并不能说明其所处的具体位置。因此,仅凭基站代码不能得出被告人就在案发现场的唯一结论,两者之间缺少关联性。

其次,通话话单本质上属于电子证据。依照最高人民法院、最高人民检察院、公安部《关于电子数据收集提取判断的规定》第十四条、十五条、二十四条的规定,以及《公安机关办理刑事案件程序规定》第六十三条的规定,通话清单属于电子数据,存储于通信运营商的服务器中。对于能够提供原件的电子数据,有关人员应当提供原件。电子数据原件应当由侦查人员签名、盖章以证实证据来源的合法性;同时还应当由电子数据原件持有人签名、盖章以确定其真实性。但是在本案中,公诉机关出示的其中一份话单证据只有侦查人员的签名加盖章,另外一份只有办案机关的公章,连制作人也就是侦查人员的签名都没有。故证据来源的合法性存疑。

再次,话单内容不具有客观性。本案公诉机关出示的几组话单都不属于号码使用人在2016年1月至5月时间段的原始通话记录,而是侦查人员自行制作整理后形成的通话记录,不具有客观性。

承办律师

何秀英,简介见第112页。

一起特殊的盗窃案
——高某涉嫌盗窃岳父存款终被不予起诉

案情简介

犯罪嫌疑人高某长期拖欠其岳父即被害人吴某甲1700万元债务不还。2015年7月18日，高某通过其妻子吴某乙取得被害人吴某甲的身份证后，私自在A市B镇广发银行C支行办理了户名为吴某甲的存折，并存入900万元。同年8月，高某为开通上述存折的网银转账服务，向吴某甲谎称要为其开通一本存折以归还欠款。吴某甲信以为真，便与高某一起到上述广发银行C支行。高某乘机办理了上述存折的网银服务。事后，高某将事前已经开设的存折给吴某甲看，双方约定该存折由高某保管并抵押给银行担保，待担保事项结束后用于偿还吴某甲。同年8月至9月25日期间，高某利用网银分四次转账将账户内的900万元转走。吴某甲发现后遂于2016年1月13日前往公安局报案。1月19日，公安局进行立案侦查。1月20日，高某因涉嫌盗窃被公安机关刑事拘留，2月5日被取保候审。同年12月21日，侦查结束后，案件被移送人民检察院审查起诉。

律师对策

根据《最高人民法院、最高人民检察院关于办理盗窃刑事案件适用法律若干问题的解释》第八条："偷拿家庭成员或者近亲属的财物，获得谅解的，一般可不认为是犯罪；追究刑事责任的，应当酌情从宽。"

辩护人认为，高某的行为不构成犯罪，建议检察机关做出不起诉决定。理由如下：

高某已经将本案所涉欠款本金和高额利息全部还清，取得了被害人的谅解，且被害人积极表示不再追诉。

自 2016 年 1 月 19 日立案以后，高某通过变卖机器设备等方式积极还款。截至 2017 年 5 月 9 日，高某已经分多次向吴某甲还款本金 1300 万元，利息 422.3 万元，本息共计 1722.3 万元。欠款本金和利息已经被全部还清。同时，被害人也再次向检察院提交了不予起诉申请。

在本案中，高某未实施窃取他人占有的财物的行为，在主观上也没有非法占有的目的，不符合盗窃罪的构成要件。同时，高某与被害人吴某甲系家庭成员关系，事发后高某已归还了全部欠款本息，取得了被害人的谅解，被害人更多次恳请司法机关不再追究高某的刑事责任。

案件结果

人民检察院依法审查案件事实后，对高某做出了不予起诉的决定。

律师点评

辩护人认为，犯罪嫌疑人高某的行为不构成盗窃罪。理由如下：

一、犯罪嫌疑人高某不满足盗窃罪的构成条件

1. 在主观上，高某没有"非法占有他人财物"的目的

要成立盗窃罪，行为人必须具有非法占有的目的。盗窃罪所要求的非法占有目的是指排除权利人，将他人的财物作为自己的财物进行支配，并遵从财物的用途进行利用、处分。也就是说，盗窃罪的非法占有目的是由排除意思和利用意思构成的。

在本案中，高某开户的原因之一是为了给其一宗物业交易提供保证金，另一个原因是为了帮忙完成银行的吸存任务。后由于经营生意失败，急需资金周转，高某暂时挪用了被害人的资金。从始至终，高某在主观上只是暂时挪用该笔资金，并没有排除权利人（吴某甲）的意思，所以当高某的岳父（吴某甲）发现该笔钱通过网上银行被转走并质问高某时，高某并未否认，且明确承认该笔欠款，并表示愿意还款。因此高某不具有非法占有

的目的，其行为不符合盗窃罪的主观构成要件。

2. 在客观上，高某并未实施窃取他人占有财物的行为

盗窃罪的对象必须是他人占有的财物。盗窃罪的占有是指事实上的占有，或者是指事实上的支配、现实的支配。对财物的事实上的支配意味着被害人在通常情况下能够左右财物，对财物的支配没有障碍。

在本案中，涉案资金的实际占有支配人一直是犯罪嫌疑人高某。事实上，存折一直由高某保存。高某一直觉得凭自己的身份证和岳父的身份证就可以使用该笔钱。换句话说，他一直认为自己在事实上支配着这笔钱。当得知使用这笔资金需要密码后，即便是通过不合理的方式取得了密码，高某仍然认为自己能够支配该笔资金。而且，事实上被害人吴某甲也并未实际上占有该笔资金。因此，高某并未实施窃取他人占有财物的行为，其行为不符合盗窃罪客观上的构成要件。

二、本案发生在家庭成员内部，且犯罪嫌疑人已取得被害人谅解

在本案中，犯罪嫌疑人高某系被害人吴某甲的女婿。在公安机关立案后，高某主动配合办案机关工作，在极短的时间内，通过变卖资产、转让债权等方式全部归还了欠款。此后，被害人吴某甲也考虑到家庭成员的关系，以及自己的三个孙子女的抚养问题，出具了谅解书，也先后两次通过书面形式向公安局和人民检察院表达了希望不予追究和免予起诉的要求。

承办律师

彭磊，广东保信律师事务所律师、刑事事务部主任。曾任湖北大学法学院讲师，在中山市人民检察院从事职务犯罪侦查工作，有丰富的职务犯罪侦查经验。2015年加入律师队伍，擅长办理职务犯罪案件，业务专长为刑事辩护、刑事合规审查。

王旗，广东保信律师事务所合伙人。迄今提供专业法律服务18年，坚持一专多能的业务方向，担任多家大型金融机构、上市房地产企业及其他企业的常年法律顾问，擅长房地产和建筑工程施工、金融、知识产权等领域的诉讼及非诉讼法律业务，践行"企业成长的伴随者"这一专业法律服务理念。执业以来，多次被评为中山市优秀律师。

为坚守法律底线点赞
——一起诈骗案终告无罪

案情简介

2009年，犯罪嫌疑人李某经过招投标，获取A区某石料厂的开采权。2010年因杭长铁路客运专线施工的需要，石料厂被关停拆迁，并由B镇政府进行赔偿。

2010年8月27日，石料厂法定代表人李某叫李甲安排8辆装载车停放到石料厂内。李甲通过他人叫来5辆装载车。其将这5辆装载车加上自己的3辆装载车和1辆皮卡车，一起作为石料厂的资产停放在石料厂内。同时李甲又安排了李乙、李某甲、李某乙、胡某某4人的共计4辆挖掘机作为石料厂的机械设备，还伪造了挖掘机的收款收据、转让合同，以证明这4辆挖掘机为石料厂的资产。2010年8月28日，资产评估公司对石料厂的机械设备及设施、各类房屋建筑等进行清点。李某向评估公司做出书面承诺，承诺被评估的8辆装载车、1辆皮卡车及其他4辆挖掘机均系石料厂资产。2011年1月18日，资产评估公司出具《评估报告》：8辆装载车、1辆皮卡车和4辆挖掘机的总价值为3059526.38元，处置价为1604000元。2011年6月10日，A区B镇人民政府与李某签订了《拆迁补偿合同》，补偿总价为人民币1850万元。

2012年9月26日李某与李甲等人因涉嫌诈骗被A区公安分局刑事拘留，并于2013年4月14日移送A区人民检察院审查起诉。

律师对策

辩护人在充分阅卷并与李甲本人多次沟通的基础上,依据相关法律,认为李甲的行为不构成诈骗罪。理由如下:

首先,李甲的行为是否构成犯罪必然要论证李某行为的罪与非罪。李甲是围绕着李某为了获取高额赔偿,实施了相关辅助、次要的帮助行为,而李某的行为本身是否构成诈骗罪,是本案的一大争议。

根据在案证据材料,李某与B镇政府领导就拆迁赔偿价进行谈判时,不是以《评估报告》评估的机械设备损失数额为依据来谈的,而是以双方各自提出的笼统的"一口价"来谈的。李某在供述中曾提到他与B镇镇长主要商量过3次:第一次李某提出了要求赔偿2500万元;第二次镇长经过协调反馈可以赔2150万元,但机器设备要归H公司,李某则提出机器设备要归自己处理;第三次镇长再次协调后反馈机器设备如归李某处理,赔偿价格要扣减300万元,李某则表示同意。因此最终双方确定赔偿价为1850万元。

镇长的证言也确认,其在与李某谈判之前没有看过《评估报告》,直到审计署相关人员来审计时才看到。

证人陈某(B镇村建办主任)在证言中也表示:"我是在2011年八九月份收到审计报告的,当时审计员来之后我才看到《评估报告》。"

证人王某(A区团委工作人员)证言:"正式的《评估报告》没有给李某。评估公司给区铁办7至8本正式的《评估报告》,区铁办给B镇政府2至3本。"

以上证言均证明,作为谈判代表的B镇镇长和李某手上均没有《评估报告》。这就证明双方当时的谈判不可能按《评估报告》来谈,只是以"一揽子价格"来谈的。对此,李某手上持有的只有一个总额为1850万元的赔偿数额而无具体赔偿明细的《拆迁补偿合同》可相互印证。

既然双方是按照"一揽子价格"来谈判的,那么根据李某所虚报虚列的机械设备测算出来的损失额与他最终获得的赔偿数额就不具有直接的因果关系。

基于此,认定李某的行为构成诈骗罪的证据显然是不够充分的。

其次,既然认定李某的行为构成诈骗罪的相关证据不足,基于李甲在本案中处于从属、辅助、被支配的地位,对李甲的定性势必就会跟随对李某定性的改变而改变。因此,皮之不存,毛将焉附?

再次,李甲将名下的机械设备报为石料厂资产列入评估范围也不应被认为是诈骗行为。

李甲与李某是关系密切的好朋友。他有1辆皮卡车供石料厂使用。至于另外3辆装载车,由于装载车的出卖方欠石料厂钱,刚好这三辆车要出卖,因此,经由李某提议,李甲出面购买,购车钱由李某与装载车的出卖方结算。之后装载车被直接过户给某物流公司,由李甲出面挂靠,而装载车一直在石料厂作业使用。关于这3辆装载车的所有权,李某与李甲事先没有明确的约定。

辩护人认为,在企业拆迁关闭时,在该企业中劳动的工人有申请获得遣散费或者购买养老保险等权利。某些长期为该企业提供特定服务的其他个人劳动者或者个体经营者,可能因为该企业关闭而失业或者因为经营活动停止而受到损失的,也应该有对自己的经营及投资的专门劳动工具、专用工作设备进行索赔的权利。因此,不管车辆的实际所有人是谁,因石料厂的关闭,其都必然会受到相应的损失。那么,其也应该享有相应的合理的拆迁索赔请求权。所以,李甲将上述车辆虚报为该厂的资产列入评估范围不宜被认定为诈骗行为。

最后,李甲另外临时借来5辆装载车,因车辆所有人不具备合理的拆迁补偿权,应属虚报行为,但难以被认定为诈骗。该虚报行为使得评估的机械设备数额提高了41万元,但该虚报行为是否使李某直接多获得了41万元赔偿款?综合全案证据来看,事实上两者缺乏直接的必然的因果关系。如前所述,李某与镇长的谈判是按照"一揽子价格"来谈判的,不是以《评估报告》中评估的机械设备损失数额为依据来谈的。如果《评估报告》中的机械设备损失数额因虚报的车辆多了41万元,且拆迁方与被拆迁方严格依照该评估数据签订了《拆迁补偿合同》,那么,李某最终拿到的拆迁赔偿款中就明确包含了41万元的虚报的机械设备款。但是,如果在谈判过程中双方不是以《评估报告》中的损失数额为依据来谈拆迁补偿款的,那么对于李某最终获得的拆迁赔偿款我们既不能确定其一分不差地包含了该虚报的41万元损失评估费,也不能确定该虚报的41万元损失评估费中的多少数额作为拆迁补偿款被李某实际拿到。因此,虽然李某与李甲对该车辆的虚报行为属共同虚报,但要认定他们两人的行为构成诈骗罪的共犯,证据尚不足。

案件结果

辩护人多次跟承办检察官交流沟通，并向检察院出具了书面的辩护意见，明确指出指控本案当事人涉嫌诈骗的事实不清、证据不足，对当事人不应以犯罪论。案子经 A 区检察院检委会集体讨论并报请市检察院检委会集体讨论后，市检察院建议 A 区检察院对本案存疑不诉。市公安局 A 区分局将本案撤回，以事实不清、证据不足，根据《中华人民共和国刑事诉讼法》第十五条之规定及《公安机关办理刑事案件程序规定》第一百八十三条第二项、第一百八十四条之规定，做出终止侦查决定书，决定终止对李甲的侦查。

律师点评

本案的争议焦点是李某获取的补偿款与李某的欺骗行为之间是否具有刑法上的因果关系。根据理论界的通说，构成诈骗罪应当符合以下特点：① 行为人实施欺骗行为；② 被害人因欺骗行为陷入错误认识；③ 被害人基于错误认识处分财产；④ 行为人或第三人取得财产，被害人遭受损失。如果被害人未陷入错误认识或因其他原因陷入错误认识，因为被害人处分财产与行为人的欺骗行为之间不具有刑法上的因果关系，行为人的行为就不宜被认定为诈骗罪。

因此，判断李某的欺骗行为是否使镇政府陷入错误认识，镇政府确定赔偿价格与李某的欺骗行为之间是否存在刑法因果关系是本案的重点和难点。在本案中，赔偿款的谈判方是李某和镇长。从第一次李某提出 2500 万元拆迁补偿款，到最终双方确定 1850 万元拆迁补偿款，双方在三次谈判过程中均未拿到《评估报告》，亦未以该报告作为谈判基础。虽然李某虚报虚列了机械设备参与评估，但是谈判并非以《评估报告》确定的损失数额为依据，镇长未因此陷入错误认识，镇政府最终确定的补偿款金额与李某的欺骗行为之间不具有刑法意义上的因果关系，因此李某的行为不构成诈骗罪。

承办律师

周辛艺律师，浙江泽大律师事务所高级合伙人、刑事诉讼部主任，浙江省律师协会刑事业务委员会委员，杭州市律师协会刑事责任风险防范专业委员会副秘书长，杭州市律师协会实习律师考核委员会委员，杭州市法律援助案件质量评估专家，浙江大学光华法学院实务导师，浙江大学城市学院法学院实务导师，浙江省律师协会扫黑除恶专项斗争律师辩护代理业务指导委员会委员。曾获浙江省优秀专业律师（刑事专业类）荣誉称号，获浙江省律师协会通报表扬，获第三届杭州律师论坛刑事分论坛三等奖，被评为2016年度、2017年度中国国民党革命委员会浙江省委员会省直基层组织优秀党员。

既破又立，揭伪鉴真
——卢某涉嫌诈骗被不起诉案回顾

案情简介

卢某与蓝某系同事。在相处过程中，蓝某得知卢某的公共英语三级证书系购买所得。为摆脱单调而苦闷的工作，蓝某萌生通过购买证书增强自身竞争力进而换个更好工作的想法，遂委托卢某帮助自己也购买相应的证书。一开始蓝某支付给卢某1万元，要求代办会计证。卢某直接将为自己办证的"钟老师"推荐给蓝某，让蓝某自行与"钟老师"联系办证事宜。随后，蓝某在自行联系办证老师后，又改变想法，不想办会计证，于是主动寻求卢某帮助，要求卢某帮助办理执业药师证。为此，蓝某于2015年11月通过支付宝账户转账1.5万元给卢某，让其帮助自己联系购买执业药师证。时隔数月，蓝某见执业药师证迟迟未办好，就联系卢某。卢某询问办证人员，被告知有一种快速办证的渠道，须增加费用。蓝某又转而要求卢某帮助快速办理执业药师证并支付给卢某2万元。直至2017年1月22日，蓝某认为卢某一直未能办出上述证书，是在欺骗自己，故而报警，遂案发。

侦查机关指控，卢某以非法占有为目的，以帮助被害人办理会计证、执业药师证为由，骗取钱款4.5万元，后因约定期限将至，未能办证，就以各种理由拖延，直至与蓝某断绝联系，隐藏逃匿。

律师对策

接受委托后，辩护人经过会见卢某了解案情，并对案件材料进行仔细研究后发现，事实并非如侦查机关所指控的那样。卢某的诸多辩解未被核实，该调取的证据并未被调取。为了进一步探究案件真实情况，辩护人与当事人进行了深入的交流，制作了长达十几页、近万字的询问笔录。同时辩护人着手收集了卢某与被害人之间的微信聊天记录、银行转账流水等相关证据，并将上述证据及辩护意见递交给检察官，用于印证当事人所陈述的整个事情真相。

辩护人在审查起诉阶段提交的辩护意见如下：

一、卢某有真实的办理相关证照的渠道并积极联系为蓝某办证，并未对蓝虚构事实、隐瞒真相

卢某曾托人为自己办理过公共英语三级证书，且核实过该证书系真实有效的证书。在蓝某问其有无办证渠道的前提下，卢某将蓝某需要办证的信息转达给曾经为其办过公共英语三级证书的办证人，在得到肯定答复后，再将该信息转达给蓝某。根据案卷材料，卢某在2015年9月18日第一次收到蓝某支付的1万元办证费用前后，先后与"朱老师""钟老师""郑老师"联系办理会计证，并未向蓝某虚构事实、隐瞒真相。

上述事实有蓝某与卢某的微信沟通记录以及卢某与办证人之间的微信、短信沟通记录予以证实。证据间能够互相印证。

二、在卢某收到蓝某支付的办证费用后，客观原因导致蓝某的证件未能办出和卢某未及时退还蓝某办证费用

1. 蓝某多次变更办证请托，导致办证事宜一拖再拖

2015年9月18日，卢某收到蓝某支付的第一笔办理会计证费用1万元。蓝某又于2015年10月初与卢某沟通办理执业药师证事宜，主动要求卢某不再帮其办理会计证，转而要求卢某办理执业药师证，故蓝某于2015年11月3日通过支付宝账户转账1.5万元给卢某。2016年3月，蓝某又主动联系卢某，要求卢某帮忙快速办理执业药师证，并通过其朋友余某的支付宝账户转账2万元给卢某。

虽然蓝某第一笔办证费用1万元是在2015年9月18日交付的，但事实上，蓝某最终确定办证项目是在2016年3月。蓝某不断变更办证的要求从客观上导致卢某迟迟未推进办证事宜。

2. 卢某的财产由 Q 某控制，导致卢某无法及时将办证费用转交给办证人和退还蓝某

Q 某是卢某的朋友。卢某在精神上十分依赖 Q 某，对 Q 某唯命是从。卢某工作后，Q 某不单对卢某在精神上予以控制，而且在财务上也对卢某予以控制。卢某从工作后至案发时，所赚取的钱财均交由 Q 某掌控，甚至因身体遭受损伤而获得的 15 万元赔偿款卢某亦交由 Q 某掌控，前后共计有 80 余万元掌控在 Q 某手中。长期以来，卢某已经习惯于把财产放在 Q 某处。蓝某交给其的办证费用，其也依照原习惯存在 Q 某账户上。当卢某要为蓝某办证，需向办证人支付办证费用时，Q 某却因股票亏损而不给卢某钱财，致使办证时间一拖再拖。

需要说明的是，Q 某曾于 2016 年 11 月 23 日转账给卢某 15 万元，但在卢某归还为 Q 某完成"任务"所借外债 7 万元后，正准备退还蓝某的 4.5 万元办证费用时，Q 某以卢某编造该办证事实骗其为由，斥责卢某。卢某为证明自身没有欺骗 Q 某，又将剩余的 8 万元转回给 Q 某，并及时联系蓝某，让蓝某亲自跟 Q 某沟通以退还办证费用。既然是蓝某的办证款，又是交付给卢某自己的，归还蓝某理所应当，卢某为何要把钱转回给 Q 某而让蓝某去向 Q 某要呢？卢某的做法明显有违常理。然而，结合卢某的遭遇和精神状况，其正是因为有异于常人才会做出该有违常理之举。我们不能因为其未将自己账户中的钱退还蓝某而是让蓝某向 Q 某讨要就认定其诈骗。

综上所述，卢某在收到蓝某的办证款后未及时办理证件和在蓝某不要求办证后未及时退还办证款皆有合理理由，并非是骗人钱财。

三、卢某在为蓝某联系办证事宜过程中并无非法占有蓝某财物的目的，不符合诈骗罪的主观方面

1. 卢某在收到蓝某办证款之前不具有非法占有目的

2011 年 7 月始，蓝某与卢某因工作关系相知相熟。蓝某系卢某的师傅，两人关系甚好。在与卢某的相处中，蓝某得知卢某的公共英语三级证书是通过购买得到的。蓝某一方面对辛苦的工作心生厌倦，另一方面也想通过购买证书的方式更换相对轻松点的工作。所以，2015 年 3 月蓝某主动让卢某帮忙联系办证的老师。一开始卢某直接将自己所熟知的办证人"钟老师"推荐给蓝某，让蓝某自行与"钟老师"联系办证事宜。蓝某为此交付 9000 元给"钟老师"办理会计证，但由于"钟老师"联系的代考人员未能通过考试，故会计证未能办好。该笔9000元办证款也已退还给蓝某。2015年9月，蓝某又主动要求卢某帮其联系其他办证老师办会计证，并全权委托卢某办理，遂将办证款打给卢某。

由此可见，卢某在收到蓝某的首笔办证款前在主观上不存在非法占有蓝某财物的目的，否则其也不会直接把办证老师的联系方式给蓝某。

2. 卢某在收到蓝某的钱后亦无非法占有蓝某财物的目的

2015年10月初，蓝某又以自己想办执业药师证为由联系卢某，要求卢某帮其咨询办理执业药师证事宜并追加了办证费用。2016年3月，蓝某又主动加钱要求卢某帮其快速办理执业药师证，并再次追加办证费用。蓝某第一次追加费用系因为变更办证种类，第二次追加费用系因为变更办证的方式，均非卢某主动要求的。显然，卢某在主观上没有非法占有蓝某财物的目的。

需要说明的是，卢某为蓝某办证时有赚取佣金的想法。有该想法恰能证明其在主观上没有占有所有办证费的目的。而且赚取佣金合情合理，并不违法。

3. 本案也不存在据以推定卢某有非法占有蓝某财物目的的基础事实

在司法实践中，证明行为人在主观上具有非法占有他人财物的目的有两种方式，一是直接证明，二是刑事推定。基于本案已经查明的事实，我们不能推定卢某在主观上有非法占有蓝某财物的目的。

（1）卢某未恶意处分其所收到的办证费用。

根据诈骗罪和合同诈骗罪相关司法解释规定的非法占有目的推定规则，如果行为人将款项用于非法活动、肆意挥霍或者携款潜逃的，我们就可以推定行为人在主观上有非法占有的目的。在本案中，卢某并没有挥霍其所收取的办证费，而是将款项暂存于Q某处。而且卢某收取的蓝某办证费只有4.5万元，远少于其存在Q某处的合法收入。卢某完全具备归还能力。

（2）卢某在蓝某向其讨要办证费用后及时要求Q某退还，且与蓝某商量解决之策，并未逃避。

行为人的事后行为也是认定其主观目的的一个重要因素。在本案中，蓝某向卢某讨要办证费用后，卢某并没有逃避，而是及时向Q某要钱。在Q某怀疑卢某欺骗自己后，卢某把Q某的联系方式给蓝某，建议蓝某向Q某讨要办证费用。这说明卢某在积极履行还款责任。

从上述内容可看出，无论是从直接证明的角度还是从刑事推定的角度，全案证据和事实均不能证明卢某在主观上存在非法占有他人财物的故意。

案件结果

检察机关在细致审核后采纳了辩护人所提交的证据及辩护意见，认为本案现有证据不足以证实被起诉人卢某具有诈骗的主观故意，认定其行为构成诈骗罪的事实不清、证据不足，本案不符合起诉条件，于2018年5月对卢某做出不起诉决定。

律师点评

诈骗罪的辩护要点有四个：一是行为人在主观上是否有非法占有他人财物的目的；二是行为人非法占有目的的成立在取得财物之前还是之后；三是行为人在客观上是否实施了虚构真相、隐瞒事实的行为；四是被害人是否因陷入错误认识而"自愿"交付或者放弃财物。在本案中，行为人卢某在客观上基于被害人的主动委托，积极联系代办证件事宜。被害人的证件最终未能办成和行为人未及时退还被害人办证费用系不可归责于行为人的多重客观原因造成的。行为人在主观上并未在取得被害人财物之前就具有非法占有被害人财物的目的，没有逃避还款义务，不应被认定为诈骗犯罪。

诈骗案件属于传统案件，发案率高，认定标准在司法实践中已经十分明确。本案的争议主要是事实争议，关键点是卢某的辩解是否具有合理性，能否被证明。辩护人在介入案件后，通过和卢某的交流发现，侦查机关对卢某辩解的重视程度不够。侦查机关没有通过充分的调查予以验证。辩护人一方面基于案件证据提出疑问，另一方面充分利用曾经从事刑事侦查工作时积累的丰富取证经验积极开展取证工作，最终说服了承办检察官。

1. 破：抓住指控证据漏洞，动摇侦查机关的指控结论

辩护人到检察机关阅卷后发现：侦查机关未取得充分证据证实卢某实施了虚构事实、隐瞒真相的行为，未充分证实卢某有将财物据为己有的事实，未充分证实被害人确信被骗的情形；在卷证据未形成完整锁链，不能证明指控结论成立。

既破又立，揭伪鉴真

2. 立：积极获取辩方证据，增加辩护意见成立可能性

在当前的刑事司法理念指导下，侦查机关一般不会将明显不涉嫌犯罪的行为指控为犯罪，所以对在卷证据所证明的事实一般是倾向于认定为犯罪的。辩护人在开展辩护工作时，仅对在卷证据提出疑问有时候是不够的。如果存在取证可能，辩护人应当在防范自身风险的前提下积极取证，以期更为强力地质疑控方证据体系或者更为充分地证明辩护观点。在本案中，卢某的辩解有微信聊天记录、短信记录、银行打款记录和亲友的证言可以印证，所以，辩护人制作了详细的取证提纲，顺利取得相关证据材料并提交检察机关。经补充侦查，侦查机关亦核实了辩护人取证的真实性和合法性。

在辩护人充分、客观、全面的辩护意见面前，检察机关最终依法对卢某做出不起诉决定。压在卢某心头一年多的大石终于落地。

承办律师

刘建民，浙江厚启律师事务所传统犯罪研究中心副主任，曾在某市公安机关工作，任警长一职。在工作期间办理刑事、治安案件百余件，具有丰富的实务办案经验，熟悉公检法的办案流程，对刑事控告、风险防范、证据体系构建、证据审查判断和强制措施运用等均有深入研究。2016年9月加盟浙江厚启律师事务所。从事律师工作以来，先后办理了众多刑事案件，办案经验丰富。

全国首例彩票"诈骗"案始末
——罪与非罪、此罪与彼罪之争

基本案情

2003年12月1日，被告人刘某某与A县募捐委员会办公室（以下简称A募办）签订了代销福利彩票协议。在交纳投注机设备保证金1万元后，刘某某从原代销员刘某某手中承接了位于A县B乡境内的"0322投注站"，负责福利彩票代销工作，并按代销额的6.5%提成作为报酬，每月月中、月底向省福利彩票中心足额上交代销款。同年12月21日下午5时许，刘某某认为当期销售的彩票还未出现中奖号码，自信按照自己编排的号码投注很可能中得大奖，遂利用自身销售彩票的便利，以不交纳投注金的方式，从彩票投注机上一次性打出总金额为55.692万元的15张彩票，以期当晚9时开奖时能中得大奖，然后再在12月31日上交投注金时补上欠交的投注金，企图利用时间差冒险侥幸"取胜"。但实际上，省福利彩票中心对全省福利彩票销售情况实行实时监控，于是很快就发现了"0322投注站"销售异常，立即联系市福利彩票中心，迅速责令A募办派人调查。当A募办人员到达"0322投注站"时，刘某某已经关门离开。而当晚中奖号码揭晓后，刘某某投注的彩票仅中奖8320元。12月22日，刘某某找到在市委党校工作的哥哥报告情况。然后，兄弟俩一起来到市福利彩票中心。刘某某给A募办打下一张欠条，由哥哥担保。12月24日中午，刘某某准备去南京找哥哥进一步商议时，在汽车站被A县公安人员抓获，并于12月25日以涉嫌合同诈骗被刑事拘留；2004年1月18日经A县人民检察院批准，A县公安局对刘某某执行逮捕。

上述事实有福利彩票销售协议书、中国福利彩票2003087期第20至34号彩票、福利彩票管理中心证明、数据光盘、事业单位法人证书、机构编制委员会的批复、欠条、证人证言、被告人供述等证据证实。

　　本案争议焦点是：① 如何理解中国福利彩票和彩票投注金？未交纳投注金而被打出的彩票是否有效、有价？② 刘某某与A募办之间存在何种法律关系？③ 刘某某的行为是否具有刑事违法性，是否需要接受刑罚处罚？

律师对策

　　被告人刘某某的辩护人对起诉书指控的事实无异议，但认为被告人刘某某的行为不构成合同诈骗罪。具体辩护理由为：

　　（1）被告人刘某某不是经济合同的一方当事人，不符合合同诈骗罪的主体要件。经过签订协议，刘某某接受A募办管理，成为隶属于A募办的"0322投注站"工作人员。其与A募办之间存在着劳动合同关系。

　　（2）被告人刘某某没有侵犯A募办的财产所有权，不符合客体要件。彩票是发行者用来换取投注者手中现金的工具，不是人民银行发行的钞票；彩票上标注的面值，只说明发行者想以该彩票换取多少投注金，不证明该彩票代表多少财产价值。只有交纳投注金后购买的彩票才是有效的，不交纳投注金而打出的彩票是一张无效的废纸。

　　（3）被告人刘某某没有非法占有的故意，不符合合同诈骗罪的主观要件。合同诈骗罪必须以非法占有为目的，而非法占有的前提是有财产可供占有。彩票投注站的账目记录在彩票投注机中，同时在彩票发行机构的财务账目中也有完整反映。彩票投注站的工作人员想通过篡改账目来实现对彩票投注金的非法占有是办不到的。彩票投注金来自投注人，彩票投注站的工作人员自己投注却不交纳投注金，如何能够实现对彩票投注金的非法占有呢？实际上，刘某某是利用开奖时间与交款时间的时间差，侥幸冒险，试图从中获取经济利益。但此举动只是刘某某的一厢情愿：因为省福利彩票中心对彩票销售情况实行实时监控，"空打"的彩票即便中奖，彩票中心也不可能予以兑现。

　　（4）被告人刘某某与A募办之间存在着民事债权债务关系。对于彩票投注金，刘某某已经给 A 募办出具欠条，说明其是"欠款买票"，而 A 募办接受欠条，对此予以认可。这证明刘某某与 A 募办之间存在着民事债权债务关系。此后，刘某某也在绞尽脑汁筹措资金，以便归还欠款。即使其到汽车站准备去南京是为了逃匿，也仅仅是为了逃债，而不具有刑事违法性。

总之，被告人刘某某是福利彩票投注站工作人员，在主观上没有非法占有的故意，在客观上没有侵犯 A 募办的财产所有权和国家对合同的管理制度，其行为不构成合同诈骗罪，因此公诉机关的指控不能成立。

案件结果

A 县人民法院审理后认为：被告人刘某某是受彩票发行机构委托，代销彩票、管理彩票投注金的非国家工作人员。其利用这一机会，在没有交纳投注金的情况下，擅自打印并获取了巨额彩票。其行为相当于以消极方式挪用中国福利彩票中心管理的 55.692 万元社会公益资金，数额巨大，并进行营利活动，且未退还。其行为符合《中华人民共和国刑法》第二百七十二条第一款规定，构成挪用资金罪。公诉机关指控刘某某的犯罪事实成立，但指控的罪名不能成立。刘某某的辩护人提出，刘某某不是经济合同的一方当事人，且不具有非法占有目的，其行为不构成合同诈骗罪，该辩护意见应予采纳。据此，A 县人民法院于 2005 年 8 月 9 日做出判决：被告人刘某某犯挪用资金罪，判处有期徒刑 7 年。

宣判后，刘某某不服，以其行为属于民事债务纠纷，不构成犯罪为由，向中级人民法院提出上诉。中级人民法院经审理，于 2005 年 9 月 9 日裁定：驳回上诉，维持原判。

律师点评

本案一审历时一年零九个月。县、市、省三级法院反复研讨，对罪与非罪、此罪与彼罪争议极大，无法定论。之后将全部案卷材料和审委会会办意见一齐报送最高人民法院。最高人民法院在广泛征求多方面专家意见的基础上，又经过七个月反复论证研究，最终认定被告人刘某某犯挪用资金罪。至此，本案的争议方才画上句号。究其原因，一是本案为全国首例，无先例可供参考；二是国家无彩票博彩业立法，法院在法律方面无所遵循，只有财政部规章和地方规范性文件可以参照；三是依据罪刑法定原则，本案在定罪、定性方面，确属疑难、复杂案件。

律师接受委托后，首先到新华书店买了有关彩票的书籍，学习彩票知识；然后查阅、研究彩票方面的法律规范，做好辩护的基础性工作。

在研究被告人刘某某的行为是否构成合同诈骗罪时，辩护人从犯罪构成诸要件进行分析，认为刘某某在犯罪主体和犯罪主观方面均不符合条件，遂否定其行为构成合同诈骗罪。

但是，被告人刘某某究竟是否构成犯罪呢？如果构成犯罪，其行为又构成何罪呢？对此，辩护人投入了更多的时间和精力，从多方面进行深入探讨，但仍无法得出准确的结论。刘某某的行为无疑具有社会危害性，但是否具有刑事违法性和应受刑罚处罚性？辩护人反复求索，列出了若干罪名，却始终找不到一条精准的、贴切的刑法条款"对号入座"。据说，在法院系统研究本案时，也有不少法官认为，由于法无明文规定，对刘某某不应定罪。

无奈开庭在即，辩护人认为，选择无罪辩护没有十足把握，而且限制了自身的回旋余地；只能选择现有的稳妥型并带有进攻性的辩护策略。辩护结论为：被告人刘某某的行为不构成合同诈骗罪，公诉机关的指控不能成立；被告人已向 A 募办出具了欠条，双方存在民事债权债务关系。这样首先使自己立于不败之地，继而再争取更好的效果。审判实践证明，采取这种辩护策略是成功的。

由于本案具有一系列特殊性：本案为发生在彩票博彩业法律空白地带的首例案件，从定罪到定性都存在极大争议；本案由基层人民法院逐级请示至最高人民法院，因此，本案的审判引起了多方面人士和媒体的极大关注。中央电视台派出采访团队专程到 A 县采访相关单位和人员，包括辩护人，并制作了专题片。最高人民法院正式选编本案作为参考性案例，在最具权威性的《中华人民共和国最高人民法院公报》上刊载，直接反映了最高人民法院对本案法律适用问题的意见。

承办律师

张建，简介见第 69 页。

 # 浅析数罪并罚情形下 "禁止重复评价原则"的司法适用

案情简介

本案被告人周某某在2016年3月28日因诈骗罪被法院判处有期徒刑11年6个月,并处罚金人民币150000元,刑期自2015年6月25日起至2026年12月24日止。2017年2月被告周某某正在服刑时,公诉机关发现周某某有遗漏犯罪没有处罚,故又在2017年2月21日将被告周某某从服刑监狱解回,重新提起公诉。

公诉机关指控被告人周某某于2013年经营南京某农机专业合作社期间,为骗取国家农机购置补贴款,虚假销售担架式静电喷雾器955台,骗得国家农机购置补贴款共计人民币1432500元。同时指控被告人周某某于2013年下半年间为骗取农机购置补贴款,给予南京市某农业局装备科科长徐某贿赂款共计人民币50000元。后徐某利用职务便利,审核通过了被告人周某某申报的虚假销售担架式静电喷雾器农机购置补贴款,给国家利益造成1432500元损失。

一审法院经审理认为:被告人周某某以非法占有为目的虚假销售农机,诈骗国家农机补贴共计1432500元,数额特别巨大,其行为构成诈骗罪。同时,被告人周某某为谋取不正当利益,给予国家工作人员徐某财物50000元,构成行贿罪,给国家利益造成1432500元损失,情节严重。一审法院判决:被告人周某某犯诈骗罪,判处有期徒刑10年2个月,并处罚金人民币120000元;犯行贿罪,判处有期徒刑2年,并处罚金人民币100000元。与犯前罪诈骗罪判处的有期徒刑11

年6个月、罚金人民币150000元并罚,决定执行有期徒刑16年,处罚金人民币370000元。一审法院宣判后,被告人周某某认为量刑过重,提出上诉。

二审法院经审理认为:关于被告人骗取农机补贴款1432500元的事实,一审法院既按照"数额特别巨大"的情节在诈骗罪中予以量刑处罚,又将该事实在行贿罪中作为"使国家利益遭受重大损失"的加重处罚情节再次予以量刑处罚,属于重复评价,应予纠正。被告人周某某犯行贿罪的量刑部分过重,可对其予以从轻处罚。与此同时,一审法院对行贿罪附加罚金刑属于适用法律错误,应予以纠正。二审法院判决:被告人周某某犯诈骗罪,判处有期徒刑10年2个月,并处罚金人民币120000元;犯行贿罪,判处有期徒刑1年。与前罪犯诈骗罪判处的有期徒刑11年6个月、罚金人民币150000元并罚,决定执行有期徒刑15年,处罚金人民币270000元。

律师对策

本律师作为周某某的辩护人在二审期间介入此案。经过认真阅卷和仔细分析后本律师认为,一审法院对于诈骗罪部分的认定事实清楚,证据确凿,量刑适当,然而对行贿罪部分的量刑却明显错误。一审法院判决被告人周某某"犯行贿罪,判处有期徒刑二年,并处罚金人民币十万元",明显属于量刑畸重,且错误适用罚金刑。

一审法院对被告人周某某骗取国家农机购置补贴款人民币1432500元的行为进行了两次评价,造成了行贿罪部分的量刑畸重。一方面,一审法院认定上述骗取补贴行为构成诈骗罪,且数额特别巨大,将之归入诈骗罪"数额特别巨大"情节进行量刑;另一方面,一审法院又认定上述骗取补贴行为属于行贿罪中"使国家利益遭受重大损失"的情节,又将之归入行贿罪中再次进行量刑评价。因此,对于骗取补贴款这个犯罪事实,一审法院先后两次重复进行量刑评价,明显不当。一审法院既然已经在诈骗罪中将犯罪事实作为"数额特别巨大"情节进行了评价,就不应当在行贿罪中将之作为"使国家利益遭受重大损失"情节予以加重处罚。一审法院违背了

"禁止重复评价原则",造成行贿罪部分量刑畸重。

与此同时,一审法院存在的另外一个问题就是适用法律错误。在本案中被告人周某某行贿行为发生在2013年,且数额仅有5万元,刚达到行贿罪的入罪起点3万元,依法不属于情节严重范畴。依据当时的法律规定,量刑的档次应该是第一档5年以下量刑,且没有罚金刑。对行贿罪科处罚金刑是2015年11月1日起施行的《中华人民共和国刑法修正案(九)》增设的。根据从旧兼从轻的刑事诉讼基本原则,在本案中法院对被告人周某某的行贿罪不能适用罚金刑。

2013年1月1日起施行的《最高人民法院、最高人民检察院关于办理行贿刑事案件具体应用法律若干问题的解释》第七条规定:"因行贿人在被追诉前主动交待行贿行为而破获相关受贿案件的,对行贿人不适用刑法第六十八条关于立功的规定,依照刑法第三百九十条第二款的规定,可以减轻或者免除处罚。"在本案中,周某某在侦查机关不掌握相关行贿事实的情况下主动交待行贿行为,且侦查机关也正是依据该线索进而破获徐某受贿案件的,因此法院对周某某的行贿罪是可以减轻或免除处罚的。然而一审判决却对行贿罪判处有期徒刑2年,明显属于量刑畸重。在二审庭审中辩护人对此做了重点阐述,并请求二审法院予以改判。

案件结果

二审法院及时采纳了辩护人的辩护意见,认定一审法院存在适用法律错误及重复评价问题,将对被告人周某某行贿罪部分的判决从"被告人周某某犯行贿罪,判处有期徒刑二年,并处罚金人民币十万元"改判为"被告人周某某犯行贿罪,判处有期徒刑一年"。

律师点评

一、同一个犯罪行为作为量刑情节只能被评价一次,不能重复发挥量刑作用,否则有可能造成量刑的畸轻畸重

在本案中被告人周某某骗取国家农机购置补贴款人民币1432500元的行为是一个量刑情节。该量刑情节既已在诈骗罪中发挥了加重处罚的作用,

就不应当在另外的行贿罪中发挥作用。

依据《最高人民法院、最高人民检察院关于办理诈骗刑事案件具体应用法律若干问题的解释》的规定，诈骗公私财物五十万元以上的就应当被认定为《中华人民共和国刑法》第二百六十六条规定的"数额特别巨大"，量刑档次就应提升为"十年以上有期徒刑或者无期徒刑，并处罚金或者没收财产"。而在本案中，一审法院对周某某诈骗罪部分量刑时就已经将骗取1432500元的情节作为加重处罚的情节予以考量了，却又将该情节作为周某某行贿罪中"使国家利益遭受重大损失"的量刑情节来考量，无异于变相扩张了周某某的罪责，导致司法不公。因此，一审法院同时对该量刑情节评价两次的做法明显错误。

二、"禁止重复评价原则"是"罪刑法定原则""罪责刑相一致原则"内涵的外延和应有之意

虽然《中华人民共和国刑法》并未明确规定"禁止重复评价原则"，但该原则在理论界和实务界均得到较大程度的认同。通说认为，所谓"禁止重复评价原则"，是指已经用作定罪情节的事实，不能在量刑中再次发挥作用，并且同一量刑情节也不能被数次评价。

"罪刑法定原则"要求定罪情节与量刑情节以及各量刑情节之间的界限应当是明确的。定罪情节是指构成犯罪所必备的犯罪事实，量刑情节则是指除认定构成犯罪的情节之外的一切对量刑具有影响的犯罪事实。已经用作定罪情节的事实不能在量刑中再次发挥作用，同一个量刑情节也不能被数次评价。否则，对从重、加重的量刑情节重复评价，无异于罪责扩张；对同一从轻、减轻的情节多次评价，则意味着罪责限缩：这些都与"罪责刑相一致原则"相悖。因此，从法律的内涵而言，"禁止重复评价原则"与"罪刑法定原则""罪责刑相一致原则"在本质上是相同的。

三、"禁止重复评价原则"不适用于行政处罚法领域

"禁止重复评价原则"只涉及刑法中对犯罪行为的评价，而对行政法领域发生的相关行政处罚的评价则不适用该原则。

对某些行政处罚累积达到一定次数后升格为违法犯罪行为的评价就不适用该原则。例如《最高人民法院关于审理非法行医刑事案件具体应用法律若干问题的解释》第二条第四项规定："非法行医被卫生行政部门行政处

罚两次以后，再次非法行医的"达到非法行医罪的入罪标准。因此，对非法行医的行政处罚只是非法行医构成犯罪的前提，也就是说虽然前两次的非法行医行为已经被行政处罚评价，但是这种评价与认定犯罪的定罪评价之间并不具有重复关系。

四、"禁止重复评价原则"适用于定罪之后

根据"禁止重复评价原则"的含义，一个犯罪情节，如果既符合定罪要件，又符合量刑要件的话，只能优先适用于定罪，并不得作为量刑情节再次被评价。

例如交通事故中的逃逸行为既可能是量刑情节，又可能是定罪情节。《中华人民共和国刑法》第一百三十三条规定："交通运输肇事后逃逸或者有其他特别恶劣情节的，处三年以上七年以下有期徒刑；因逃逸致人死亡的，处七年以上有期徒刑。"在这条规定中逃逸行为就是典型的量刑情节，被当作法定刑升格的条件。而《最高人民法院关于审理交通肇事刑事案件具体应用法律若干问题的解释》第二条规定："交通肇事致一人以上重伤，负事故全部责任或者主要责任，并具有下列情形之一的，以交通肇事罪定罪处罚……（六）为逃避法律追究逃离事故现场的。"在这个司法解释中逃逸行为就成了犯罪成立的条件。通说认为，逃逸行为作为交通肇事罪的成立条件以后，不再作为量刑情节充当量刑处罚的依据。

五、累犯从重处罚制度是否违反"禁止重复评价原则"

累犯是指被判处一定刑罚的犯罪人，在刑罚执行完毕或者赦免以后，在法定期限内又犯一定之罪的情形。《中华人民共和国刑法》第六十五条规定，对累犯应当从重处罚。有学者认为，累犯从重处罚制度实际上就是将行为人的前一个犯罪行为作为对后一个犯罪予以从重处罚的量刑情节；该制度的实质即是对前一个犯罪行为的重复评价。笔者不同意这种观点，因为累犯的认定必须以前罪为参照，而前罪是用来对后一个犯罪行为进行量刑评价，所以累犯从重处罚制度并非再次评价前罪，不涉及重复评价问题。相反，该制度对于预防犯罪，降低再次犯罪的概率具有重大的积极意义，应当被予以贯彻执行。

承办律师

陈涛,江苏东恒律师事务所刑辩中心专职律师,南京师范大学法律硕士,具有基层法院和省级人民政府法制部门双重工作经历,执业主要领域为刑事辩护及刑事法律风险防范。

诈骗金额高达 70 万元，因证据不足不起诉
——黄某涉嫌诈骗获存疑不起诉

案情简介

2017年2月23日，J省J市H县公安局以黄某涉嫌诈骗向J市H县检察院移送审查起诉。

H县公安局认定：2011年4月份开始，被害人李某承包江苏省N市H县某钢厂中频炉包打钢炉炉料工程，经他人介绍，聘请犯罪嫌疑人黄某在该钢厂中频炉包打钢炉炉料工程现场负责该工程的财务会计、货物采购收货、工人工资发放、货款支付等方面的工作（此前黄某也在该项目中受曾某聘请负责财务工作），直至2015年2月工程合同到期。黄某在被李某聘请工作期间，采用虚报每月杂费开支（2013—2014年连续两年每个月虚报1万元开支）、虚报每月原材料进货吨位数及运输费用（2013年每月虚报1车原材料，每车约50吨）以及隐瞒货款支付、私自截留工程款等方式骗取工程款。黄某将骗取到的大部分工程款私自从"对公账户"（受聘初期李某要求黄某办理了一张中国农业银行卡，用于对公账目的往来）转移隐藏到自己及其亲属名下账户上，将另外一小部分用于日常刷卡、取现挥霍。经查实，黄某利用虚报日常开支、虚报原材料吨位数等方式骗取工程款约70万元。黄某将骗取到的工程款用于购买汽车（黑色丰田凯美瑞）、对外投资、私人外借、偿还贷款、奢侈消费等。另外黄某还私自从"对公账户"上支出数十万元资金（通过调取所有银行流水记录发现），但未能提供资金去向及理由。

> H县公安局认为：黄某以非法占有他人财物为目的，采用虚报每月杂费开支、虚报原材料进货吨位数及运输费用等方式骗取李某的工程款70万元，数额特别巨大，应当以诈骗罪追究其刑事责任。

律师对策

北京市盈科（南昌）律师事务所肖亮斌律师团队在接受本案犯罪嫌疑人黄某的委托后，指派谢亮亮律师、杨盟律师担任辩护人。两位律师在检察院审查起诉阶段，围绕该案定罪证据方面存在的问题，向H县检察院提交了多份关于黄某涉嫌诈骗证据不足的法律意见书。

针对公安机关在起诉意见书中关于黄某的行为涉嫌诈骗罪的认定，辩护人的辩护方案如下。

一、针对以虚报每月杂费开支的方式实施诈骗行为的辩护方案

1. 提出现有证据无法证实黄某以虚报每月杂费开支的形式实施了诈骗行为的辩护意见

公安机关在起诉意见书中指出，黄某实施诈骗的行为方式之一就是在2013年、2014年每月虚报1万元杂费开支。辩护人经过多次反复阅卷，并制作了阅卷笔录，发现该案能够证明黄某实施了虚报每月杂费开支的证据只有黄某自己的供述。基于此，辩护人在向检察院提交的法律意见书中明确指出，该案现有证据无法证实黄某以虚报每月杂费开支的方式实施了诈骗行为。

2. 申请调取关键证据——每月杂费开支账本

在辩护人多次会见犯罪嫌疑人黄某的过程中，黄某均提到，公安机关在他家中扣押的账册中有一本账本专门记录了每个月工程项目部的杂费开支情况。而公安机关提供的扣押清单及扣押物品中并没有该本账册。此外，辩护人还了解到，该项目部在2014年3—4月因为发生安全生产事故，停产了两个月。基于此，辩护人向检察院递交了调查取证申请书，申请检察院依法从公安机关处调取黄某被扣押的所有账本。

二、针对以虚报每月原材料进货吨位数及运输费用的方式实施诈骗行为的辩护方案

与起诉意见书认定的黄某以虚报每月杂费开支的方式实施诈骗行为类似,能够证明黄某以虚报每月原材料进货吨位数及运输费用的方式实施诈骗行为的证据仅有黄某本人的供述。在仔细分析了案卷材料后,辩护人认为本案现有证据无法证实黄某实施了上述诈骗行为。为此,我们准备了如下方案:

1. 提出现有证据无法证实黄某以虚报每月原材料进货吨位数及运输费用的方式实施了诈骗行为的辩护意见

公安机关在起诉意见书中指出,黄某在受聘负责管理工程财务期间,虚报每月原材料进货吨位数及运输费用(2013年每月虚报1车原材料,每车约50吨)。同样,辩护人经过阅卷发现,本案现有证据无法证实黄某以上述方式实施了诈骗行为。基于此,辩护人在向检察院提交的法律意见书中,也指出了该案现有证据无法证实黄某以虚报每月原材料进货吨位数及运输费用的方式实施了诈骗行为。

2. 申请调取关键证据——对证人周某重做询问笔录

在犯罪嫌疑人黄某的供述中,关于如何以虚报每月原材料进货吨位数及运输费用的方式实施诈骗行为,其称得到了过磅员周某的帮助,周某在2013年期间每月都会帮助其做假账,其事后还给了周某几万元好处费。而周某在公安机关对其进行询问的时候称,其只在2013年的5月至12月帮过黄某,但具体车次不记得了。基于此,辩护人在向检察院递交的法律意见书中明确指出,需要对犯罪嫌疑人黄某的供述和证人周某的证言不一致之处进行核实,并对周某重新做询问笔录,以便查清案件事实。

三、针对以隐瞒货款支付、私自截留工程款的方式实施诈骗行为的辩护方案

起诉意见书指出,犯罪嫌疑人黄某除了采用上述两种方式实施了诈骗行为以外,还以隐瞒货款支付、私自截留工程款的方式实施了诈骗行为。针对起诉意见书的该项认定,辩护人经过阅卷后发现,与该行为似乎有关联的证据仅有被害人李某与犯罪嫌疑人黄某之间的银行流水记录、黄某与其家人之间的银行流水记录和黄某个人银行账户的流水记录。但是,仔细推敲后会发现,通过这几组证据无法得知黄某究竟以前述方式诈骗了被害

诈骗金额高达70万元,因证据不足不起诉

人李某多少数额的工程款,因为黄某转给其家人的款项及其个人的支出款项的来源不光有被害人李某的转账,还有其个人的工资、奖金、他人的还款以及对外投资的收益等。

基于此,辩护人在向检察院提交的法律意见书中,同样针对上述问题,指出了该案现有证据无法证实黄某以隐瞒货款支付、私自截留工程款的方式实施了诈骗行为。

案件结果

H县人民检察院对该案进行审查并退回补充侦查后认为:H县公安局认定的犯罪事实不清、证据不足。黄某以每月虚报1万元杂费开支的方式骗取被害人的钱款就只有黄某的供述而没有其他任何证据予以证实;以私自截留货款及每月虚报原材料进货吨位数的方式骗取被害人货款的数额无法确定,不符合起诉条件。依照《中华人民共和国刑事诉讼法》第一百七十一条第四款的规定,决定对黄某不起诉。

申诉期满后,黄某没有申诉。被害人李某也未向H县人民检察院申诉,要求提起公诉或直接向H县人民法院提起自诉。

律师点评

在本案中,H县人民检察院在整个办案过程中均贯彻了"疑罪从无"的刑事诉讼法律原则,对于事实不清、证据不足的刑事案件主动做出了存疑不诉的决定。此外,承办检察官也积极听取了辩护人的意见和建议,在发现问题后,及时将案件退回公安机关进行补充侦查。虽然公安机关补充提交了部分证据材料,但这些证据材料仍然不足以证明该案的犯罪事实。检察院在整个刑事诉讼活动中依法独立行使审查起诉职能,并最终对黄某做出了不起诉的决定。

在公安机关最初决定立案侦查的时候,犯罪嫌疑人黄某的涉案金额约为70万元。根据《中华人民共和国刑法》第二百六十六条、《最高人民法院、最高人民检察院关于办理诈骗刑事案件具体应用法律若干问题的解释》第一条等相关规定,如果黄某的诈骗行为事实清楚且证据确实、充分,其将很有可能被判处十年以上有期徒刑。检察院在听取辩护人的意见后,审慎地审查了全案的所有证据,最终对黄某做出存疑不起诉的决定。这体现了检察院对无罪推定原则的贯彻,对于实现"让人民群众在每一个司法案件中都能感受到公平正义"这一目标具有重要意义。

本案值得思考的地方有如下几点。

一、关于存疑不起诉制度

存疑不起诉制度,对于贯彻疑罪从无原则、减少冤假错案具有十分重要的意义。但由于现实中个案的证据表现形式有较大的差异,办案人员基于学识、能力的差异,对"证据不足"的认识也不尽相同。因此对于对什么样的案件可以做存疑不起诉处理,法律界在司法实践中存在不小争议。这可能使存疑不起诉制度的内在价值无法得到充分发挥,甚至因为案件处理中的偏差,一些原本无罪之人要承受牢狱之苦。如何正确把握存疑不起诉案件中的"证据不足",是当前处理这类案件需要解决的重点和难点问题。

二、关于庭前辩护的问题

在检察院对本案进行审查起诉期间,辩护人和检察官的沟通是非常顺畅的。检察官表示很乐意听到律师关于本案的一些看法和观点。在一起刑事案件被移送法院后,律师要想实现无罪辩护,在当前的大环境下,难度不言而喻。但是,在侦查阶段或者审查起诉阶段,律师向相关司法机关提出无罪或是罪轻的辩护意见,从而实现无罪或罪轻的认定,难度相对于在庭审阶段的难度来说小了很多。很多人都认为刑事辩护的"主战场"是法庭,律师在法庭之外能起的作用是非常有限的,但是事实并非如此。近年来律师在庭审之外,特别是在庭前辩护方面,发挥了越来越重要的作用。通过律师的不懈努力,一些案件在侦查阶段或审查起诉阶段就取得非常好的辩护效果,最终被撤销或被不起诉。

《中华人民共和国刑事诉讼法》第三十三条规定:"犯罪嫌疑人自被侦查机关第一次讯问或者采取强制措施之日起,有权委托辩护人;在侦查期间,只能委托律师作为辩护人。"通过本案,笔者更加深刻地理解了这一法条的含义。律师作为犯罪嫌疑人、被告人委托的辩护人,不能仅将法庭作为刑事辩护的"主战场",还应当更为注重庭前辩护。

诈骗金额高达70万元,因证据不足不起诉

承办律师

谢亮亮，九三学社社员，北京市盈科（南昌）律师事务所律师、职务犯罪法律事务部委员。曾受邀在江西电视台二套栏目中及《新法制报》《南昌日报》《信息日报》上就热点事件发表法律观点。

杨盟，中国共产党党员，北京市盈科（南昌）律师事务所律师、党支部青年律师工作委员会委员、职务犯罪法律事务部委员。

钟某某涉嫌诈骗案

案情简介

2013年9月，钟某某出资为弟弟钟某购买了涉案房产。涉案房产登记权利人为钟某。弟弟钟某委托哥哥钟某某，在房价高位时出售涉案房产，等房价回落后再另行购房。2015年4月，汪某某通过S市S公司向钟某某提出购买涉案房产。汪某某偕同中介人员及其律师提出与钟某某先行签订《二手房买卖合同》。钟某某明确告知了对方，房产的权利人系弟弟钟某，向汪某某和中介人员出示了房产证书，提交了证书复印件，并在《二手房买卖合同》首部的"卖方"一栏明确写上"钟某"。之后钟某某在合同尾部签名处签署了其本人的名字。汪某某在合同签署后，向中介缴付了部分定金5万元。2015年5月，汪某某央求钟某某交付钥匙让其先行装修。《二手房买卖合同》签署后，钟某认为售价过低，于是双方产生纠纷。钟某要求汪某某退还房屋，恢复房屋原样。

2016年1月，汪某某以买卖合同纠纷案由诉至B区法院，要求钟某、钟某某继续履行合同。2016年8月，B区法院认为钟某某隐瞒事实真相，非法处置弟弟钟某的涉案房产，涉嫌诈骗，裁定驳回起诉与反诉，遂将案件移送S市公安局B区分局处理。B区公安分局以钟某某涉嫌诈骗刑事立案，2016年11月，决定对钟某某采取刑事拘留强制措施，一周后变更强制措施为取保候审。之后钟某、汪某某前往L派出所说明真实情况，一致确认钟某某在涉案房屋出售过程中，未隐瞒任何事实真相，汪某某并就此在L派出所出具了书面的《情况说明》。

2016年12月B区公安分局以钟某某涉嫌诈骗为由将其移送B区检察院审查起诉。B区检察院于2017年2月将本案退回侦查机关补充侦查。侦查机关于2017年3月补查重报。2017年3月B区检察院认为钟某某没有犯罪事实，决定对钟某某不起诉。

律师对策

本案不存在任何诈骗犯罪事实，钟某某的行为不构成诈骗罪。

一、钟某某在主观上没有诈骗的故意

本案系典型的民事纠纷。钟某某并不涉嫌犯罪。钟某某系在协助转让其亲弟弟钟某名下房产（实际由钟某某出资）时，由于钟某认为转让价款过低，与买家产生合同纠纷，未收取任何房款。在房屋买卖合同纠纷民事诉讼过程中，B区法院错误地认为钟某某涉嫌诈骗犯罪，将案件移送S市公安局B区分局处理。

据了解：钟某对哥哥钟某某出卖其名下的涉案房产并无异议，只是因售价过低才与买家汪某某产生合同纠纷。钟某某在房产交易过程中向买家说明了房产权利人系钟某的事实，在签订的房屋买卖合同上亦写明了卖方系钟某，并向中介和买家提交了房屋产权证书等材料。在转让涉案房产的过程中，钟某对转让价格不满意，导致交易无法履行，纠纷产生。

一般诈骗案件中会存在行为人实施了欺诈行为，使对方产生错误认识，即对方产生错误认识是行为人的欺诈行为所致。那么即使对方在判断上有一定的错误，也不妨碍欺诈行为的成立。在欺诈行为与对方处分财产之间，对方的错误认识必须介入。然而在本案中，通过双方签订的房屋买卖合同可知，钟某某从未隐瞒钟某系涉案房屋产权登记人的事实，汪某某亦清楚地知晓涉案房屋的所有权人系钟某而非钟某某，但是汪某某仍然愿意与钟某某签订房屋买卖合同。汪某某之后的一系列行为，系其知晓真相而自愿做出的，并非因产生错误认识而做出的。由此可见，本案系典型的房屋买卖合同纠纷，钟某某并不涉嫌犯罪。

二、钟某某在客观上没有诈骗行为

在出现纠纷后，钟某某立即停止了涉案房产的合同履行，并告知中介和买家合同无法继续履行的事实。

钟某某至今未向买家收取任何房屋交易的款项。房产登记在钟某名下，若房屋买卖继续进行，则房屋的权属转让登记必然需要钟某出面办理，房屋的价款也只能进入钟某本人的账户，银行赎楼和按揭手续也必须由钟某本人完成，因此本案根本不存在钟某某诈骗钱财的可能性。

涉案房屋实际由钟某某出资购买，且涉案房屋的买卖均通过第三方 S 公司和汪某某的律师完成。如果钟某某有诈骗的意图，绝不可能让专业中介和专业律师介入进行规范的交易。

因此，在整个过程中，钟某某没有非法占有的目的，更没有骗取汪某某的财物，其行为不构成诈骗罪。

三、汪某某所称装修费用与本案无关

诈骗罪中的诈骗金额应为行为人使用欺诈方法骗取的财产数额。汪某某声称的其为涉案房屋花费的装修费用并非钟某某使用欺诈方法骗取的财产。首先，对于钟某某并没有实施诈骗行为这一观点，前面已经论述，因此这里不再赘述。其次，装修费用并非由钟某某获取，而是汪某某支付给装修公司的，是汪某某的自愿主动花费。再次，汪某某亦未提供相关证据证明其就涉案房屋装修的费用情况。

四、本案所涉经济纠纷已经平息

2016 年 11 月，钟某与买方汪某某就继续交易的细节达成了补充协议。双方秉承互敬互谅的良好态度，一致同意在钟某某与汪某某签署的《二手房买卖合同》的基础上，另行达成一份补充协议，由钟某将涉案房产出售给汪某某。汪某某亦向办案单位当面解释并提交了书面的《情况说明》，证实本案中钟某某没有诈骗的故意，未隐瞒任何事实，更未实施任何诈骗行为和骗取任何财物。

综上所述，本案不存在任何诈骗犯罪事实，钟某某的行为不构成诈骗罪。

案件结果

S 市 B 区人民检察院认为钟某某没有犯罪事实，依照《中华人民共和国刑事诉讼法》第一百七十三条的规定，决定对钟某某不起诉。

律师点评

民事经济纠纷与经济犯罪的界限十分不明确。这类案件有很多的疑点。为此,最高人民检察院发布了《最高人民检察院关于充分履行检察职能加强产权司法保护的意见》,从实体到形式,从刑事到民事,勾勒了产权保护在检察环节的尺度和红线。那么如何准确定位这类案件的突破口,为犯罪嫌疑人找到辩护空间呢?本案中的辩护人将已经移送起诉的涉嫌诈骗案件回归为民事纠纷,促使B区检察院认定犯罪嫌疑人没有犯罪事实,最终做出不起诉决定,希望可以给予大家一些灵感和启发。

一、诈骗罪的概念

刑法意义上的诈骗罪是指以非法占有为目的,使用虚构事实或者隐瞒真相的方法,骗取数额较大的公私财物的行为。一般来说,该罪的基本构造为:行为人以非法占有为目的实施欺诈行为—被害人产生错误认识—被害人基于错误认识处分财产—行为人取得财产—被害人受到财产上的损失。

二、诈骗罪与经济合同纠纷的区别

经济合同纠纷是指行为人有履行或基本履行经济合同的诚意,只是由于客观原因未能履行经济合同而导致纠纷。诈骗罪是目的犯罪,以"非法占有"为目的。本罪中"非法占有目的"是指行为人在从事诈骗行为时,在主观上存在意图使财物脱离被欺诈人的控制而进行非法支配以获取非法利益的心理状态。是否具有"非法占有目的"是区分本罪与经济纠纷之关键所在。对于到底是诈骗罪还是经济合同纠纷,我们可以从以下几个方面来看。

1. 从行为人履行合同的能力来判断

履行合同的能力是指合同当事人按照法律规定或合同的规定,在约定的时间、地点,以约定的方式、标的完成合同约定的民事法律行为的能力。如果行为人没有实际履行合同的能力但仍旧通过签约获取受害人的大量钱财,最终无法履行合同造成纠纷,那么行为人可能就具有非法占有的目的,构成诈骗罪的要件之一。当然也有无履行能力却不构成犯罪的例外。对于如何判断行为人在客观上有无实际履行合同的能力,学者亦有不同的意见。有学者认为,对于签订合同时不具有合同履行能力的行为人,应认为其没有实际履行能力。也有学者认为,即使行为人在签约时不具有履行合同的

条件，但只要有充分依据，能在合同履行期内找到切实可靠的资源或资金等，也应认为其具备履约能力。

我们认为，在司法实践中，行为人是否具有履行合同的能力应从以下三方面考察：① 行为人在签订合同时是否已具有履行合同所需的资金、物资或技术力量；② 行为人在签订合同时虽不具备履约能力，但在合同履行期限内是否能够合法地筹划到履行合同所需的资金、物资和技术力量；③ 行为人不能按照合同规定的时间履行义务时，自己或他人是否能够提供足够担保，包括赔偿损失或代为履行。

2. 从行为人履行合同的态度来判断

在分析行为人实际履行能力的基础上，我们可以结合行为人的履行态度进行行为分析。如果行为人在签约时以假面目出现，以虚构的单位或假冒他人的名义订立合同，且合同形式或主要内容都是假的，即可说明行为人根本没有履行合同的诚意，仅仅将合同作为诈骗的手段，以实现其非法占有他人财物的目的。这是构成诈骗罪的要件之一。

行为人在签约时以真面目示人，以本单位或本人的名义订立合同，则应分为两种情况：一种是行为人具有履行合同的诚意。除非遇到不可抗力等行为人意志以外的原因或情形，合同目的实现的可能性极大。另一种是行为人缺乏履行合同的诚意。行为人在签订合同时无中生有，编造虚假事实，根本没有对方所需的物资、货源，却谎称有货，能及时供应；或利用对方的疏忽或不熟悉合同法，伙同对方代表人在合同条款中大做手脚，以合同的合法形式掩盖骗取对方财物的实质。前者一般可被认定为经济纠纷，而后者可被认定为诈骗罪。

3. 从行为人履行合同的行为来判断

行为人在客观上具有实际履行合同的能力，但并不实际履行的，同样构成本罪。行为人履行合同的行为必须与其履行合同的能力成比例。如果行为人具有全部或较大的履行能力，但仅以一小部分履行合同而逃避更大的义务，表面上是在履行合同，但实际上是在掩人耳目，是为了以少量的付出骗取对方更大的财物，那么其行为就可被认定为诈骗罪。

如果行为人在客观上虽然有实际履行合同的能力，但没有积极地履行合同是另有客观原因，或者受害人的损失并非由未能履行合同造成的，我们就不宜认定行为人存在非法占有他人财物的目的，构成诈骗。

钟某某涉嫌诈骗案

4. 从行为人违约后的态度来判断

司法实践告诉我们，在一般情况下，行为人若有履行合同的诚意，发现自己违约时，尽管从自身利益出发可能提出种种解释，以减轻责任，但是一般会采用能辩则辩，以逃避承担责任，当无可争辩时，才会承担违约责任。而有些行为人明知自己违约，不可能履行合同时，往往采取潜逃等方式逃债，使对方无法追回经济损失。这说明其在主观上具有骗取财物的故意。对于后者的行为，我们可以诈骗罪论处。需要注意的是，对于那些不得已外出躲债，或者在双方谈判中用合理事实百般辩解，否认自己违约的，我们一般不宜将其行为认定为诈骗罪，而应按照经济纠纷处理。

在这一点上，我们认为，应从"合理解释"与"体现利益"相结合的角度来考察行为人的主观故意。行为人一再拖延的理由不合理并且其不能给对方实际减少损失，就是诈骗。

5. 从行为人对标的物的处置情况来判断

在行为人已经履行了合同义务的情况下，若行为人已经合法取得了依法转移的财产的所有权，其就有权处分标的物。若行为人没有履行合同义务或只履行一部分合同义务，则行为人对其占有的他人财物的处置情况，在一定程度上反映了行为人当时的主观心理态度。由于具备非法占有他人财物的主观故意，因此，行为人一旦非法取得对他人财物的控制权，则通常将其全部或大部分任意挥霍，或者用于从事非法活动或偿还他人债务，有的则携款潜逃，根本不打算归还。此类情况应被认定为诈骗。

在考察一种行为是诈骗罪还是经济合同纠纷时，我们应从上述五个方面综合分析，从而做出判断。

三、《最高人民检察院、公安部关于公安机关办理经济犯罪案件的若干规定》与本案的关系

《最高人民检察院、公安部关于公安机关办理经济犯罪案件的若干规定》（2018年1月1日生效）对公安机关办理经济犯罪案件进行了规范，亦加强了人民检察院对该类案件的监督，强调：公安机关要严格区分经济犯罪与经济纠纷的界限，不得滥用职权、玩忽职守；公安机关办理经济犯罪案件应当加强统一审核，依照法律规定的条件和程序逐案逐人审查采取强制措施的合法性和适当性；公安机关、人民检察院应当按照法律规定的证据裁判要求和标准收集、固定、审查、运用证据，没有确实、充分的证

据不得认定犯罪事实。该规定要求高度重视经济犯罪的立案以及罪与非罪的界限。

本案的发生和不起诉决定书的下达系在该规定印发和实施之前。该规定的出台于本案来说具有滞后性,同时亦说明作为法律人要遵循法律体系发展的脉络,慎重对待产权案件罪与非罪的界定标准,从严把握经济纠纷与经济犯罪,坚持主客观相统一原则,避免客观归罪。

四、慎重对待经济犯罪

近年来,我国经济的飞速发展离不开改革开放的基本国策,离不开充满活力的市场经济。在市场经济体制中,交易矛盾、经济纠纷并不罕见。对待经济犯罪,我国也经历了从严到宽的过程,而且会继续提高经济犯罪的认定标准,缩小经济犯罪的认定范围。这是大势所趋。

刑法是调整社会关系的最后手段。如果经济纠纷案件能通过民事、行政手段解决的,我们就尽量不要动用严厉的刑法。当然也不是要绝对排除经济犯罪,而是要从严认定经济犯罪,要严格遵循主客观相统一的原则,绝不能客观归罪。律师是司法公正的守护者、每个公民合法利益的捍卫者,在经济犯罪案件中更应竭力帮助每一个无罪的人免受刑法追究。

承办律师

谭仲萱律师,广东君言律师事务所高级合伙人、刑事法律部主任,广东省律师协会经济犯罪刑事法律专业委员会委员,深圳市律师协会刑事诉讼专业委员会副主任,中共湖南省委党校法律硕士指导老师,深圳市律师协会宣传委员会委员,中国人民大学法律实证中心"刑事辩护规范化"课题组调研员,首届深圳市公诉人与刑事律师控辩大赛优秀选手,深圳市律师协会南山刑事辩护团团长,擅长单位法律风险防控、刑事辩护等法律事务。

搭棚堵路索要房屋损坏补偿是过度维权，还是敲诈勒索？
——解析梁某某涉嫌敲诈勒索一案

案情简介

梁某某系S省Y市J区P镇D村村民。2001年该村领导将D村煤矿承包给商人黄某某任法定代表人的甲公司经营。由于该公司非法越界开采，D村大量民宅受到严重损坏。梁某某家的祖宅也出现严重的裂缝、墙皮脱落。2004年11月，在多次向村委会、镇领导反映无果的情况下，梁某某一家在门前马路搭棚，在客观上造成煤矿运煤车辆无法通行。2005年3月，Y市J区P镇D村村民委员会与甲公司签订协议，由甲公司在三年内完成对D村的拆迁，一切费用由该公司承担。梁某某全家包括其父亲、弟弟共得补偿款740732.40元。2007年5月，梁某某以给其父亲解决搬迁后回村种地的路费等问题到D村村民委员会谈判，因言语冲突与村支书王某某发生肢体冲突。经鉴定，王某某所受伤害为轻伤。梁某某被治安拘留10日。2007年5月Y市公安局J区分局以涉嫌敲诈勒索将梁某某刑事拘留。同年6月梁某某被Y市J区人民检察院批准逮捕。2007年9月Y市J区人民检察院指控梁某某犯敲诈勒索罪、故意伤害罪，向Y市J区人民法院提起公诉。2007年11月，该法院判决：梁某某犯敲诈勒索罪，判处有期徒刑八年，犯故意伤害罪，判处有期徒刑一年又六个月，数罪并罚，决定合并执行有期徒刑九年。追缴梁某某所获赃款286275.40元。

梁某某不服判决，上诉至Y市中级人民法院。该院裁定驳回上诉，维持原判。

本律师继续代理梁某某一案，向 S 省人民检察院申请抗诉。经过本律师不懈的努力，2009 年 6 月 S 省人民检察院出具抗诉书，依法向 S 省高级人民法院提出抗诉。2010 年 9 月，S 省高级人民法院改判：梁某某犯敲诈勒索罪，判处有期徒刑三年，犯故意伤害罪，判处有期徒刑一年又六个月，数罪并罚，决定合并执行有期徒刑四年。追缴梁某某所获赃款 60000 元。

律师对策

一审法院判决后，被告人梁某某的亲属委托北京市鑫义律师事务所承办该案。事务所指派本律师作为梁某某的二审辩护人。接受委托后，辩护人不仅查阅了刑事案件的全部卷宗，在与梁某某亲属的交谈中还意外获知甲公司在梁某某于 2007 年 6 月被 Y 市 J 区人民检察院批准逮捕的前一日，以梁某某及其父亲、弟弟为被告向 Y 市 J 区人民法院提起了民事诉讼。为此，本律师又查阅了该民事诉讼的全部卷宗，以期发现有利于刑事案件的线索材料。辩护人发现甲公司的诉讼请求之一是：如被告拒绝腾出住房，请依法判令被告退回房屋买卖款 740732.40 元，并支付利息损失和违约金。既然甲公司承认支付给被告梁某某全家的 740732.40 元是房屋买卖款，是双方当事人的真实意思表示，何谈敲诈？为此，辩护人调整了二审的辩护思路，决定将上述民事诉讼的涉案证据为我所用，对涉案的每笔款项的来源进行详细的分析论证，以此为基础向二审人民法院提交新的辩护意见。主要辩护意见如下：

一审判决认定事实错误、证据不足。梁某某的行为不构成敲诈勒索罪。

2007 年 6 月，在梁某某被正式批捕的前一天，本案所谓的被害人即以梁某某及其父亲、弟弟为被告，向 Y 市 J 区人民法院提起民事诉讼。案由是房屋买卖纠纷，诉讼请求是：① 请求依法判令被告限期腾出所占房屋；② 如被告拒绝腾出住房，请依法判令被告退回房屋买卖款 740732.40 元，并支付利息损失和违约金。该案已经 Y 市 J 区人民法院两次开庭，两次调解，而甲公司一直坚持上述诉讼主张。上述事实充分证明，甲公司给付梁

搭棚堵路索要房屋损坏补偿是过度维权，还是敲诈勒索？

家的740732.40元人民币，正如甲公司在民事诉状及庭审中所说的，"是双方本着平等、公正、自愿原则"，由甲公司支付给梁家的房屋买卖款。既然甲公司给付的是房屋买卖款，何谈梁某某敲诈勒索甲公司？因此，一审法院认定梁某某犯敲诈勒索罪是错误的。

一审法院将甲公司给梁家房屋塌陷补偿和甲公司买断梁家房屋这两个完全不同的法律事实混为一谈，将房屋买断款说成是应得的赔偿款，然后将通过简单的加减运算，用甲公司已给付梁家的740732.40元减去所谓"应得的赔偿款191732.40元和262724.60元"后剩余的286275.40元人民币认定为梁某某敲诈甲公司的非法所得。这种不顾每笔款项发生的具体事实，通过简单的加减运算而得出梁某某敲诈甲公司286275.40元人民币的结论的做法显然是没有任何法律依据和事实根据的。

关于170000元房屋塌陷补偿款：除甲公司及其法人代表黄某某的报案陈述外，控方没有任何证据证明2005年5月26日签订的《Y市J区D村村民房屋塌陷补偿协议》（以下称《补偿协议》）是梁某某采取要挟和威胁等方法迫使甲公司及其法人代表黄某某签署的。相反J区公安分局对D村村民委员会领导张某某等做的询问笔录可以证明：当时包括梁某某在内的许多村民搭棚堵路，是在自己的房屋已遭受和正在遭受不法侵害时，在与矿方多次交涉无果的情况下，为维护自身合法权益，采取的一种无奈之举。其目的是让甲公司及其法人代表黄某某尽快落实搬迁的具体方案，并尽快选址建房以解决危房问题。在甲公司的法人代表黄某某向村委会提出了具体方案之后，梁某某等村民随即将所搭的棚拆掉。上述笔录同时还证明：针对村民房屋被损坏一事，黄某某主动提出了赔偿解决方案，但未提出具体赔偿数额。黄某某找的中间人侯某某亦证明：梁某某也是房屋塌陷的受害人之一。后来甲公司的领导同村里协商，准备对主要受损的村民进行赔偿，但未达成协议。随后黄某某请该中间人主动联系D村包括梁某某在内的主要受损户，在Y市某宾馆经过充分协商后签订了上述《补偿协议》。协议的内容完全可以证明，该协议是双方在公平、自愿的基础上签署的，同时还证明，梁某某及其家人在得到塌陷补偿款后，仍同样享受整体搬迁的待遇。

此外，我们不应因甲公司对梁家的房屋塌陷问题的解决方式与对其他村民家问题的解决方式不一样，就认定梁某某犯敲诈勒索罪。既然是协商，就允许讨价还价,况且甲公司已同意赔偿在先,而当时具体的搬迁安置方案还没有出台(2006年4月整体搬迁方案才出台)。如果梁某某敲诈勒索罪名成立,那其他受到补偿的村民岂非也都是敲诈勒索犯了吗?

关于64000元房屋款:首先,该笔款项的收款人是梁某某的父亲和弟弟,而非梁某某。其次,除黄某某的陈述外,控方没有任何证据证明梁某某采取威胁和要挟的方法,迫使甲公司黄某某支付给上述收款人。《Y市J区D村村民住房处理协议书》(以下称《房屋买断协议》)中记录的定价虽然是1500元/m²,但实际是按2000元/m²结算的。实际结算价与协议约定价不一致的情况也发生在其他村民身上。根据《Y市J区P镇D村房屋搬迁实施办法》,每平方米的最终价格至少是1740元/m²,而非1500元/m²。

关于梁某某60000元借款:同样,除甲公司黄某某的报案材料外,控方没有任何证据证明梁某某采取威胁和要挟的方法,迫使甲公司黄某某给付梁某某60000元人民币。

2005年7月,甲公司黄某某与梁某某协商达成"一次性购买梁父、梁某某住房,总价255000元"的口头协议并于当日付现。2006年4月甲公司与梁某某的父亲和弟弟经协商达成《房屋买断协议》,其中房屋买卖款为191732.40元,并于当日支付。

由上述内容可以清楚地看出,除甲公司及其法人代表黄某某的报案材料及陈述外,控方没有任何证据证明梁某某采取威胁和要挟的方法,迫使甲公司黄某某给付梁某某及其家人上述任何一笔款项,甲公司及黄某某给付梁家的每一笔款项都有合法的依据,梁某某不具有非法占有目的。因此,一审法院判决梁某某犯敲诈勒索罪是错误的,理应予以纠正。

除上述辩护意见外,本律师还提出:本案的侦查机关涉嫌滥用职权、违法办案,甚至在没有报案人的情况下,就将梁某某作为敲诈勒索罪的嫌疑人进行刑事侦查。在此期间,侦查机关取得的证据不具合法性,法院不应采纳。

梁某某上诉后,Y市中级人民法院依法组成合议庭,经阅卷、核实证据、询问上诉人,认为本案事实清楚,决定不开庭审理。2008年2月裁定,驳回上诉,维持原判。

二审法院判决后,本律师到服刑监狱多次会见梁某某。梁某某及其亲属一致认为本律师的辩护意见是符合实际情况的,决定继续让本律师代理

搭棚堵路索要房屋损坏补偿是过度维权,还是敲诈勒索?

其申请抗诉。

2008年3月，本律师向S省人民检察院递交了抗诉申请书。为了让S省人民检察院承办人深入了解案件的前因后果，引起上级法律监督部门的重视，除上述辩护意见外，抗诉申请书的事实和理由部分将原侦查机关违法办案的事实作为申请抗诉的理由重点深入展开论述。具体意见如下：

本案的侦查机关涉嫌滥用职权、违法办案，甚至在没有报案人的情况下，就将梁某某作为敲诈勒索罪的嫌疑人进行刑事侦查。在此期间，侦查机关取得的证据不具合法性，法院不应采纳。

第一，甲公司的报案材料记载的报案时间是2007年6月6日，而J区公安分局起诉意见书却称：犯罪嫌疑人梁某某涉嫌敲诈勒索和故意伤害一案，由被害人黄某某于2007年5月15日报案至我局。我局经审查于同年5月18日立案进行侦查。起诉意见书所述的报案时间与报案材料标示的日期严重不符。而且黄某某亦非故意伤害案的受害人。

第二，如果黄某某是在2007年5月15日报案的，那么公安机关应制作受案笔录《接受刑事案件登记表》。但2007年5月15日上午9：10—10：30侦查人员对黄某某做的询问笔录出现的以下问题让人难以理解。① 笔录开头记载的询问人是派出所干警李金某、李某平，但询问正文却记载，问黄某某是否申请李金某、崔建某回避。② 地点是甲公司而非公安局或派出所。如果是黄某某报案的话，地点应在公安部门而非甲公司。让人更难以理解的是，半个小时后，李金某和J区公安分局刑警大队的卜某某就赶到了Y市拘留所，对因打架被行政拘留的梁某某展开刑事侦查。请问在半个小时的时间内侦查机关是如何把派出所的干警变成J区公安分局的侦查员，然后让他们赶到拘留所的。在没有立案的情况下是谁给了他们这种刑事侦查权，他们外出工作有工作派出单吗？

第三，如果2007年5月15日J区派出所的干警的上述行为是合法的，那么2007年5月14日，在既无当事人报案，也没有刑事立案的情况下，派出所干警李金某、李某平即对所谓梁某某敲诈勒索一案展开刑事侦查，（该事实见2007年5月14日李金某、李某平对D村原村主任张文某的询问笔录），对上述事实侦查机关又如何自圆其说呢？

由上述内容不难看出，Y市中级人民法院刑事裁定书对此节做出的如下认定明显是没有法律依据的：关于辩护人所提侦查机关取证不合法，法院不应采纳之辩护意见,经查,侦查机关在取证过程中虽小有瑕疵,但并不足以影响本案事实认定及对被告人的定罪量刑,故此上诉理由,本院不予采纳。

事实充分证明,侦查机关涉嫌滥用职权、违法办案,在未正式立案,甚至在没有受害人报案的情况下,就将梁某某作为敲诈勒索犯罪嫌疑人展开刑事侦查。申诉人有理由对上述侦查机关收集的全部涉案证据的可信度提出疑问。

案件结果

2010年9月,S省高级人民法院做出终审判决。该院再审认为:① 甲公司承诺三年内完成对D村的整体搬迁,梁某某与其父、其弟全家房屋实有面积为385.5504平方米,按甲公司与D村签订的1500元/平方米搬迁协议价格,梁某某一家应得补偿款457264.5元。② 甲公司开采D村煤矿导致部分村民房屋受损,在未对D村整体搬迁之前梁某某一家房屋就已经受损成为危房,因此,梁某某要求甲公司赔偿其房屋塌陷款170000元,赔偿其弟房屋塌陷款64000元是民事索赔行为,方法欠妥,行为过激,但都是为了实现索赔目的,故不应被认定为敲诈勒索。原审判决将甲公司给梁某某一家的上述房屋塌陷补偿款认定为敲诈勒索不当。检察机关就此部分提出的抗诉理由成立。③ 2006年4月4日,梁某某以装修家为由向甲公司董事长黄某某索要60000元,给黄某某出具的是收条而非借条,梁某某辩称是向黄某某借款的理由不能成立。该笔款原审认定为敲诈勒索并无不当。……终审判决:撤销Y市中级人民法院刑事裁定;原审被告人梁某某犯敲诈勒索罪,改判有期徒刑三年,犯故意伤害罪,判处有期徒刑一年六个月,数罪并罚,决定合并执行有期徒刑四年。追缴原审被告人梁某某所获赃款60000元。

律师点评

S省是我国的煤炭大省。但近年来,非法越界开采导致农村耕地被毁坏、农民住宅被损害的事件时有发生。由于受侵害的合法权利不能及时得到救济，农民越级上访、闹事，甚至采取过激的行为索要赔偿的事情也经常发生。在本案中梁某某为了索要房屋损坏赔偿采取了搭棚堵路、阻止煤矿正常生产经营活动的方式维权，被当地警方以涉嫌敲诈勒索立案侦查。对此类过度维权的行为如何区分罪与非罪一直是司法实践中的难点问题，有时甚至会演化成媒体热点问题。本律师认为，本案的处理为化解S省由煤炭开采导致农民合法权益受损引发的各种社会矛盾起到了良好作用，对广大司法工作者在司法实践中区分过度维权与敲诈勒索罪具有很好的借鉴意义。具体表现在以下几个方面：① 对于涉众型维权案件，地方各级政府应提早介入。依法尽快拿出赔偿解决办法或安置方案是防止集体过激维权事件发生的前提，更是避免过度维权行为转化成犯罪行为的有效措施。② 行为人的具体合法权利受到不法侵害是维权行为或过度维权行为不构成敲诈勒索罪的必要条件，但绝非充分条件。③ 过度维权行为并不必然不能构成敲诈勒索罪。过度维权在一定条件下会转化成敲诈勒索罪。受害人在维权过程中的过激行为构成其他犯罪的，将与敲诈勒索罪数罪并罚。④ 对采取过激手段维权索赔行为应区别对待：对没有实际取得加害方财物及取得的财物与受到损害程度基本相当的不应以敲诈勒索罪裁处。在这种情况下我们可以对具体的过激行为具体分析，如果该行为构成其他犯罪，则以其他罪名追究行为者的刑事责任。如本案梁某某在讨要补偿的过程中与村支书发生肢体冲突，将村支书打成轻伤，最后以故意伤害罪被判处有期徒刑一年半。对于采取过激手段维权并取得加害方钱款的情况，我们不仅要看过激手段的违法程度，还要看取得钱款的数额是否与受到的损害程度基本相当等，并综合考虑，如果取得的财物明显超出受到的损害程度，行为人对超出部分的财物具有非法占有目的的，在这种情况下行为人的行为就有可能构成敲诈勒索罪。对于损害程度、金额无法确定的场合，行为人一般的过度维权行为，本律师认为可以阻却敲诈勒索罪的成立。

　　总之，只有坚持主客观相统一原则，坚持以事实为根据，以法律为准绳，对维权行为的正当性、合理性，维权手段的必要性、相当性，以及数额的大小等因素进行客观综合分析，才能正确区分罪与非罪，才能避免错案的发生。

承办律师

谢献卿，北京市鑫义律师事务所创始合伙人。专注于刑事辩护和商务合同纠纷的处理。曾在国有大型企业工作。其间在北京科技大学学习企业管理、法律。熟悉国有大型企业管理工作，从事律师职业近二十年，担任多家国有大型企业、高新技术企业的法律顾问。结合多年的法律实践经验，以企业法律风险防范及合规经营为切入点，为企业提供了高效优质的法律服务。在近二十年的律师执业中，积累了丰富的诉讼经验，曾代理过在国内外影响较大的案件十多起。

一个公诉人当庭表示没意见的危险驾驶案
——周某涉嫌触犯三罪，最终以最轻罪名被判决

案情简介

犯罪嫌疑人周某，于2018年5月，酒后驾驶小车（经鉴定，周某血液检出酒精含量112.0 mg/100 mL），遇交警设卡查处酒驾、醉驾时，为逃避刑责，驾驶机动车强行冲卡逃逸，阻碍民警依法执行职务，且在逃逸中，无视民警的指令与警告，以超过道路限速标志最高时速、闯红灯、逆行等危险方法危害公共安全。在长达10分钟的逃逸与被追截过程中，周某所驾驶车辆多次与追截的警车发生碰撞，造成两车严重损坏（经鉴定，警车损失的市场价格为8424元）。

公安机关认定周某的行为触犯了《中华人民共和国刑法》第一百三十三条之一第一款、第二百七十七条、第一百一十四条之规定，涉嫌危险驾驶罪、妨害公务罪、以危险方法危害公共安全罪，因此将案件移送审查起诉。

律师对策

接手案件后，辩护人多次会见被告人周某。根据周某的陈述，基本事实与公安机关陈述的一致，但是其行为并没有造成人员伤亡及严重的财产损失。辩护人对公安机关起诉意见中以"以危险方法危害公共安全罪"追究周某刑事责任不予认同，认为周某的犯罪行为明显不符合该罪的构成

要件。

以危险方法危害公共安全罪是一个概括性罪名，是故意以放火、决水、爆炸以及投放危险物质以外的并与之相当的危险方法，足以危害公共安全的行为。《中华人民共和国刑法》规定：以危险方法危害公共安全尚未造成严重后果的，处三年以上十年以下有期徒刑。造成严重后果的，处十年以上有期徒刑、无期徒刑或者死刑。司法实践中以危险方法危害公共安全的犯罪突出表现在：① 以私设电网的危险方法危害公共安全；② 以驾车撞人的危险方法危害公共安全；③ 以制、输坏血、病毒血的危险方法危害公共安全；④ 以开枪的危险方法危害公共安全。法律规定的其他危险方法是有限制的，只有行为人实施危害公共安全的行为所采用的危险方法与放火、决水、爆炸以及投放危险物质的危险性相当且行为的社会危害性达到相当严重的程度，才构成该罪。

由此可见，周某的行为并不符合该罪构成要件。鉴于此，辩护人及时提交了律师意见给公诉机关，并以书面法律意见的方式向检察机关陈述周某的行为不符合以危险方法危害公共安全罪的构成要件及表现。最终检察院接受了辩护人的意见，在起诉书中剔除了该罪名，最终以危险驾驶罪及妨害公务罪追究周某的刑事责任。

在庭审过程中，辩护人认为周某的行为只是为了逃避醉酒追责而冲卡及驾车逃跑，并非故意妨害公务，并提出了以下辩护意见：

第一，面对交警的设卡查车，被告人并没有推扯、殴打、冲撞、威胁公务人员，并没有造成任何人员的伤亡，故周某并没有使用暴力手段造成公务人员受伤。

第二，被告人的行为没有造成除警车外的任何物品的损坏，没有造成社会公众财产的损失，且造成警车损害损失不大。

第三，被告人没有蓄意妨碍公务的动机和犯罪目的。其开车逃卡时只是心存侥幸，认为能够避免追责，并不想妨害公务人员执行公务，也没想到警车会通过多次急刹逼停其所驾驶的车辆。被告人面对警车的急刹，已经采取了急刹车方式躲避，但警车急停时与被告人车辆相距非常近，被告人无法阻止两车相撞。造成警车的损坏是被告人意料之外的事。根据最高人民法院、最高人民检察院、公安部制定的《关于办理醉酒驾驶机动车刑事案件适用法律若干问题的意见》第二条的规定，被告人的行为只是符合危险驾驶罪从重处罚的情形。

最终法院也认为被告人周某的行为在客观上对执行职务有一定的妨害，但是并无主动对民警或警车实施暴力冲撞的行为，故不应认定周某的行为构成妨害公务罪，而应以危险驾驶罪对其予以从重处罚。

案件结果

法院最终只追究了被告人周某危险驾驶罪的刑责，判决拘役六个月，并处罚金四千元。而当法官问公诉人是否对该判决有异议时，公诉人沉默了很久，回答"没意见"。

在本案中，公安机关认定周某的行为涉嫌危险驾驶罪、妨害公务罪、以危险方法危害公共安全罪。但是在审查起诉阶段，公诉机关采纳了辩护人的意见，剔除了以危险方法危害公共安全罪，使刑期由三年以上变成了三年以下。在法庭辩护阶段，辩护人抓住被告人的行为只属于危险驾驶罪从重处罚的情形，并没有妨害公务展开辩护。最终法院认定被告人只触犯危险驾驶罪，而公诉人也当庭表示对判决没意见。

律师点评

辩护人及时介入案件是非常必要的。辩护人在侦查阶段、审查起诉阶段、法院审理阶段都可以提交法律意见，将对案件的分析意见告诉办案部门。办案部门也会重视，如果采纳了辩护人意见，后面的程序也不一定有必要继续下去。辩护人如果能够及时介入，了解案情，并根据需要依法提交取保候审申请、不予批捕申请、不予起诉申请等法律意见，那么既可以督促办案部门合法取证、依法办事，也可以将犯罪嫌疑人或被告人的心声及时告知办案机关，往往还可以让辩护达到比较好的效果。

承办律师

周军富，广东展豪律师事务所合伙人，擅长刑事辩护。

赵振清，广东展豪律师事务所创始合伙人，毕业于郑州大学法律系，2005年通过国家司法考试后执业至今，擅于从法律的外在规定把握其立法本意。怀着扶弱济困、铁肩道义的剑胆琴心，仗义解冤情、直言护真理。诚信为人，勤谨成事，具有强烈的社会责任感，竭尽全力维护当事人合法权益。承办过大量的经济合同纠纷、劳动工伤、侵权赔偿、保险理赔、刑事辩护等诉讼案件和非诉讼法律事务，担任过20多家单位、企业的常年法律顾问，为企业保驾护航。

律师在侦查阶段应积极发挥作用
——非法获取计算机信息系统数据罪的审前辩护

案情简介

2018年4月，某公司向公安机关报案称：公司直播平台被不法分子恶意通过黑客技术，利用手机App的支付渠道和系统漏洞，在不支付钱款的情形下，非法获得平台系统虚拟币，合计价值人民币99万多元。公安机关经过研判，锁定犯罪嫌疑人李某，并于2018年5月以李某涉嫌犯非法获取计算机信息系统数据罪对李某采取刑事拘留。辩护人经过会见，了解到的案情是：李某经常登录某直播平台观看节目，因iPhone X手机出现闪退，无法登录打开该直播平台App，大约于2018年1月从某贴吧群里获得了用iPhone X手机登录打开直播App的方法，即：使用iPhone X手机的注册邮箱发送邮件至贴吧群告知的一个直播公司的邮箱，之后会收到直播公司邮箱回复的一封邮件，其中有一个TestFlight软件链接及验证码。打开该软件链接并输入验证码，就会获取能够用iPhone X手机登录打开的直播平台App版本。使用此版本就能正常登录直播平台收看节目。李某按照贴吧群公布的方法获得了该直播平台App版本，在使用该App版本时发现，充值购买虚拟币时其捆绑的银行卡没有实际扣款，且App有一个弹框，内容是测试版测试人员充值购买无须付款。此后李某大量进行充值操作，为自己的账户充值购买虚拟币约50万元人民币，为多个网友的账户充值购买虚拟币约10万元人民币，并收取其中一名网友48000元人民币。2018年6月，公安机关以李某涉嫌犯盗窃罪向检察机关提请批准逮捕。

> **律师对策**

犯罪嫌疑人李某的辩护人对案情进行了仔细分析，认为李某的行为既不构成非法获取计算机信息系统数据罪，也不构成盗窃罪。具体辩护意见如下：

一、李某的行为不构成非法获取计算机信息系统数据罪

非法获取计算机信息系统数据罪是指行为人违反国家规定，侵入国家事务、国防建设、尖端科学技术领域以外的计算机信息系统或者采用其他技术手段，获取该计算机信息系统中存储、处理或者传输的数据，情节严重的行为。李某在获得直播平台 App 版本过程中，实施的行为就是向直播公司的邮箱发送一封邮件，并打开了直播公司回复邮件中发送的软件链接，输入直播公司回复邮件中发送的验证码。李某没有违反国家规定侵入直播公司计算机信息系统，也没有采取任何技术手段获取该计算机信息系统中存储、处理或者传输的数据。TestFlight 测试是苹果公司在允许 App 上架前所作的 beta 测试。从苹果公司 TestFlight 软件功能可以得知，直播公司在回复邮件中发送 TestFlight 软件链接及验证码，就是授权李某成为 App 测试版的测试人员。这是一种邀请李某参与测试的授权行为。因此，李某没有非法侵入直播公司计算机信息系统以获取系统信息或其他数据的主观故意，在客观上也没有采取黑客手段或植入木马、病毒等非法手段或者其他技术手段侵入直播公司计算机信息系统的行为。李某的行为与非法获取计算机信息系统数据罪的主客观要件均不符合。

二、李某的行为不构成盗窃罪

1. 李某在主观上不具有非法窃取的主观故意

首先，李某获得 App 测试版后，开始进行充值操作时并不知道直播公司不进行扣款，后来发现不扣款且有测试人员免费充值提示框后，才进行大量充值操作。由此可知，李某的主观心态是：不管直播公司是否扣款，其都充值购买。直播公司扣不扣款、以什么方式扣款、不扣款后是否重新追加扣款都与其无关。如果直播公司不扣款后重新追加扣款其也不反对、不回避，因为银行卡一直是捆绑状态。因此，李某在主观上并没有非法窃取他人财物，不具有以非法窃取方式占有他人财物的故意。

其次，李某用于注册直播平台账号的身份信息、捆绑的银行卡账户信息都是真实的。其充值购买虚拟币都使用真实身份信息。如果李某具有窃取故意，完全可以使用隐蔽的方式，比如使用买来的他人银行卡捆绑，以躲避追踪、追查，但是李某并没有这样做。由此也可以看出其在主观上不具有以非法窃取方式占有他人财物的故意。

2. 李某在客观上没有采取秘密窃取的手段

刑法规定的盗窃罪要求行为人采取秘密窃取手段，以转移财物所有人对财物的保管控制。李某的行为显然不具有这样的特征。直播公司将测试版开放给用户使用，且有测试人员免费充值提示框，而李某始终都是采用正常的充值操作方法充值购买虚拟币。李某没有采取黑客手段或植入木马、病毒等非法手段侵入直播公司计算机信息系统的行为，也没有实施其他非法的秘密手段，转移他人账户里或直播公司的虚拟币占为己有。

3. 李某所获取的虚拟币本质上是一种电子数据

我国刑法规定的盗窃罪侵犯的客体是"财物"。虚拟币即电子数据是否包含在刑法中盗窃罪所规定的"财物"范畴内，刑法本身没有明确规定，立法机关也没有明确解释确定虚拟币即电子数据包括在"财物"范畴内。因此，我们对"财物"不能随意做扩大解释。

根据以上分析，李某的行为与盗窃罪的主客观构成要件不相吻合。本案很容易让人联想到2006年的"许霆案"，但"许霆案"与本案并没有可比性：一是"许霆案"涉及的是金融机构的货币，而本案涉及的是虚拟币。二是行为人主观上的非法占有故意有所不同。三是手段、具体情节有所不同。在本案中，从李某获得App测试版本、发现不扣款且有测试人员免费充值提示框的情节来看，我们不能得出李某具有非法占有虚拟币的主观故意。我国不是实行判例法的国家，因此办案机关不能简单以"许霆案"为范本对本案做类推。

案件结果

2018年6月，检察机关以本案事实不清、证据不足为由对李某不予批准逮捕。公安机关对李某变更强制措施，转为取保候审。

律师点评

律师在刑事案件侦查阶段，除了会见、了解案情及涉嫌罪名、申请取保候审等外,在其他方面往往很难对当事人提供富有成效的法律帮助。如何在有限的条件下体现律师工作的价值,成为律师的研究课题。在本案中,律师在犯罪嫌疑人被采取刑事拘留后多次会见犯罪嫌疑人,向其详细了解案情,并多次与公安机关承办人员面对面沟通,了解案情。律师虽然无法接触公安机关收集调查的证据,但利用从犯罪嫌疑人以及公安机关承办人员两方面了解到的案情,对案件进行了梳理,认为本案不应被作为刑事案件处理。律师向公安机关提交了律师意见,认为犯罪嫌疑人的行为不构成犯罪并申请取保候审。遗憾的是公安机关没有采纳律师意见。在公安机关向检察机关提请批准逮捕阶段,律师发现涉嫌罪名发生了变化,从立案时的"非法获取计算机信息系统数据罪"变为"盗窃罪"。这说明公安机关自身对案件定性就把握不准。在罪与非罪、此罪与彼罪存在争议的情况下,律师应当有所作为。在无法接触证据材料、掌握案件信息有限的情况下,律师进一步向专业人士请教计算机方面的知识后,更加坚定地认为本案不应被作为刑事犯罪案件处理,并立即向检察机关提交书面意见,详细阐述了认为犯罪嫌疑人的行为不构成"非法获取计算机信息系统数据罪"或"盗窃罪"的理由,建议不予批准逮捕。

承办律师

宋建平,北京市盈科(苏州)律师事务所合伙人、律师,扬子鳄刑辩团队发起人之一,扬子鳄刑辩联盟副主席,苏州大学王健法学院"卓越法律人才培养基地"实践导师,苏州大学文正学院兼职教授。1990年毕业于苏州大学法学院,担任过盐城市律师协会理事、江苏省第六次律师代表大会代表。从事律师工作28年,办理过上千起诉讼、非诉讼业务,具有丰富的办案经验。业务主攻方向为刑事辩护、刑事合规审查。

高勇,北京市盈科(苏州)律师事务所律师,扬子鳄刑辩团队核心律师。从事法律工作以来,致力刑事辩护,通过钻研刑事业务相关的法律、法规及司法解释,不断增强理论基础,结合实践,不断提高对刑事案件办案技巧及办案流程的全面把控水平。

张三涉嫌开设赌场案
——指控开设赌场证据不足，应当构成赌博罪

案情简介

被告人张三2010年因寻衅滋事被公安机关行政拘留十五日，后被决定劳动教养一年。2015年张三因赌博被公安机关行政拘留五日。2018年5月，张三被公安机关以涉嫌开设赌场刑事拘留。其家属委托江苏苏州湾律师事务所后，事务所指派刘静宜律师担任其辩护人。6月，检察机关以事实不清、证据不足为由未批准逮捕。7月，本案被移送审查起诉。辩护人向公诉机关递交了书面意见，认为被告人的行为不构成开设赌场罪，而应该属于赌博罪。公诉机关未采纳辩护意见，以开设赌场罪将本案移送人民法院。人民法院适用普通程序公开开庭审理了本案。

律师对策

检察机关起诉书指控：2018年4月10日至12日期间，被告人张三在某村王五家等处三次开设赌场，供诸多赌客以硬牌牌九接龙方式进行赌博，赌资达4万余元，抽头渔利累计8千余元。检察机关认为，应当适用《中华人民共和国刑法》第三百零三条第二款，以开设赌场罪追究被告人张三的刑事责任。

辩护人认为，开设赌场罪是通过场所吸聚不特定赌客，具有开放性、持续性、场所固定性、人员不特定性、组织性、稳定性、较大规模性等特点。聚众赌博反之，主要依靠人际关系吸聚相对特定的赌客。而综合被告人的供述、证人证言及赌客人数、查获的赌资来看，本案更符合聚众赌博的情形，故张三的行为应被定性为赌博罪。

公诉人答辩认为，根据利用赌博机开设赌场案件司法解释，赌场不需要固定性。被告人张三虽然变更地点，但周边乡镇潜在赌客都知道，赌场处于营业的初期。公诉人还认为，辩护人说潘六不是被告人张三招揽，是自己过去的，这正好证实了其赌场具有公开影响力，并且，在法庭调查阶段，被告人张三说，其在主观上是为了赚钱，将赌场向社会不特定人员开放，不加以控制。

针对公诉人的答辩意见，辩护人发表第二轮辩护意见指出：公诉人说被告人开设的赌场有公开影响力，周边乡镇潜在赌客都知道被告人开设赌场，但是没有在案证据证明这一点。公诉人没有举证予以证明，我们也不能仅仅从潘六一个人身上，就得出这个结论，因此公诉人的说法没有法律和事实证据的支撑。在法庭调查阶段，被告人张三说得很清楚，某村的赌客潘六是他的朋友。再根据卷内证言，潘六是崔七喊来的。崔七与潘六同村，是去帮忙的。

公诉人没有进行第二轮答辩。

另外，辩护人提出如下辩护意见：

（1）开设时间较短，场所很小且是临时借用的，不具备固定性。

第一次（4月10号）开设的赌场是在一个破庙里。第二次（4月11日）开设的赌场是在某村王五家里。第三次（4月12日）开设的赌场是在某村张三家一楼厨房边上的吃饭间里。证人周八说："看地方太小了，我就在客厅里看电视。后来警察来抓赌了。"

（2）赌博规模较小。

赌资：公安机关收缴27675元和无主款15400元，公诉机关指控40775元。

（3）小范围人员参赌，临时组织、召集相对固定人员秘密进行赌博活动，抽头渔利，不具备开设赌场的公开性、持续性。

参赌人员就是某村附近的少数人。朋友之间口口相传，茶余饭后临时组织、临时召集。在这些赌客中，只有刘九是被告人直接喊去赌钱的。4月10日，郑十是自己去庙里的，被告人没有组织、招引他。被告人也没有组织、招引潘六。潘六和郑十、崔七几个人都是朋友，他是崔七喊来的。

崔七是听第二被告人说庙里有赌钱的才过去的,但是崔七是去帮忙的。

(4) 赌博工具和方式。

参赌人员系轮流坐庄。赌博工具、方式单一,就是硬牌牌九接龙。

同时,每次聚赌的时间都不固定,具有临时性,且赌博持续时间不长,不具有开设赌场罪的规模性、组织性和稳定性。

而综合本案被告人的供述、证人证言及赌客人数、查获的赌资来看,本案更符合聚众赌博的情形,故张三的行为应被定性为赌博罪。

案件结果

合议庭评议后认为:被告人张三以营利为目的,聚众赌博,其行为构成赌博罪,依法应予以惩处。关于公诉机关指控被告人张三犯开设赌场罪的意见,经查,本案赌博规模较小、场所不固定,具有一定的隐秘性,符合赌博罪的构成要件,公诉机关指控的罪名不当,本院予以纠正。依照刑法第三百零三条第一款,被告人张三犯赌博罪,判处有期徒刑六个月,并处罚金人民币三千元。

律师点评

开设赌场罪和赌博罪的量刑有轻重之分。辩护人应当准确做出区分,并结合具体个案找到辩点。总体而言,开设赌场罪要求行为人对赌场、人员等具有较强的控制力。在审查起诉阶段,辩护人提交了书面意见,可惜公诉机关没有采纳,否则司法机关可以对本案适用简易程序审理,节约司法资源。

赌博引发的违法犯罪屡见不鲜。赌博本身以聚众赌博、抽头渔利为常态。还有一个常见情形就是向赌博人员发放高利贷。笔者近期就办理了这样一个案件,担任该案的第三被告人张三的辩护人。其受另案处理的第三人指令在赌场内向赌博人员发放高利贷,被公安机关以涉嫌开设赌场刑事拘留。第一、二两名被告人系赌场的老板。在审查起诉阶段,辩护人向公诉机关提交书面意见,认为张三的行为应系赌博罪。《最高人民法院、最高人民检察院关于办理赌博刑事案件具体应用法律若干问题的解释》第四条规定："明知他人实施赌博犯罪活动，而为其提供资金、计算机网络、通讯、费用结算等直接帮助的，以赌博罪的共犯论处。"根据该司法解释的规定，向赌博人员发放高利贷的系赌博罪的共犯。且该案的具体情形也不符合开设赌场罪的构成要件。公诉机关对辩护意见予以了采纳，并将张三认定为从犯，有坦白情节。该案全案以赌博罪被起诉到人民法院。法院以赌博罪判处张三拘役六个月，并处罚金人民币三千元。

承办律师

刘静宜，男，汉族，生于1976年，现为江苏苏州湾律师事务所律师，任本所刑事部主任，擅长办理毒品类刑事案件，业务范围为刑事辩护。

"刑事辩护第六空间"的一次积极尝试
——任某、任某某非法采矿案

案情简介

J区人民法院一审查明：2016年9—10月，被告人任某、任某某将之前二人合伙购买用于运输的船只改装成自吸自运的采砂船（各占50%的股份），由被告人任某负责联系买家及采砂事宜。被告人任某某安排其父亲任某生在船上开船。2017年9月下旬，被告人任某、任某某在未办理采砂许可证的情况下，在长江禁采区非法开采江砂共计1996.5吨，价值达79860元。

一审法院认为：被告人任某、任某某共同违反矿产资源法的规定，未取得采砂许可证，擅自进入河道禁采区非法开采江砂，价值达79860元，情节严重，其行为均已构成非法采矿罪，且系共同犯罪。被告人任某、任某某能主动到公安机关投案并如实供述犯罪事实，均系自首，对二人均予以从轻处罚。涉案赃款、赃物已被公安机关追缴和扣押，对该情节在量刑时予以考虑。

一审法院判决：①被告人任某犯非法采矿罪，判处有期徒刑1年，并处罚金人民币20000元。②被告人任某某犯非法采矿罪，判处有期徒刑1年，并处罚金人民币20000元。③对作案工具采砂船一只予以没收；对现场查获的1566.5吨江砂予以没收，由扣押机关长江航运公安局W分局上缴国库；对违法所得8600元予以追缴，上缴国库。

被告人任某、任某某不服原审判决，向W市中级人民法院提起上诉。

律师对策

上海金茂凯德（芜湖）律师事务所奚玮律师、唐海律师接受本案被告人任某的委托，赵宇峰律师接受本案被告人任某某的委托，担任二人的二审辩护人。由于一审法院认定的罪名非法采矿罪属于环境类犯罪，因此本案估价鉴定意见与涉案财物追缴等财产处置问题皆为辩护人的研究重点。

环境问题长期得不到解决已经严重影响到公众对政府管理的信心，并在某种程度上削弱了可持续发展的潜力。基于环境犯罪的特殊性，人们对以刑法谦抑主义和人类中心主义为基础的事后刑法治理理念进行了深刻反思。反思的结果是以预防性理论和生态中心主义为基础的早期化治理理念得以确立。① 而我国环境犯罪认定的动态模式与英美法系国家的双层犯罪构成模式（即犯罪本体要件和责任充足要件）不同。我国虽然存在正当防卫、紧急避险等排除行为违法性的规定，但是我国排除行为违法性的理由在犯罪认定动态模式中的作用不同于英美法系国家作为责任充足要件的辩护理由。对我国环境犯罪中排除行为违法性的判断是司法者在对犯罪进行认定时所做的自由心证，很难有控辩双方的对抗性参与，而且这种排除行为违法性的判断是一种实体意义上的判断。② 这使得本案基本丧失了无罪辩护的空间，也给辩护人的积极辩护活动制造了困难。

经过研究本案全部卷宗材料并会见任某、任某某征求其意见，结合公安部严厉打击各类破坏生态环境违法犯罪活动之现实背景，辩护人决定从鉴定意见、涉案财物追缴等事实细节与证据适用争议出发对任某、任某某涉嫌犯非法采矿罪进行罪轻辩护。

奚玮律师、唐海律师、赵宇峰律师就本案发表的二审辩护意见如下：

一、W市价格认证中心的《关于涉案江砂的价格认定结论书》依法不能作为定案的依据

首先，两份《关于涉案江砂的价格认定结论书》载明："你单位于2017年10月出具的《价格认定协助书》收悉。"这说明，涉案的价格认定是依据上述两份《价格认定协助书》做出的，可是我们并没有看到《价格

---

① 李梁. 环境犯罪刑法治理早期化之理论与实践［J］. 法学杂志，2017（12）.
② 侯艳芳. 我国环境刑法中严格责任适用新论［J］. 法学论坛，2015（5）.

认定协助书》。在没有上述证据的前提下,《关于涉案江砂的价格认定结论书》中也没有任何内容与本案有关联性,既没有提到上诉人任某、任某某的名字,也没有非法采矿案的相关内容。辩护人认为,该两份价格认定结论书与本案没有关联性。

其次,根据《中华人民共和国刑事诉讼法》第二十八条、第三十一条,《公安机关办理刑事案件程序规定》第三十条、第三十八条第一款,以及《公安机关鉴定规则》第十条的规定,当事人及其法定代理人有权要求鉴定人回避。《关于涉案江砂的价格认定结论书》的第六条第四项也载明:本单位及价格认定小组成员与该认定标的没有利益关系,与当事人没有利害关系。侦查机关在办案中,没有告知本案上诉人鉴定机构和鉴定人名单,也没有告知上诉人有申请鉴定人回避的权利,剥夺了本案上诉人基本的诉讼权利,因此程序违法。

再次,《关于涉案江砂的价格认定结论书》作为鉴定意见,没有加盖司法鉴定专用章,没有鉴定人签名和盖章,更没有证据证明鉴定人具有鉴定资质,根据《最高人民法院关于适用〈中华人民共和国刑事诉讼法〉的解释》第八十四条、第八十五条第(二)(五)(七)项规定,不得作为定案的根据。同时,《价格认定行为规范》第二十二条规定:"价格认定人员应当制作查验或者勘验记录并签字,同时要求参加查验或者勘验的其他有关人员在查验或者勘验记录上签字。其他有关人员未签字的,价格认定人员应当在查验或者勘验记录上载明情况,查验或者勘验记录的使用不受影响。"本案没有相关人员制作的查验或者勘验记录,更谈不上相关人员在记录上签字。

最后,本案的相关价格鉴定应当参考T市市场批量价格而非W市市场批量价格。本案的案发地位于T市水域,销赃地也是T市市场。同样品质的江砂在两地市场的价格存在差异。价格认定部门采用市场法对价格认定标的按照价格认定基准日的W市市场批量价格进行分析测算。根据《价格认定规定》第五条:县级以上各级人民政府价格主管部门负责本行政区域内价格认定工作的指导、协调和监督管理。辩护人认为,本次行为发生地和销赃地都在T市,价格认定部门当然应该用本行政区域内的T市市场的江砂价格对江砂予以认定。值得注意的是,本案中江砂购买人之一罗某证明,其从任某某处以4元/吨购买了江砂后,以20元/吨的价格转手卖给了一个姓陶的人。辩护人认为，罗某出售的价格自然是零售价格，而价格认定部门认定的是批量价格。江砂在T市市场的零售价格才20元/吨，批量价格自然应当低于或者等于20元/吨。

二、一审法院认定任某、任某某非法开采的矿产品价值为79860元属于事实不清、证据不足

根据《最高人民法院、最高人民检察院关于办理非法采矿、破坏性采矿刑事案件适用法律若干问题的解释》第十三条："非法开采的矿产品价值，根据销赃数额认定；无销赃数额，销赃数额难以查证，或者根据销赃数额认定明显不合理的，根据矿产品价格和数量认定。矿产品价值难以确定的，依据下列机构出具的报告，结合其他证据作出认定：（一）价格认证机构出具的报告；（二）省级以上人民政府国土资源、水行政、海洋等主管部门出具的报告；（三）国务院水行政主管部门在国家确定的重要江河、湖泊设立的流域管理机构出具的报告。"

根据上述司法解释，对矿产品价值的认定应当有一个顺序：优先以销赃数额确定矿产品价值。辩护人认为，按照销赃数额确定矿产品价值不仅是法律明文规定的，还体现了对本案上诉人的罚当其罪。认定本案上诉人任某、任某某非法开采的矿产品价值时应当优先根据"销赃数额"认定。按照其与买家约定的江砂价格4元/吨，其销赃数额为1996.5（吨）×4（元/吨）=7986（元），而7986元远低于法定的50000元起刑点。在此种情形下，任某、任某某的行为依法不构成犯罪。辩护人认为，按照4元/吨的出水价格认定本案的金额也有法理依据。所谓出水价格，就是采砂船与第一手承运的运砂船交易的价格。非法采矿罪属于破坏社会管理秩序类罪。其犯罪客体是国家对矿产资源和矿业生产的管理制度与国家对矿产资源的所有权。如果以承运的运砂船卖给下家的数额来认定本案的价格，其中必然包含运砂船主的各种费用和利润，这就已经和非法采砂罪的犯罪客体不相吻合，扩大了"销赃"这一概念的范围，缺乏合理性。退一步说，即使认为根据销赃数额认定明显不合理，在此种情况下我们也应当先根据"矿产品价格和数量"来认定，根据非法采砂时江砂的行业内均价进行计算。一审法院认定的被告人非法开采的江砂价值是根据W市价格认证中心鉴定的40（元/吨）×1996.5（吨）=79860（元）得到的。但是上诉人认为，W市价格认证中心并未明确涉案江砂的具体品种和品相。根据行业内的通行的认定，上诉人采

上来的江砂是档次最低的一种江砂。同样，江砂的粗细对于其价值认定也有着至关重要的作用。但是W市价格认证中心并未详细说明其是否考虑了江砂的粗细对于价值的影响。对于同样品相的江砂，其他地方的生效判决中予以认定的价格鉴定均没有40元/吨：〔2018〕皖0802刑初12号判决书认定江砂价格为25元/吨，同时涉案14402吨，价值为260555元，对被告人仅仅单处罚金。〔2017〕皖0802刑初223号判决书认定江砂价格为8元/吨，认定被告人非法采砂38次，共计44521吨，以被告人每次出售的8元/吨的价格认定涉案价值为396626元，对第一被告人判处缓刑8个月，对第二被告人开始都是单处罚金。在本案中，一审法院仅仅简单地采纳了W市价格认证中心的鉴定结果，并没有结合案情、综合全案证据对矿产品价值做出进一步的认定。根据辩护人找到的资料，W市价格认证中心于2017年5月做出的W价认定鉴定中，将与本案同样品种和品相的江砂认定为4元/吨。该价格是本案鉴定价格的十分之一。既然相关司法解释已经明确了优先以销赃数额确定矿产品价值，且相关判决采纳的也是以销赃数额确定矿产品价值，人民法院就应当按照司法解释的精神以销赃数额确定矿产品价值。因此，一审法院既没有查明涉案江砂的品种和品相，也没有按照销赃金额来认定上诉人的涉案价值，就认定任某、任某某非法开采的矿产品价值为79860元，属于事实不清、证据不足。

三、在上诉人任某、任某某只采砂两次，且没有实际获利的情况下，一审法院判处上诉人有期徒刑一年并没收采砂船，属于量刑畸重

根据在案证据，直到案发时，上诉人任某、任某某仅参与采砂两次，持续时间仅为两天，采砂的数量也不多，系初犯，在客观上并未造成十分严重的危害结果。根据《最高人民法院、最高人民检察院关于办理非法采矿、破坏性采矿刑事案件适用法律若干问题的解释》第十二条："对用于非法采矿、破坏性采矿犯罪的专门工具和供犯罪所用的本人财物，应当依法没收。"在本案中，作案所使用的采砂船是在运输船的基础上改装而成的，在运输船的基础上添附的采砂设备才是犯罪的专门工具，且采砂设备之于船体本身并非"非经毁损或变更其性质不能自他物中分离"的重要成分，完全可以单独分离出来。更为重要的是，在事实认定与本案几乎相同的情况下，一审法院于2017年做出的判决并没有没收船只。一审法院认定被告人涉案江砂为2354吨，价值为82390元，对被告人周某等人全部判处罚金

20000元，但没有没收采砂船。上诉人认为，同样的法院，在短时间内做出如此不同的判决实难令人息讼服判。

综上所述，辩护人认为，涉案的价格认定结论书与本案没有关联性且具有多种程序问题，依法不得作为定罪量刑的依据。一审法院不应当在法律有明文规定的情况下，不按照销赃金额来认定任某、任某某的涉案金额。且从同一法院的其他判决来看，一审法院对上诉人任某、任某某的判决也明显存在量刑过重。

案件结果

二审法院判决如下：① 撤销W市J区人民法院刑事判决。② 上诉人任某犯非法采矿罪，判处有期徒刑1年，宣告缓刑2年，并处罚金人民币2万元（缓刑考验期从判决确定之日计算）。③ 上诉人任某某犯非法采矿罪，判处有期徒刑1年，宣告缓刑2年，并处罚金人民币2万元（缓刑考验期从判决确定之日计算）。④ 对作案工具吸砂泵、吸砂管予以没收，现场查获的1566.5吨江砂予以没收，由扣押机关长江航运公安局W分局上缴国库；对违法所得8600元予以追缴，上缴国库。

律师点评

本案二审法院虽然未完全采纳辩护人关于重新计算上诉人任某、任某某非法采矿产品价值的辩护意见，但经过辩护人对本案中估价鉴定意见（即W市价格认证中心的《关于涉案江砂的价格认定结论书》）的不断质疑以及对涉案财物追缴处置范围的辩护说理，二审法院采纳了辩护人提出的上述辩护意见，不仅将两名上诉人由实刑改判为缓刑，而且仅没收运输船上的吸砂设备。

辩护人认为，在办理环境类犯罪案件过程中，并不能仅仅关注无罪辩护与量刑辩护等传统刑事辩护形态；在某些影响较大的环境类犯罪案件中，当几乎找不到为被告人做无罪辩护的空间而量刑辩护的余地也不大时，更要注重在罚金、没收财产、涉案财物的处置等方面为被告人争取合法权益，也就是要通过会见、阅卷、调查、申请重新鉴定等活动，最大限度地减少罚金、没收的财产、追缴的赃款赃物的数量，从而减少被告人的经济损失。① 这也正是北京大学法学院陈瑞华教授所称的"刑事辩护的第六空间"，亦即"刑事辩护衍生出来的民事代理业务"。

在本案中，上诉人任某、任某某与辩护人对公诉机关指控的基本事实不持异议，仅质疑开采矿产品的价值测量计算方法、涉案财物的处置范围以及判决一年有期徒刑的量刑幅度。

在对鉴定意见的质证问题上，波斯纳法官认为：科学家想要运用诡辩时，他们比其他人更有资格。他们增强自己权威性的办法多种多样，利用数学的精确性施加影响，使用能唬人的行话压制疑问，在评析、试验统计或观察结果时隐瞒个人判断方面的因素等。② 上述观点也从侧面反映出，在针对涉及普通人难以掌握的科学原理的鉴定意见质证的过程中，辩护人需面对重重压力与考验。

从最终判决分析，二审法院试图以司法能动主义的立场，通过平衡法律效果和社会效果来实现遏制环境犯罪愈演愈烈的情势，如在判决书中虽表面认可 W 市价格认证中心的《关于涉案江砂的价格认定结论书》存在瑕疵，采用市场法以 W 市市场批量价格进行价格测算不尽合理，但最终仍未改变原审关于采矿产品价值的具体认定。值得反思的是，法官究竟应当如何处理类似案件呢？是坚持司法克制主义以维护法律的权威，还是奉行司法能动主义来实现实质正义呢？③

当然从当事人的角度出发，由有期徒刑一年改判为有期徒刑一年、宣告缓刑二年，并且只没收了吸砂设备，这样的判决结果无疑是令人满意的。

承办律师

奚玮，法学博士，安徽师范大学法学院教授、教授委员会主任、诉讼法研究所所长，中国刑事诉讼法学研究会理事暨少年司法专业委员会委员，

---

① 陈瑞华. 刑事辩护的第六空间——刑事辩护衍生出来的新型代理业务［J］. 中国律师，2018（2）.
② ［美］肯尼斯·R·福斯特，彼得·W·休伯. 对科学证据的认定——科学知识与联邦法院［M］. 王增森，译. 北京：法律出版社，2001：247.
③ 李鑫，彭金玉. 司法能动主义在环境刑法领域的一次尝试？——由江苏盐城"2·20"特大水污染案的判决谈起［J］. 法律方法，2010（1）.

中国法学会法律文书学研究会常务理事暨学术委员会委员,安徽省律师协会刑事法律专业委员会副主任,上海金茂凯德(芜湖)律师事务所管委会主任、经济犯罪与产权保护法律事务部主任。

唐海,曾任芜湖市镜湖区人民法院刑庭法官、执行局法官,上瑞控股股份有限公司风险管理部经理,现为上海金茂凯德(芜湖)律师事务所商事犯罪预防与辩护法律事务部主任。

赵宇峰,安徽商贸职业技术学院法学教研室法学教师,中国政法大学博士研究生,中国法学会法律文书学研究会会员,上海金茂凯德(芜湖)律师事务所副主任、刑事法律事务部主任。

一起非法证据被排除导致改判的案例
——吴某涉嫌贪污在二审阶段获得改判

案情简介

2013年6月，吴某、朱某某涉嫌贪污一案，由J省Y市人民检察院反贪局侦查终结，指定Y市J区人民检察院审查并向J区人民法院提起公诉，指控时任Y市人力资源和社会保障局X区办事处主任、曾任开发区办事处副主任的吴某在担任开发区办事处副主任期间，伙同下属朱某某（聘用合同工，负责服务窗口工作）以虚报冒领异地务工人员辞职退保金为手段，贪污国家社保金33万余元，同时指控吴某在负责筹备X区办事处及担任X区办事处主任期间以虚开烟酒发票为手段贪污公款1.1万元。

窦荣刚律师接受贪污案被告人吴某的亲属委托，并征得吴某本人同意，担任吴某的一、二审辩护人，依法出席法庭，为吴某辩护。经一审辩护，一审法院采纳了辩护人提出的吴某在2012年12月27日被羁押前在侦查机关所做的一份询问、三份讯问的有罪供述系侦查机关采用变相肉刑、疲劳审讯和威胁诱导的方式获取的，应被排除的辩护意见，排除了这四份有罪供述笔录，但对J省人民检察院审查批捕讯问笔录未予排除；对起诉书指控的吴某、朱某某2008年共同贪污金额10万余元未予认定。一审法院认定吴某、朱某某共同贪污22万余元，判处吴某有期徒刑12年，剥夺政治权利2年，没收财产5万元；判处朱某某有期徒刑10年，剥夺政治权利2年，没收财产3万元。

在二审庭审中，辩护人申请排除的仅剩一份J省人民检察院审查批捕提审笔录，尽管最终没有被依法排除，但辩护人还是借助一审法院已经排除的吴某前四份有罪供述以及通过二审辩护进一步揭示出的定罪疑点，促使二审法院将吴某认定为共同贪污的从犯，从而将一审判决判处吴某的刑罚从有期徒刑12年减少为5年6个月。

律师对策

辩护人通过艰苦细致的工作，充分掌握和明晰了案件的证据、事实和争议焦点，在此基础上，针对检察机关指控吴某犯贪污罪的证据，系统提出了非法证据排除和全案事实不清、证据不足的辩护意见。其中，非法证据排除是辩护的主要着力点。围绕吴某在侦查阶段所做的多份有罪供述笔录，辩护人紧紧围绕在案证据，以及保障犯罪嫌疑人权益的程序性法律规定，并充分利用审讯心理学的学术研究成果，针对侦查机关在获取吴某有罪供述时所采用的变相传唤、超时疲劳审讯、违法使用审讯椅限制人身自由审讯、威胁、欺骗等侵害被审讯人合法权益的非法取供行为，发表了理据充分、令人信服的非法证据排除方面的辩护意见。辩护人认为，就本案共同贪污部分，控辩双方主要争议焦点有三个：一是吴某在被羁押前在侦查机关所做的四份有罪供述笔录，是否属于《中华人民共和国刑事诉讼法》规定的应予排除的非法证据；二是吴某被羁押后J省检察院审查批捕提审笔录是否亦应作为非法证据被排除；三是就全案证据来看，认定吴某参与共同贪污是否达到了事实清楚及证据确实、充分并排除合理怀疑的法定标准，尤其是39份有吴某审核签字的《J省职工养老社会保险金结算（支付）凭证》证明吴某参与共同贪污事实证明力的大小。本案辩护意见节选部分将着重介绍这个三方面的内容。

一、吴某被羁押前在侦查机关所做的四份有罪供述，因侦查机关讯问存在变相连续传唤、长时间疲劳审讯（变相肉刑）、威胁、诱导等情形，应作为非法证据被排除

（1）吴某在2012年12月27日被羁押前所做的四份有罪供述，是在侦查机关违反法律规定，不人道地长时间剥夺其睡眠和休息等基本生理需求

的情况下被迫做出的。侦查机关的做法属于以"变相肉刑"逼取口供。

（2）因为有证据，所以被告人吴某在做第一次有罪供述前遭到侦查人员殴打的可能性不能被排除。

（3）公诉机关提供的两份侦查人员审讯吴某的录音录像显示：

① 相关审讯录像不符合全程录音录像的要求：

《人民检察院讯问职务犯罪嫌疑人实行全程同步录音录像技术工作流程（试行）》第四条规定："录制的起止时间，以被讯问人员进入讯问场所开始，以被讯问人核对讯问笔录、签字捺印手印结束后停止。"从两份审讯录像看，侦查人员虽有录音录像，但没有做到全程录音录像。录像的开始就显示吴某坐在检察院审讯室或提审室的审讯椅上，没有他进入讯问场所的录像。因此这些不是全程录音录像，没有法律效力。

② 吴某当时处于极度疲劳的状态。

③ 吴某在被正式立案传唤之前的 25 个小时的审讯中一直被剥夺人身自由，被囚禁在审讯室的审讯椅内。

④ 审讯人员对吴某有严重的威吓、诱导行为。

综上所述，在案证据显示，本案被告人吴某在 2012 年 12 月 27 日被羁押前连续做出的四份有罪供述，是侦查人员采取变相连续传唤、连续审讯、违法使用戒具、长时间疲劳审讯等方式获取的，是法律严禁的，是法定的证据排除事由。

二、2013 年 1 月 7 日 J 省检察院审查批捕讯问笔录，因笔录内容离奇，又是复印件，吴某辩解侦查人员违法介入审讯且不许核对笔录，尤其是没有讯问同步录音录像，亦应被排除

（1）辩护人认为，审查批捕提审犯罪嫌疑人时，提审人员在依法制作审讯笔录的同时，必须依法进行全程同步录音录像。这是有明确法律依据的，不容置疑：

《人民检察院刑事诉讼规则（试行）》第二百零二条规定：人民检察院讯问犯罪嫌疑人实行全程同步录音、录像，应当按照最高人民检察院的有关规定办理。这里所谓"应当按照最高人民检察院的有关规定办理"，指的是最高人民检察院 2005 年发布的司法解释《人民检察院讯问职务犯罪嫌疑人实行全程同步录音录像的规定（试行）》及其配套的相关规定和要求。该规定第二条规定："人民检察院讯问职务犯罪嫌疑人实行全程同步录音、录像，是指人民检察院办理直接受理侦查的职务犯罪案件，每次讯问犯罪嫌疑人时，应当对讯问全过程实施不间断的录音、录像。"依照最高人民检察院《人民检察院讯问职务犯罪嫌疑人实行全程同步录音录像的规定（试行）》、最高人民法院《关于建立健全防范刑事冤假错案工作机制的意见》，该讯问笔录必须作为非法证据被排除。

（2）除了没有讯问同步录音录像是法定的绝对排除事由以外，该讯问笔录还存在以下应受质疑之处，包括法律规定的应予排除的事由。

第一，吴某在提审开始到快结束的绝大部分时间里均做无罪供述，当被问及是否有被诱供、指供、刑讯逼供等情形时却突然改口做有罪供述，这本身就十分可疑。同时检察机关提交的笔录是复印件。吴某强烈质疑该笔录内容的真实性，认为其中很多话自己当时都没有讲过。

第二，吴某在一审阶段开始就一直辩称自己因看到多名侦查人员陪同J省检察院提审人员提审，并在一边不停地插话引导J省检察院提审人员，认为J省检察院提审人员对自己的讯问缺乏独立性和公正性，内心十分惶恐，脑子出现空白，才改口承认拿过朱某某给的钱。他同时辩解，2013年1月7日，J省检察院提审人员讯问完毕后，违法介入J省检察院提审人员提审的多名侦查人员从侧门进入自己所在的审讯室内，围在自己身边，不允许自己核对笔录内容就逼迫自己签了字。该讯问笔录未经吴某核对，侦查人员就逼迫吴某签字捺印，因此依照《最高人民法院关于适用〈中华人民共和国刑事诉讼法〉的解释》第八十一条的规定，该讯问笔录依法不得作为定案的根据。

对于在J省检察院人员本次提审时Y市检察院侦查人员是否有违法介入提审的事实，在二审庭审中出庭检察员提交了J省检察院侦查监督处和审查批捕人员出具的说明，称侦查人员只是陪同提审，只是在提审开始前为吴某倒了一杯水，并没有介入提审过程。辩护人认为，该说明不可采信，理由是：第一，检察机关出具的证明侦查人员没有违法的说明依法不具有单独的证明力；第二，在一审时应辩护人申请出庭的Y市检察院侦查人员当庭称，侦查人员没有陪同J省检察院人员提审吴某。二者存在明显矛盾。故J省检察院的说明并不能排除吴某所控告的审讯违法行为存在的可能性。

第三，该笔录第一页在告知权利部分，只写明出示《权利义务告知书》，向吴某告知权利和义务，但并没有写明告知的权利和义务的内容。而

一起非法证据被排除导致改判的案例

吴某的回答则是："我知道了，我不申请回避。"这仅能证实当时向吴某告知的是申请回避的权利，而不能证明向吴某告知了其他诉讼权利和义务，包括辩解的权利、不受诱供和逼供的权利、拒绝回答无关讯问的权利、申诉控告的权利、核对笔录的权利、自行书写供述的权利等。这些对被讯问人来讲十分重要的权利均没有证据证实被依法告知。

《人民检察院"检务公开"具体实施办法》第七条明确规定：检察人员在讯问犯罪嫌疑人时要告知犯罪嫌疑人在侦查、审查起诉阶段的权利和义务。告知要以口头的方式进行，已将有关权利和义务印刷成书面材料的，在书面告知的同时，也应当口头告知。但是，该提审笔录记载的内容不能证明提审人员依法告知了犯罪嫌疑人吴某在接受讯问时依法享有的各项权利和义务，尤其是其中最为重要的辩解的权利、自行书写供述的权利、核对笔录和申诉控告的权利。并且，在二审期间检察机关提交的J省检察院人员提审吴某的《权利义务告知书》也是复印件，不能证明当时提审人员书面告知了吴某在接受审讯时依法享有的权利和义务。

辩护人认为，依照《最高人民法院关于适用〈中华人民共和国刑事诉讼法〉的解释》第八十一条的规定，该讯问笔录不得作为定案的根据。

综上所述，吴某2013年审查批捕讯问笔录依法必须被排除。这意味着公诉机关指控两人共同贪污不能成立。

三、就全案证据来看，认定吴某参与共同贪污事实不清、证据不足。朱某某单独作案后又嫁祸吴某的可能性不能被排除。且关键证据39份有吴某审核签字的《J省职工养老社会保险金结算（支付）凭证》并不能证明他参与共同贪污。管理漏洞被朱某某利用的可能性也不能被排除

（1）这39份用来骗取退保金的支付结算凭证，与吴某发生联系的是上面均有吴某审核同意支付的签字。但是，吴某的签字并不能证明他参与共同贪污。理由如下：

不仅吴某多次供述，朱某某在侦查机关的第五次讯问笔录中也证实，吴某为防止自己因事外出时耽误朱某某在服务窗口开展退保工作，每次外出前，都会为朱某某事先签好几张空白的结算支付凭证备用。吴某供述自己经常外出。在二审庭审中，经辩护人讯问，朱某某再次承认吴某每次外出前都会为她签好、预留几张空白的结算支付凭证备用的事实，同时供述吴某确实经常外出，平均一两周就会外出一次。按照经验常识，因为用作

预留备用，所以签署的空白结算支付凭证的数量一定大于实际需要的数量，且每次都是这样，事后吴某也没有向朱某某讨回没有用到的签了字的空白结算支付凭证。像这样日积月累，没有用完的支付结算凭证一定会积攒到一定数量，完全有可能达到或超过案卷中查明的朱某某用来骗取退保金的结算支付凭证 39 份的数量。较大数量的吴某签过字的空白支付结算凭证被朱某某掌控后，她完全可以利用这些凭证单独实施骗取退保金，根本不需要吴某的配合。因此，39 份退保结算支付凭证上吴某的签字，并不能证明他参与共同贪污。

（2）朱某某有关吴某参与贪污的供述前后矛盾，且与吴某在案的有罪供述内容在重要事实情节上都不能吻合。

（3）在案证据充分证明，朱某某实施骗取社保资金行为使用的全部是其亲朋好友的身份证和身份信息。其供述骗取的退保金大头都给了吴某，自己仅留下 6 万余元，同时供认 2009 年年底其贪污行为被单位发现后，父母代其归还了当时查明的 2009 年骗取金额 22 万余元，而其并没有向吴某追要这笔钱。朱某某本人月工资只有 1300 元，父母都是下岗工人，男友无业，但在案证据显示，在实施贪污犯罪期间，朱某某的各项支出剧增，其大量购买各种奢侈品包括轿车，同男友开服装店，并结婚，累积支出近 30 万元。因此其单独贪污的可能性极大。

案件结果

最终，辩护人的辩护意见大部分被法院采纳。一审法院认定：对于公诉机关指控朱某某、吴某 2008 年的贪污犯罪事实，因缺乏证据佐证，本院不予采纳；排除了吴某在检察院审讯室所做的四份认罪口供笔录，但吴某 2013 年 1 月 7 日在 J 省检察院逮捕前提审时所做的有罪供述，并未违反法律规定，具有证明效力，结合被告人朱某某的供述和相关证人证言，以及 39 份虚构的《J 省职工养老社会保险金结算（支付）凭证》、工商银行取款凭证等证据，足以证明被告人吴某、朱某某共同贪污 22 万余元退保金的事实，判决被告人吴某犯贪污罪，判处有期徒刑 12 年，剥夺政治权利 2 年，没收财产人民币 5 万元。

在二审阶段辩护人申请排除的仅剩一份 J 省人民检察院审查批捕提审

笔录，尽管最终没有被依法排除，但辩护人还是借助一审法院已经排除的吴某前四份有罪供述以及通过二审辩护进一步揭示出的定罪疑点，促使二审法院将吴某认定为共同贪污的从犯，从而将一审判决判处吴某的刑罚从有期徒刑12年减少为5年6个月。

律师点评

一审法院认定在2012年12月27日被羁押前被告人吴某在侦查机关所做的四份有罪供述为非法证据并予以排除，是正确的做法。具体理由是：吴某在一审开庭时当庭提出，其到案初期所做的4份有罪供述系其受到侦查机关疲劳审讯，在精神恍惚情况下做出的，属于非法证据。之后，在J省人民检察院审查批捕人员提审时，由于前期侦查人员在场，使吴某的心理受到干扰，因此，吴某所做的重复有罪供述仍然属于非法证据，也应当被排除。吴某及其辩护人提供了吴某到案时间、到案初期数次讯问的时间，以证明侦查机关对其实施了长时间的疲劳审讯。一审法院经过初步审查后，认为有必要启动证据合法性调查程序，决定中止法庭调查，启动非法证据排除审查程序，对侦查人员的取证行为是否合法进行调查。为此，法院当庭播放了讯问过程的同步录音录像，通知侦查人员出庭作证，对取证过程进行说明。讯问笔录和同步录音录像反映，侦查机关采用上、下级机关"倒手""轮流审讯"的方式连续讯问吴某长达30多小时，而且其间没有给予吴某必要的休息时间，属于疲劳审讯。

对于使用刑讯逼供、暴力、威胁等方法非法收集的言词证据，世界各国通常都规定绝对排除。《中华人民共和国刑事诉讼法》也坚持了这一原则，对非法言词证据绝对予以排除。《中华人民共和国刑事诉讼法》第五十四条明确规定："采用刑讯逼供等非法方法收集的犯罪嫌疑人、被告人供述和采用暴力、威胁等非法方法收集的证人证言、被害人陈述，应当予以排除。"但对于疲劳审讯是否属于"刑讯逼供等非法方法"，由此获得的犯罪嫌疑人和被告人供述是否属于非法言词证据，是否应当被绝对排除，尚未有相关规范性文件做出明确规定。辩护人认为，关于"刑讯逼供等非法方法"，除了传统的吊打、捆绑等暴力手段以外，其他一系列变相的逼供措施，如足以形成肉体或精神强烈痛苦的罚站、罚跪、冻饿、日晒、雨淋、火烤、强光、噪音、"车轮战"、不准睡觉等非暴力方法也应属于刑讯逼供方法,而且这些变相逼供手段已成为非法取证的主要手段。《最高人民法院关于适用〈中华人民共和国刑事诉讼法〉的解释》第九十五条第一款进一步明确了非法言词证据的范围:"使用肉刑或者变相肉刑,或者采用其他使被告人在肉体上或者精神上遭受剧烈疼痛或者痛苦的方法,迫使被告人违背意愿供述的,应当认定为刑事诉讼法第五十四条规定的'刑讯逼供等非法方法'。"根据该规定,辩护人认为:疲劳审讯应当属于非法取证的范围。在本案中,被告人吴某在长达30多小时的连续讯问过程中没有得到必要的休息。这种疲劳审讯属于一种变相肉刑,对公民基本权利的侵犯程度与刑讯逼供基本相当。吴某在这种情况下所做的有罪供述是在精神和肉体遭受痛苦的情况下,违背自己意愿做出的。这种供述不可靠,属于使用非法方法取得的证据,应当被排除,不得作为定案依据使用。据此,一审法院将吴某到案初期的四份有罪供述认定为非法证据,予以排除,没有将之作为定案依据使用。需要指出的是,其后吴某在J省人民检察院审查批捕人员提审时所做的认罪供述,因为讯问主体不同,最初的侦查人员并不在场,整个提审活动没有诱供、逼供、疲劳审讯等情形,最初影响其自愿供述的因素已经不复存在,故具有可采性。

2012年修订的《中华人民共和国刑事诉讼法》正式确立了我国的刑事案件非法证据排除制度,但是,此后的司法实践明显执行不力。对于刑事案件尤其是贪污贿赂职务犯罪案件,法院启动非法证据排除的案件数量稀少,通过非法证据排除减少或免除被告人刑罚的案件更是屈指可数。在严禁刑讯逼供的政策背景下,在刑事案件审讯中,刑讯逼供已经极为少见,但疲劳审讯等同样可以给犯罪嫌疑人带来严重肉体和精神痛苦的替代性手段和方法则从未禁绝。这些手段因更具隐蔽性,更加不易被证实,所以更容易被司法裁判忽略。在将以疲劳审讯获取的被告人认罪口供予以排除并直接影响量刑幅度方面,本案是极为难得的珍贵案例,这也是该案入选最高人民法院刑事审判权威性指导刊物——《刑事审判参考》总第106集"办理贪污贿赂刑事案件专刊""指导案例"的原因。另外,2016年1月法律出版社出版的裴显鼎主编的《非法证据排除程序适用指南》一书也收录了这个案例。

从当事人及辩护人的角度看,一审法院对本案在非法证据排除方面做得并不彻底，对吴某的有罪判决并不能令人信服。但是，从整个司法层面看，这一指导案例的正面意义和价值依然值得期待，它有可能对相同类型刑事案件的审判、辩护及冤错案件的申诉、纠正起到一定的参考、借鉴作用。排除非法证据大有可为，其中的新问题也层出不穷。广大刑辩律师应加强研究，并在实践中敢于发起此类辩护，在辩护中注意从细微处搜寻有关线索和证据，以强化辩护的说服力。另外对非法证据排除规则的使用是为了规范侦查行为。侦查人员应当认真学习该规则以及相关配套规定，规范取证行为，增强执法办案风险意识，与律师共同维护公平与正义。

承办律师

窦荣刚，山东求是和信律师事务所合伙人、商事犯罪防控与辩护团队带头人，全国律师协会、人民网"2010年度最佳辩护词"评选优秀奖获得者，2011年度潍坊市优秀律师，潍坊市人民政府法律顾问人才库成员（刑事法领域），福建念斌投毒案辩护律师团重要成员，最高人民法院发布的首起疲劳审讯非法证据排除指导性案例辩护律师，2002年至今专业从事刑事辩护业务。

聚焦自首的认定
——从杨某某犯受贿罪一案分析

案情简介

犯罪嫌疑人杨某某于1994年进入W市某知名国资企业工作，先后担任公司质保部部长、采购部部长、锻造中心热表车间主任等职务。2007年1月至2017年5月，杨某某利用职务之便，非法收受他人财物共计价值人民币41.6万元、美元0.3万元。

具体例如：2016年5月至2017年5月，J省某木业有限公司总经理陆某某为了和杨某某搞好关系，希望杨某某在支付其公司货款等方面给予关照，先后四次共计送给杨某某现金人民币5万元；2016年11月至2017年1月，W市某铜业有限公司总经理朱某为和杨某某搞好关系，希望杨某某对其公司在业务承揽及货款支付等方面给予帮助，先后两次共计送给杨某某现金人民币4万元等。

经由该国资企业举报，杨某某于2017年5月24日被W市纪委采取"两规"措施。之后W市H区检察院立案侦查，认为杨某某涉嫌犯受贿罪。

律师对策

2017年5月24日纪委到单位后，杨某某积极配合纪委到规定地点接受审查，在规定的时间内交代了违法违纪的事实。在此基础上，检察院于5月31日以其涉嫌犯受贿罪立案侦查。在侦查过程中，杨某某被认定为具有自首情节，说明杨某某积极配合司法机关，如实供述，态度很好，具有悔罪表现。辩护人认为法院对其应当予以减轻处罚。

犯罪嫌疑人杨某某以前从未做过任何违法犯罪的行为，并且是个非常积极进取的人，在担任相应重要职务后，仍然不忘学习，而且学以致用，给Y公司带来了不小的收益。且系初犯、偶犯，在案发后全部如实地供述了自己的罪行，也有认罪、悔罪的表现，并且已经委托家属全额退赔，使社会危害性降到最低。辩护人认为法院对其可以从轻处罚。

杨某某到案后，把自己十余年间所有收受的费用和盘托出，未有一点保留。按照常理来说，一般人是不会记得这么清楚的。这说明这些点点滴滴都在他心里烙下了难以磨灭的印迹，像魔咒一样缠绕着他。从数额上看，犯罪总数额为人民币41.6万元及美金0.3万元。从他所在职位和所能给这十几家供应商带来的效益来看，这些犯罪所得其实是微不足道的。其身居相应的职位并非是为了贪图职位背后的灰色利益，更多的是为了谋求自己和公司的共同进步。他也深知，只有公司发展壮大了，才有更大的蓝天供他"翱翔"。最重要的是，这些犯罪所得不是建立在杨某某伤害自己所在公司利益的基础之上的。一切都是公事公办。比如：支付拖欠的应付款，本身就是到了支付节点后进行的，其中并不存在提前支付或者多付之类的情况；在选择供应商上，杨某某不存在暗箱操作，甚至在同等前提下也没有优先选择某一供应商的情况。所以，他并没有太大的主观恶性，也没有以牺牲一定的利益来换取其他的利益。从行为方式上看，其也不存在主动开口讨要好处等索贿情节，其犯罪情节较轻。从结果上看，Y公司并没有因为杨某某的行为而遇到生产经营上的困难，反而正是他的不懈努力才使得公司质保和技术部门能良好运营。

在被羁押阶段，杨某某还在努力创造发明并申报专利。这说明其的确是相当有实力的。这样的人才应该在社会中发挥技能，以创造更多的社会价值。所以，辩护人希望法院能够依据教育、感化的方针，坚持教育为主、惩罚为辅的原则，宽严相济，给予杨某某较轻的处罚，甚至对其适用缓刑。

案件结果

辩护人多次跟承办检察官交流沟通，并向检察院出具了书面的辩护意见，要求给予自首的认定，以达到减刑的目的。起初，检察院并没有采纳该观点,且纪委亦不出具具有自首情节的意见。后辩护人坚持辩护意见,并进行充分说理论证。最终纪委和检察院采纳了辩护人的意见,给予自首情节的认定。

在审判环节,公诉人建议量刑为2~3年。经过辩护,法院结合量刑建议及犯罪事实,对杨某判处有期徒刑1年半。

律师点评

本案的争议焦点在于杨某某的行为是否可以被认定为自首。

一、是否构成自动投案

(1) 根据司法解释,自动投案是指犯罪事实或者犯罪嫌疑人未被司法机关发觉,或者虽被发觉,但犯罪嫌疑人尚未受到讯问,未被采取强制措施时,主动、直接向公安机关、人民检察院或者人民法院投案。其中包括在罪行尚未被司法机关发觉,仅因形迹可疑,被有关组织或者司法机关盘问、教育后,主动交代自己的罪行的情形。杨某某在2017年5月被纪委从公司喊去谈话,仅是因存在违纪情况被审查。当时杨某某并未被确定为犯罪嫌疑人,而在纪委到达公司后,其在没有被带走采取"两规"措施之前就当即表示愿意主动交代所有问题,属于在一般性排查询问时主动交代自己的罪行,应当被认定为自动投案。

(2) 强制措施包括拘传、取保候审、监视居住、刑事拘留和逮捕。"两规"并非正式司法程序的一部分,而是先于司法程序对人身自由进行限制的党内措施,与司法机关的强制措施有着本质的区别:①"两规"的做出主体是纪委,而强制措施的做出主体是司法机关;②"两规"的对象是党纪、政纪的违反者,而强制措施的对象是犯罪嫌疑人。

(3) 纪委的工作与司法机关的工作也存在根本性的区别。关于纪委是否属于司法机关,根据《中国共产党党章》第四十六条,党的各级纪律检查委员会的主要任务是:维护党的章程和其他党内法规,检查党的路线、方针、政策和决议的执行情况,协助党的委员会推进全面从严治党、加强党风建设和组织协调反腐败工作。司法机关是依法成立的行使相关国家职权的司法组织,虽然属于整个司法系统的一部分,但与其他职能部门在分工上是互相独立的。最典型的司法机关就是法院和检察院。所以,纪委应

属于党组织的内部机构,并不属于司法机关的范畴。

二、是否能被认定为"自首"

《最高人民法院、最高人民检察院关于办理职务犯罪案件认定自首、立功等量刑情节若干问题的意见》(以下简称《意见》)规定:"没有自动投案,在办案机关调查谈话、讯问、采取调查措施或者强制措施期间,犯罪分子如实交代办案机关掌握的线索所针对的事实的,不能认定为自首。"

这里也谈到了讯问和采取强制措施两项办案机关的权力。根据前述的内容,只有司法机关才能对犯罪嫌疑人采取"讯问"和"强制措施",其他任何组织和个人都没有这两项权力。

另外,在刑事案件中,办案指的是对于涉嫌犯罪的行为人进行侦查、起诉、审判、执行的活动。《中华人民共和国刑事诉讼法》明确规定,刑事案件的侦查权由公安机关和检察机关行使,同时规定除法律特别规定的以外,其他任何机关、团体和个人都无权行使这些权力。党的纪检部门并非法定的职能部门,宪法和法律并未将侦查权等办案权限授予各级党组织的纪委。所以,纪委的谈话和调查询问并不属于法律意义上司法机关的办案过程。那么,在本案中,杨某某在纪委根据之前所掌握的部分线索进行调查后交代了所有犯罪事实,不在《意见》规定的"不能认定为自首"之列。

杨某某在纪委到单位后,积极配合纪委到规定地点接受审查,在规定的时间内交代了违法违纪的事实。在此基础上,检察院才以其涉嫌犯受贿罪立案侦查。所以,杨某某应当满足自首的构成要件,属于自首。

承办律师

周鹏飞,毕业于南京师范大学法学专业,毕业后在无锡某基层法院任职,自2012年起从事律师职业,于2015年6月进入上海君澜律师事务所并被派驻无锡成立无锡分所,专注于刑事辩护、民商诉讼服务。执业理念:高效,专注,诚信,负责。

厕所改造引发的受贿、贪污案
——L市卫生局原副局长李某某单位受贿、贪污案解读

案情简介

　　时间回溯到2009年11月。李某某在这个月上任L市卫生局副局长、党委委员，同时兼任L市爱国卫生运动委员会主任。

　　在此之前，2009年5月，按照国家卫生部总体要求，为改善农村卫生条件，把农村的厕所改造成卫生厕所，资金由国家专项投入。经报批，H省爱国卫生运动委员会批复相应的改造资金给L市财政局。L市财政局针对项目设备的采购向社会招标。在2009年12月的招标中，L市B包装材料有限公司中标，代表该公司签字的人是马某某。在2010—2011年的招标中，L市C塑料模具制品厂中标，而该公司的法定代表人也是马某某。

　　2012年6月，L市人民检察院反贪污贿赂局对已升任L市爱国卫生运动委员会办公室公共卫生科科长的王某欣初查，6月20日对王某欣立案侦查，并于当日将王某欣刑事拘留。线索来源为L市W县人民检察院反贪污局调查的该县爱国卫生运动委员会办公室主任王某杰涉嫌贪污一案。

　　2012年7月，L市人民检察院反贪污贿赂局对李某某初查，立案侦查，并将李某某刑事拘留。线索来源为L市人民检察院反贪污贿赂局调查的王某欣涉嫌贪污一案。

　　据王某欣供述，涉案资金情况如下：自2010年5月开始至2011年10月，其陆续从马某某处拿到59万元回扣款。自己截留9万元。

加上其他方面的资金，自己总计截留 15 万元。其他的要么给李某某，要么因单位的开支花销了。

据李某某供述，其从王某欣处支取资金的情况如下：2010 年 5 月李某某要买房，让王某欣帮忙借钱，后王某欣安排交了 10 万元定金。2011 年春节，李某某从王某欣处支取 10 万元用于协调单位业务开支。2011 年夏天，李某某从王某欣处支取 10 万元用于交纳房款，因房屋尚未交工，故钱暂存放于李某某个人工资卡上。

关于王某欣向马某某收取回扣款一事，李某某是否知情：王某欣称李某某自开始就知道马某某给回扣款的事情。李某某称自己在王某欣交付购房定金后才知道马某某给回扣款的事情，后又翻供，称自己是被刑讯逼供才按照办案人员的要求供述的，自己自始至终并不清楚该款项是供应商的回扣款。

2013 年 3 月，W 县人民检察院向 W 县人民法院提起公诉，指控 L 市爱国卫生运动委员会办公室涉嫌犯单位受贿罪，指控李某某涉嫌犯单位受贿罪、贪污罪，指控王某欣涉嫌犯单位受贿罪。W 县人民检察院两次提请 W 县人民法院要求补充侦查。2014 年，W 县人民法院判决认定：L 市爱国卫生运动委员会办公室犯单位受贿罪，处罚金 300000 元。李某某犯单位受贿罪，判处有期徒刑一年；犯贪污罪，判处有期徒刑十三年，没收个人财产 200000 元。数罪并罚决定执行有期徒刑十三年，并处没收个人财产 200000 元。王某欣犯单位受贿罪，免予刑事处罚。L 市爱国卫生运动委员会办公室和李某某不服一审判决，提出上诉。

2014 年 11 月，L 市中级人民法院以"原判决部分事实不清"为由，裁定撤销 W 县人民法院做出的刑事判决书，将案件发回重审。

2015 年 1 月、2 月，W 县人民法院向 W 县人民检察院提出补充侦查建议和调取证据建议。

2016 年 11 月，W 县人民法院判决认定：L 市爱国卫生运动委员会办公室犯单位受贿罪，处罚金 300000 元。李某某犯单位受贿罪，判处有期徒刑 1 年；犯贪污罪，判处有期徒刑 3 年 6 个月，并处没收个人财产 200000 元。数罪并罚，决定执行有期徒刑 4 年 6 个月，并处没收个人财产200000元。王某欣犯单位受贿罪，免予刑事处罚。

L市爱国卫生运动委员会办公室和李某某依然不服判决，再次提出上诉。

律师对策

2016年11月，李某某再次上诉。其亲属委托河南森合律师事务所。孙瑞红律师接受指派，作为李某某的二审辩护人。辩护人对卷宗进行详细比对后认为，无论是程序还是实体，均存在重大问题。

程序方面存在的问题：看守所违反法律规定外提审讯；审讯机关违反法律规定对审讯过程进行选择性录音录像，制作笔录时进行大量复制粘贴；两名侦查人员同时提审李某某和王某欣；侦查人员对王某欣进行诱供，隐匿补充侦查卷宗材料等。

在实体方面，一方面，李某某对相应款项的性质到底是否知情，关键证据是王某欣的供词。公诉机关对王某欣的起诉存在问题。按照L市人民检察院反贪污贿赂局的起诉意见书，王某欣涉嫌贪污15万元，而公诉机关却没有指控王某欣涉嫌贪污的事实。公诉机关的做法十分可疑。另一方面，在L市中级人民法院把案件发回重审之后，W县人民法院向W县人民检察院提出过补充侦查建议和调取证据建议，但是相应的证据材料并没有出现在卷宗里，即L市中级人民法院第一次二审的证据材料，与本次二审的证据材料相同。在没有新的证据的情况下，由于L市中级人民法院第一次二审后认为"原判决部分事实不清"，本次二审面临的情况当然还是"原判决部分事实不清"。

在确定前述程序和实体方面的问题之后，辩护人随即向L市中级人民法院递交了五份申请书：《召开庭前会议申请书》《排除非法证据申请书》《查阅讯问过程录音录像申请书》《通知侦查人员出庭作证申请书》《调取证据申请书》。

在确认L市中级人民法院收到五份申请书之后，辩护人陷入了长时间的等待。等待的结果是法院不开庭审理了，理由是L市人民检察院书面通知："上诉期间案件事实没有发生变化，没有出现新的证据；原审法院认定

厕所改造引发的受贿、贪污案

事实清楚,证据确实充分,定性准确,量刑适当。建议二审法院书面审理,维持原判。"

在此情况下,辩护人就把前述问题详细地制作成图表,在辩护意见中进行详细的列举论证。摘录的部分辩护意见如下:

一、程序部分

1. 违法提审本案两名被告人

根据《人民检察院刑事诉讼规则(试行)》第一百九十二条之规定,讯问同案的犯罪嫌疑人,应当分别进行。而W县看守所提讯记录显示,两位侦查人员并未对同案犯罪嫌疑人分别讯问。

2. 违法外提审讯

根据《人民检察院刑事诉讼规则(试行)》第一百九十六条的规定,外提犯罪嫌疑人需检察长批准,且不能以讯问为目的。但是根据本案卷宗材料中显示的侦查人员外提李某某的手续,本案的侦查机关对相关人员多次违法外提,获取口供。

3. 对审讯过程进行选择性录音录像

根据《人民检察院讯问职务犯罪嫌疑人实行全程同步录音录像的规定》第二条第二款规定,不得选择性录制。第五条第二款规定,讯问录音、录像应当从犯罪嫌疑人进入讯问室或者讯问人员进入其住处时开始录制。但在本案中,对李某某的讯问过程显然是违法进行的。

李某某称,每次讯问时讯问人员都是提前做了很长的诱导或者威胁工作才开始录音录像的,都不是从其进入审讯室就开始录音录像的。特别是2012年7月在L市人民检察院询问室做笔录和自书材料的过程中,当时屋里的空调温度设定得非常低,李某某被以"冻"的方式进行了刑讯逼供。

4. 对王某欣进行诱供

根据《人民检察院刑事诉讼规则(试行)》第一百九十七条规定:"严禁刑讯逼供和以威胁、引诱、欺骗以及其他非法的方法获取供述。"

在2015年1月W县人民法院开庭审理过程中,在合议庭讯问王某欣为什么在侦查阶段的供述存在不一致的问题时,王某欣回答:"刚开始记不清楚,说错了,后来在办案人员的提醒下又想起来了。"办案人员到底是用什么方法"提醒"王某欣的?办案人员给王某欣"提醒"了什么内容,让王某欣想起来了?

5. 隐匿证据问题

根据《中华人民共和国刑事诉讼法》第五十二条第四款的规定，凡是伪造证据、隐匿证据或者毁灭证据的，无论属于何方，必须受法律追究。本案中存在隐匿证据的违法问题。

2012年7月、8月，侦查人员提请批准把李某某提出看守所进行"辨认"，但卷宗里没有辨认事项及辨认笔录。

2013年6月、10月 W 县人民检察院两次提请 W 县人民法院，根据《中华人民共和国刑事诉讼法》的相关规定进行了补充侦查，但卷宗里没有补充侦查材料。

2015年1月、2月 W 县人民法院分别向 W 县人民检察院提出补充侦查建议和调取证据建议，但补充侦查及调取的证据材料并没有出现在卷宗里。

二、实体部分

王某欣是不是收受了贿赂，王某欣收受贿赂是不是李某某安排的，李某某是否知道其从王某欣处支取的款项的性质，本案卷中能够对此予以证明的，只有王某欣的口供和李某某的口供。二人的口供都必须经过查证，才能够作为定案根据。

李某某已翻供。辩护人认为，王某欣的口供不属实，不能够作为定案根据。辩护人对王某欣在本案中的处境做了以下分析：

第一，王某欣承认自己贪污 156000 元，均用于自己的个人事项。按照起诉书的指控，其收受他人的财物属于单位受贿。其将单位受贿的财物非法占为己有便是贪污。这与检察机关指控李某某的逻辑是一致的。这 156000 元仅仅是王某欣自认贪污的款项，不包括王某欣向除了马某某之外的其他人索要贿赂的金额。

第二，按照第一次一审判决时的刑法规定，王某欣至少应当被判处十年以上有期徒刑。

第三，W 县人民检察院起诉书中对王某欣涉嫌贪污 156000 元的犯罪事实没有起诉。

第四，W 县人民法院两次刑事判决书均判决王某欣单位受贿罪成立，但免予刑事处罚。

辩护人认为，在证据材料没有任何变化的情况下，至少可以认为本案现在依然是"原判决部分事实不清"。

厕所改造引发的受贿、贪污案

L市中级人民法院认为"原判决部分事实不清",裁定发回重审。W县人民法院重新组成合议庭审理本案。据前述程序部分关于隐匿证据问题的分析,辩护人认为,本案卷宗材料显示得很清楚,在发回重审期间并无新证据出现。现在的问题是:W县人民法院第二次一审做出刑事判决书,依然认定李某某的罪名成立。而其所依据的证据材料与L市中级人民法院做出"原判决部分事实不清"的裁定所依据的证据材料完全相同。既然证据材料相同,L市中级人民法院认为"原判决部分事实不清",W县人民法院做出的刑事判决书怎么就认定本案达到了"事实清楚、证据确实充分"的证明标准呢?!故,辩护人认为,本案属"部分事实不清"。既然事实不清,根据刑事诉讼的证据原则,裁决就应当有利于被告人。

案件结果

2017年8月,L市中级人民法院经过书面审理,做出刑事判决书:

(1)维持W县人民法院刑事判决书的第一、三、四项;维持第二项中关于上诉人李某某犯单位受贿罪的定罪量刑部分,即被告人李某某犯单位受贿罪,判处有期徒刑1年。

(2)撤销W县人民法院刑事判决书第二项中关于上诉人李某某犯贪污罪的定罪量刑部分和并罚部分,即被告人李某某犯贪污罪,判处有期徒刑3年6个月,并处没收个人财产人民币200000元,决定执行有期徒刑4年6个月,并处没收个人财产人民币200000元。

辩护人首先通过6份统计表格,将程序违法情况展现无遗,进而让看到这些问题的司法工作人员和其他人对李某某和王某欣口供的真实性产生直接怀疑。然后通过5份申请书,进一步攻击公诉机关的证据链条。若按照申请处理,则公诉机关应当能够排除相关证据,否则不能自圆其说;若不按照申请处理,则明显违法。最后辩护人通过一份系统的辩护词,对各辩护要点进行了详尽的分析论证,让李某某的行为是否构成犯罪的情况跃然纸上,清晰可见。通过以上几个部分的连环出击,在二审法院书面审理的情况下,辩护人成功将贪污罪罪名去除,虽未达到彻底无罪的辩护效果,但为申诉工作做好了铺垫。

律师点评

从案件线索来源看，W县爱国卫生运动委员会办公室主任王某杰涉嫌贪污一案牵出了王某欣案，王某欣案又牵出了李某某案。这种办案手法相当典型，俗称"扫外围"。只是，这种企图先通过外围定点清除，然后让目标自然显露的做法，在贿赂犯罪的证据证明体系下，很容易被恶意利用。在辩护此类案件的过程中，律师需要特别留意。一般情况下，贿赂犯罪实施的时候都是"一对一"，无痕迹。能够最终落实的主要就是言词证据。在证明的时候，如果行贿人和受贿人等的口供能够互相印证，我们就能够认定相关事实，而不必要求其他类型的证据来印证口供的真实性。事实上，当涉及重大利益的时候，口供肯定是最不可靠的证据。铁案的标准应当为离开当事人的口供，一样是事实清楚、证据确实充分的定案。过分依赖口供的案件，一般都不是铁案。

在本案中，王某欣的口供就是需要特别留意的。因为李某某是否有罪，完全取决于王某欣的口供。如果王某欣称李某某自始至终都不知道回扣款的事，在本案中法院就无法认定李某某有罪了。

辩护人在本案中的辩护策略是值得分享的，即"以彼之道还施彼身"。既然有关机关能够根据王某欣的口供定李某某的罪，辩护人就完全可以紧盯对王某欣的处理过程和结果，反推出王某欣供词不真实和李某某不应当有罪的意见，甚至推断这其中可能涉及的违法犯罪问题。

辩护人提出的程序性问题也很关键。程序性辩护是近年不少刑事律师都特别重视的。尊重和保障人权已经被写进《中华人民共和国刑事诉讼法》，《中华人民共和国刑事诉讼法》也从服务于发现事实真相逐渐转向限制司法机关非法取证。在这样一个背景下，多个有关非法证据排除的文件出台，为刑事辩护律师在程序部分的辩护提供了依据。完全可以讲，这是一个新的战场，与实体辩护同样重要的战场。在本案中，有关机关的多种违法行为被揭露出来，对本案最终结果的产生起到了重要作用。

总的来讲，无论处理什么类型的案件，熟知有关机关的办案方式，同时在程序和实体两个部分进行深入分析，都是取得良好结果的关键。

承办律师

孙瑞红,河南森合律师事务所合伙人、副主任兼刑事部主任,专注于刑事犯罪辩护业务。现为洛阳市律师协会刑事业务委员会副秘书长,洛阳师范学院法学与社会学院法学讲师,洛阳市律师协会维权委员会委员,洛阳市法学会刑法学研究会理事,2017年度洛阳优秀律师,2017年度洛阳市法学会优秀法学研究工作者。具有深厚的刑事理论功底,结合上百起案件实践,在职务犯罪、人身权利犯罪、财产权利犯罪等方面积累了丰富的刑事辩护经验。执业理念:专业至上,专业制胜!

顾某某滥用职权案
——检察院以不存在犯罪事实为由撤回起诉

基本案情

2010年12月20日，根据财政部、国土资源部和J省人民政府《整体推进农村土地整理示范协议》的要求，J省人民政府与D市人民政府就整体推进农村土地整治示范建设签订目标管理责任书。2011年5月17日，J省财政厅、国土资源厅下达了《J省整体推进农村土地整治示范项目计划和第一期预算》通知，要求由D市土地复垦整理中心组织该市W镇土地整治示范项目的实施，预算该项目总投资人民币448880000元，其中省级以上示范建设资金为人民币339380000元，地方配套资金为人民币109500000元。2011年6月18日，D市土地复垦整理中心与该市W镇人民政府签订了《委托书》，委托W镇人民政府组织实施该项目。2011年9月8日，W镇人民政府成立了D市W镇土地整治示范项目建设管理处（以下简称"项目管理处"），具体负责组织项目实施。时任W镇副镇长的顾某某被任命为项目管理处副主任，负责项目管理处日常管理工作。2011年11月至12月间，项目管理处将D市W镇土地整治示范项目划分为9个标段，对外进行招标。通过投标，H水利建设有限公司等6家单位中标。2011年12月2日，项目管理处与上述6家中标施工单位签订了建设工程施工合同，但由于地方配套资金不足，项目管理处在组织招投标及签订建设工程施工合同过程中，与6家中标施工单位约定，将发包工程全部收回，变由项目管理处组织实施，项目管理处按中标施工单位工程总价2.5%的比例向中标施工单位支付管理费。这致使省级以上示范建设资金损失人民币6551856.05元。

D市人民检察院指控顾某某身为国家机关工作人员，不正确履行职责，致使国家利益遭受重大损失，情节特别严重。依据《中华人民共和国刑法》第三百九十七条第一款规定，认为应当以滥用职权罪追究其刑事责任。

律师对策

辩护人认为，被告人顾某某的行为不构成滥用职权罪。滥用职权罪是指国家机关工作人员滥用职权，致使公共财产、国家和人民利益遭受重大损失的行为。被告人顾某某的行为不符合本罪的犯罪构成要件，主要表现在如下几个方面。

一、顾某某没有滥用职权

（1）W镇土地整治示范项目是由D市人民政府主要领导亲自主抓的项目。D市人民政府为此专门召开了几次政府办公会议。与会人员包括D市人民政府主要领导以及D市财政局、W镇人民政府的主要领导。当时考虑到地方财政紧张，一个多亿元的地方配套资金无法落实，因此会办形成了"以项目养项目"的意见。所谓"以项目养项目"，就是用上面的项目资金完成项目，而地方财政不出资。具体做法就是压缩施工成本，用节约的施工成本填补地方财政的不足。即使没有形成书面的会办纪要，但这一事实不仅有顾某某在法庭上的陈述证实，而且得到了当时的镇长潘某的证人证言的印证。顾某某是按照D市人民政府办公会议及W镇人民政府"三套班子"的会办意见具体操作的。可见，这是集体研究的会办意见，而且顾某某不是决策人。

（2）下级服从上级是行政权力的基本特征，也是《中华人民共和国公务员法》对公务员的基本要求。该项目的具体实施意见已经过D市人民政府、W镇人民政府两级会办。如果作为上级机关的D市人民政府的决策错误，提出异议的也应是W镇人民政府或者W镇人民政府的主要领导。严格来说，顾某某不是有权提议否定上级机关决策的W镇人民政府主要领导。

顾某某仅仅是协助镇长、书记工作,不在主要领导之列。那么,根据《中华人民共和国公务员法》的规定,承担责任的就应当是上级机关,而不应当是本案的顾某某。

(3) 判断顾某某有没有滥用职权的前提是要弄清顾某某的职权范围。顾某某的职权是什么?顾某某任W镇副镇长、项目管理处副主任、项目办公室副主任三个职务。其职权内容为:协助镇长、书记处理公务,承办镇长、书记交代的任务;处理W镇人民政府或上级人民政府集体会办或镇领导授权处理的事务。虽然顾某某为副镇长,但职务并不代表职权。这里的"权"是指决策权。顾某某没有否定上级决策的权力,更没有让6家单位退出而让128个施工班组施工的决策权。

(4) D市财政局在整个过程中起到了不可或缺的作用。在本案中,其中一笔56000000元的进度款,由D市财政局下拨到项目管理处,兜了一个圈子,又回到D市财政局账户,再由D市财政局拨付到W镇项目管理处作为地方配套资金。D市财政局的做法完全是在造假,是以虚假的方式填补地方配套资金。从资金的流向情况来看,如果没有D市财政局的这一系列错误行为,套取资金就不能实现。无疑,D市财政局在套取资金方面起到了关键作用。本案被告人顾某某是左右不了D市财政局的,而能够指挥D市财政局的无疑是D市人民政府。从审计署特派办查出问题后D市人民政府组织弥补的情况来看,D市人民政府是在填补自己的窟窿,也是为了弥补和减小政府决策错误带来的负面影响。

可见,被告人顾某某充其量应当受到行政处分,但并没有违反法律规定行使职权,突破职务上的权限和程序。故,顾某某的行为没有上升到刑法制裁的高度,并不构成犯罪。

二、被告人顾某某的行为没有"使公共财产、国家和人民利益遭受重大损失"。其行为不构成滥用职权罪

(1) 该土地整治示范项目批复总投资资金是448880000元,其中省级以上项目资金为339380000元,地方配套资金为109500000元。尽管6家单位没有施工,由128个施工班组施工,但工程还是如期完成并通过了竣工验收,而投资资金不但没有突破省级以上项目资金的预算,而且节约了项目资金,特别是在地方配套资金方面更是节约了地方财政的支出。投资节约的主要原因在于实际支付给施工班组的施工单价远远低于预算价,而由此节约的钱远远超出支付给6家单位的管理费。该项目的变通实施固然违反了招投标法和建筑施工相关行政法律法规的规定，但节约了地方财政和国家财政的支出，压缩的是施工方的利润。该项目的变通非但没有造成公共财产的损失，反而节约了公共财产的支出。所以顾某某的行为没有"使公共财产、国家和人民利益遭受重大损失"。

（2）从刑法理论上来讲，滥用职权罪属于结果犯，以有没有给公共财产、国家和人民利益造成重大损失作为衡量的标准。在公诉机关起诉前，审计部门的初步报告已经做出，工程价款审核结果为20646.85万元，比预算资金节约了2亿多元。报告中载明了节约2亿多元的主要原因是支付给施工班组的施工单价远远低于预算价，也就是远远低于中标企业的施工单价。因此，从结果来看，顾某某的行为并没有给公共财产、国家和人民利益造成损失，反而为地方及国家财政节约了2亿多元。

（3）支付给施工单位的管理费655万余元，是从降低结算单价而节约的费用中支付的。如果施工企业不参与管理，项目管理处即使不支付施工企业管理费，也要支出128个施工班组的自身的管理费用，包括工程财务人员进度核算费用、现场施工员费用、安全员费用、资料员费用、招投标费用等，因此，无论工程有没有发生挂靠，管理费用均是必须实际发生的，这也是任何工程决算、审计不能遗漏的费用。

因此，顾某某的行为没有"使公共财产、国家和人民利益遭受重大损失"，从滥用职权罪的客观要件来讲，不构成滥用职权罪。

三、公诉机关指控被告人顾某某任职的项目管理处按2.5%的比例向中标施工单位支付管理费，致使省级以上示范建设资金损失人民币655万余元，系认定事实不清、证据不足

（1）这6家单位有没有产生管理费？要回答这一问题，必须要认清这6家单位在该工程中的地位和作用。从全案来看，这6家单位与128个施工班组之间或者项目管理处之间应当为被挂靠与挂靠的关系。根据J省高级人民法院《关于审理建设工程纠纷适用法律若干问题的指导意见》，他人以中标单位的名义，借用施工单位的资质招投标，签订施工合同，中标单位没有实际施工，而由其他实际施工人完成工程量，并收取一定的管理费的行为为挂靠。挂靠又分为派员管理的挂靠和不派员管理的挂靠。本案中的挂靠应当为派员管理的挂靠。这6家单位作为被挂靠人在工程施工的过程中产生了大量的管理费用，包括从编标、投标、开标到工程实施过程中发生的现场管理人员的工资，管理人员的五险一金，公司后勤人员、财务人员、资料员的工资，公司服务于该项目的交通费、通信费、招待费，企业的资质维护费等。

（2）6家中标单位的管理费应不应该支付？公诉机关认为这些是不合法的费用，不应当支付，有违《中华人民共和国合同法》的规定。根据该法第五十七条和九十八条，合同即使被确认无效，也不影响合同中结算条款的效力。施工合同中明确约定了工程款的结算按照《J省建设工程费用定额》进行结算。J省定额中就包含了施工企业的工程管理费，而结算的原则是"按实结算"。虽然6家单位没有实际施工，但这6家单位在工程中均成立了项目部，参与了管理，那么管理费就应当按实结算。在人民法院审理建设工程合同纠纷案件时常常有违法挂靠的施工企业收取的管理费被没收或追缴的情形出现。这是针对不派员参加管理，没有任何投入的情况。不派员参与管理而收取管理费属于违法挂靠渔利的行为，管理费当然应当被追缴，但本案的情况不是这样。6家单位均派员参加管理，因此，6家单位在工程施工过程中产生的管理费是应当支付的。

（3）尤为重要的是，管理费实际发生多少数额？就拿中标单位Y公司来说，在2011年12月到2013年11月期间，产生的管理费就高达124万元（具体的清单已经向法庭提交），而Y公司收取的管理费不足150万元，开庭之前Y公司退回了45万元到W镇政府。由此可看出，Y公司不但没有获取非法利益，反而形成倒挂。因此，控方必须把6家单位实际发生的费用具体统计出来，在655万元中予以扣除以计算损失。这应当由控方举证。既然关于"损失金额"的指控证据不足，控方自然就不能认定被告人的行为构成犯罪。

案件结果

该案仅经过一审，历时两年，经过若干次庭审。辩护人的辩护意见得到了法院及检察院的认同。最终，检察院于2017年12月30日以不存在犯罪事实为由撤回起诉。

律师点评

本案是在最高人民法院审判制度改革后,贯彻"一切以审判为中心"的刑事审判制度得到落实的大背景下成功辩护的范例。人民法院在新的刑事政策下,摒弃了传统的审判理念,也孕育了律师办理刑事辩护的新气象。在同一时期,辩护人代理了夏某某玩忽职守案与朱某某滥用职权案,在侦查和起诉两个阶段均做了无罪辩护,最终检察院均做了不起诉决定。

承办律师

张桂江,江苏涤非律师事务所主任,执业20多年,擅长刑事辩护,承担过200多起刑事案件的辩护,仅2017年度就为三起国家工作人员职务犯罪案件成功做了无罪辩护。担任40多家国家机关、企事业单位的法律顾问。现为盐城市大丰区政协常委、盐城市大丰区新社会阶层联合会副会长、盐城市律师协会常务理事。

涉案毒品约580千克，经律师成功辩护，被告人二审终被判死缓刑

——涉外型毒品犯罪案件的成功辩护

案情简介

2013年3月，被告人岩某联系蒋某，用蒋某的货船运输毒品到L国的某地。3月18日，在M国的某码头，被告人岩某将毒品装上蒋某的"晨某号"货船。3月19日早上，被告人蒋某驾驶装有毒品的"晨某号"货船从M国的某码头向L国的某地行使。当日19时许，中国X州公安局、Y省公安边防总队水上支队及四个国家在某国际河流联合巡逻执法某地联络点与L国某省军区在该河L方孟巴里奥水域联合开展专项查缉行动时，对停靠在L国国际河流孟巴里奥浅滩处的中国籍"晨某号"货船进行检查，当场从该船机舱隔板前20个白色编织袋内查获毒品甲基苯丙胺片剂840块，毛重579.7千克，遂将被告人蒋某、岩某当场抓获。一审中级人民法院对两名被告人均判处死刑，剥夺政治权利终身，并处没收个人全部财产。

案发后L国公安部将被判处死刑的蒋某、岩某、石某，及被判处无期徒刑的王某、罗某，附L国W市初级人民法院判决、服刑证明、移交纪要等外文文件及中文译文，于2014年6月10日从L国移送中国。Y省公安厅指定X州公安局侦查，之后检察机关决定仅追究本案两人的刑事责任，对其余三人不批准逮捕，不追究其刑事责任。

我国X州中级人民法院对本案进行了开庭审理，于2015年12月18日出具一审判决，认定蒋某、岩某犯运输毒品罪，判处死刑。之后

两人提起上诉。Y省高级人民法院及Y省法律援助中心2016年4月指定笔者作为上诉人岩某的法律援助律师参与本案的二审审理。

律师对策

考虑到本案有较多特殊的涉外法定、酌定情节，在与上诉人岩某会见后，其同意本人以认罪从轻的方式进行辩护。辩护词主要内容如下：

一、管辖权问题

本案系利用中国籍船只进行运毒，犯罪人员均为中国籍的毒品案件。其管辖权无太大争议。

二、本案不排除存在特情的情况

本案不排除存在特情的合理怀疑。毒品类案件有78%以上存在特情或者技术侦查介入，但均不会有证据留存。该情况对案件结果的影响应该被提前纳入对辩护思路的选择考虑中。

我国的公安机关事前已知悉船只运毒的准确情况，并调派警力直接在其停靠浅滩上进行收网行动，说明公安机关已提前准确地知晓涉案人员的运毒船只停留地点与时间等详情，从而可以在涉案人员装好毒品尚未运走的有利时间节点上"收网"。公安机关之所以能精准掌握运毒过程详细情况，很明显是因为存在"线人"。采取特情侦查手段无可怀疑。

辩护人对此大胆提出疑问，由二审支持公诉机关举证排除特情存在的可能。在案件线索、毒品来源、毒资来源、抓捕现场、到案人员情况、未到案人员情况处理、指控罪名、抓捕时间与地点上存在硬伤，是辩护常用的切入点。

庭审发问时，辩护人主要对岩某问询其在国外被判处刑罚的情况，及是否自愿回国受审，是否被告知回国受审的相关程序、权利等。其回答对以上情况均不知晓。

三、程序、证据方面的问题

程序、证据方面的核心问题是域外执法是否具备执法的合法性基础。

（1）在2013年3月19日毒品可疑物被查获后对本案两名上诉人、三名证人进行第一次讯问的地点均在L国的某地。

（2）在L国进行的第一次讯问笔录中被告人均没有被告知相关权利和

法律规定。《最高人民法院关于适用〈中华人民共和国刑事诉讼法〉的解释》第八十条规定："对被告人供述和辩解应当着重审查以下内容：（一）讯问的时间、地点、讯问人的身份、人数以及讯问方式等是否符合法律、有关规定；（二）……首次讯问时是否告知被告人相关权利和法律规定，被告人是否核对确认……"。

（3）其他存在违反《中华人民共和国刑事诉讼法》方面的情况有：对上诉人的全部讯问均没有同步录音录像。

（4）侦查机关的查获经过、辨认笔录、称量笔录、毒品可疑物提取笔录等均为瑕疵证据。侦查机关在查获现场没有进行制作现场勘验笔录、制作现场图、制作检查笔录、制作搜查笔录等基本的刑事案件勘验要求工作，更没有采取对重大案件的现场进行录像，对在现场称量的毒品可疑物进行编号、无净重称量，对毒品包装物提取指纹、封存等措施，同时缺乏相关证据材料的佐证。公诉机关难以做出合理解释或补正。本案相关证据难以形成完整的证据链。

四、对于该案是否存在两国之间引渡条约、协议及司法承诺情况，只能提请二审合议庭审核，并结合本案相关情况酌情处理

本案系通过引渡方式让上诉人回国受审。上诉人岩某已在L国被判处刑罚，并实际服刑一段时间。在无任何两国协议、条约及司法承诺材料附卷的情况下，二审合议庭应结合是否存在相关政策、司法承诺及参照国际法原则的要求慎重处理，依法保障上诉人的合法权益。

《中华人民共和国引渡法》第五十条规定："被请求国就准予引渡附加条件的，对于不损害中华人民共和国主权、国家利益、公共利益的，可以由外交部代表中华人民共和国政府向被请求国作出承诺。……对于量刑的承诺，由最高人民法院决定。在对被引渡人追究刑事责任时，司法机关应当受所作出的承诺的约束。"

五、一审中级人民法院对外国侦查机关出具的证据在判决书中直接采信违法，二审支持公诉机关如不能对此补正和做出合理解释，则二审高级人民法院应将相应证据作为瑕疵证据予以排除或不作为证据采信。未经我国人民法院的司法裁判文书确认，外国司法机关的司法文书在我国不具备任何法律效力

证据卷中附卷有L国公安机关的办案材料及W市人民法院刑事判决书

涉案毒品约580千克，经律师成功辩护，被告人二审终被判死缓刑

等材料。一审中级人民法院将 L 国公安机关的办案材料直接作为证据采信违法。

《最高人民法院关于适用〈中华人民共和国刑事诉讼法〉的解释》第四百零五条规定："对来自境外的证据材料，人民法院应当对材料来源、提供人、提供时间以及提取人、提取时间等进行审查。……材料来源不明或者其真实性无法确认的，不得作为定案的根据。"

对照该条款，一审公诉机关提供的 L 国司法机关的材料均无来源、提供人、提供时间等书面材料，也无中文译本翻译人员资质等情况附卷，真实性存疑。

六、本案存在翻译人员聘请情况不明、资质不明问题，且事关上诉人生死的中文译本的来源不明。如二审支持公诉机关不能进行补正和合理解释，则二审高级人民法院应将相应证据作为瑕疵证据予以排除或不作为证据采信

（1）翻译人员必须是与案件没有利害关系的人，有《中华人民共和国刑事诉讼法》第二十八、二十九条规定情形之一的应当回避。

（2）虽然《中华人民共和国刑事诉讼法》中未列明提交外文书证必须附有中文译文，但是根据我国刑事诉讼中使用中国通用语言文字的原则，无论是公安、检察机关通过司法协助取得的外文书证，还是当事人、辩护人、诉讼代理人提供的外文书证，都应由证据提供者将外文书证交给有资质的翻译机构进行翻译。

（3）X 州公安局禁毒支队出具的《情况说明》记载的翻译文本中出现人名及词组错误问题，且中文译文中未见翻译人员签名，并且禁毒支队未出示聘请翻译人员手续及其资质附卷。如法院继续采信 L 国司法机关材料，将不能充分保障翻译文件的正确性，更无法保障上诉人的合法权益。

七、本案在客观上存在岩某系受人雇佣运输毒品的情况，其自身属毒品运输中的"马仔"角色，是初犯，有坦白情节

案件结果

本案一审中级人民法院认定的证据体系存在多处不能进行补正和合理解释的瑕疵证据，难以形成完整的证据链、证据体系，在执法程序、证合法性方面存有硬伤。经辩护人认真梳理，指出一审判决中较多的证据、程序违法之处，Y省高级人民法院2017年5月做出的二审判决认为："蒋某、岩某运输大量毒品，依法应从严惩处，但鉴于本案的特殊情况，对二上诉人可判处死刑，不立即执行。岩某的辩护人所提对岩某从轻处罚的上诉理由和辩护意见成立，本院予以支持。"

律师点评

数额巨大的毒品犯罪案件的判决结果在正常情况下是死刑立即执行。因此，律师要争取免死效果，就应该从"动摇证据大厦"入手，而不是拘泥于"一城一地得失"的数量争夺。在本案中查获毒品的数量巨大，即使数量上减少一半甚至一大半，判决结果依旧是死刑立即执行。辩护人如果能够从取证程序违法上动摇证据的真实性、合法性基础，或者发现有明显的特情侦查手段无法排除，就可能让法官对案件证据确凿产生怀疑，从而做出留有余地的裁判——改判死缓刑。这也是辩护人能够争取到的最好的结果。对一审的辩护思路重复讲述不会产生任何效果；只有进行全方位、积极主动的程序性抗辩才可能产生好的效果。

通过本案的公正审理，笔者对律师大胆直白进行程序性辩护有了更大的信心。希望律师同行在类似的涉外刑事案件中仔细、认真地抓住每一个疑点，全力以赴、不负重托！

承办律师

吴诚志，建纬（昆明）律师事务所专职律师，在公安机关有10多年工作经验，擅长办理民间借贷类、交通肇事类、婚姻家庭类、刑事案件类案件。

有效把控刑事案件突破点
——解析杨某某涉嫌非法行医案

案情简介

2017年,杨某某结识了S市某医院门诊部医生陈某。在闲聊间,陈某向杨某某提起"王医生"(真实姓名为李某某,本案另一犯罪嫌疑人)。陈某称,"王医生"从事育龄孕妇胎儿性别鉴定行业,如有相关业务可与"王医生"联系。后杨某某联系"王医生"。"王医生"自称在医院上班,同时在S市C镇开了一家诊所,已从事胎儿性别鉴定行业20多年。"王医生"告诉杨某某,如有此类业务,可以向其介绍。还提出,其在医院上班,为孕妇做B超检查,因此,做胎儿性别鉴定的孕妇前往医院或自己家中均不方便。于是双方商定,将检查地点定于杨某某租住于S市B区的房屋。后杨某某告知熟人、老乡,可介绍孕妇前来做B超检查,鉴定胎儿性别。杨某某的联系方式经由熟人、老乡流传开来。如果有孕妇联系杨某某要鉴定胎儿性别,杨某某便转介绍给李某某。至2018年5月,杨某某共为李某某介绍孕妇10多名,获得介绍费2000多元。

2018年6月,杨某某、李某某因涉嫌非法行医,陆续被A省L市公安局Y区分局刑事拘留,并送往A省L市看守所羁押。

律师对策

北京市盈科(苏州)律师事务所接受犯罪嫌疑人杨某某的妻子张某某的委托,指派宋建平律师担任杨某某涉嫌非法行医一案的辩护人。辩护人通过会见犯罪嫌疑人，对案情有了详细的了解。辩护人认为，杨某某的行为不构成非法行医罪。具体意见如下。

一、杨某某的行为不构成非法行医罪

1. 杨某某没有非法行医的犯罪故意和犯罪行为

辩护人经多次会见得知，杨某某是在一个王姓医生与孕妇之间牵线搭桥。"王医生"自称在医院工作并开了一家诊所。结合"王医生"为孕妇做B超检查的表现，杨某某一直未对其医生身份有所怀疑，直到被刑事拘留后，才从警察处得知"王医生"的真实姓名为李某某。杨某某平日有正当工作，并非刻意从事涉案行为，更非以此为营生手段。杨某某介绍给李某某的孕妇，都是从其他渠道打听到杨某某的电话，并主动与杨某某联系来做B超检查的，相互间均不认识。故，在主观上，杨某某没有非法行医的犯罪故意。

为孕妇做B超检查、洽谈价格、收取费用直接在李某某与孕妇之间进行。做检查的行为人是李某某本人，做检查的设备仪器系李某某本人携带提供，检查结果也是由李某某本人告知孕妇。在上述过程中，杨某某没有参与任一环节。故，在客观上，杨某某亦没实施非法行医的行为。

2. 杨某某与李某某并不构成共同犯罪

共同犯罪要求行为人具有共同犯罪故意，而在本案中，杨某某与李某某不具有非法行医的共同犯罪故意。杨某某在主观上并不明知李某某不具有医生执业资格，相反，杨某某有合理理由相信李某某是医生且具有行医资格：一是介绍人陈医生向杨某某介绍李某某时，明确介绍说此人是医生；二是杨某某曾经问过李某某本人，李某某也说自己是医生，且从事涉案行业20多年；三是做B超检查需要相关医学知识，普通人不可能有这方面的专业知识；四是李某某进行B超检查时与孕妇交流使用的都是专业术语，比如指示孕妇吸气、侧卧、平躺，告知孕妇胎儿的胎位、胎儿发育是否健康、怀孕几周、预产期等。由此，杨某某自然相信李某某即专业医生，不可能对其身份产生怀疑。因为李某某明确向杨某某表示，不能让孕妇到自己家中或诊所做B超检查，为方便孕妇，其愿意提供出诊服务，所以杨某某就将检查地点定在自己租住的房屋，但这不能说明杨某某在主观上明知李某某没有医生执业资格。

由以上内容可知，杨某某虽然在客观上提供了做B超检查的场所，也从李某某处收取了一定的介绍费,但在主观上并不明知李某某没有医师执业资格,与李某某之间不可能形成非法行医的共同犯罪故意。因此,杨某某与李某某不构成共同犯罪。

二、杨某某系主动归案,构成自首

撇开杨某某的行为是否构成非法行医罪不谈,从杨某某归案经过来看,杨某某具有自首情节。

归案前,杨某某接到K市公安局T派出所的电话。对方告知杨某某,因办理居民身份证需要,其三年前办理的居住证要取消,必须本人到场签字确认,让杨某某空闲的时候前往派出所处理。杨某某虽对"居住证取消"事宜表示怀疑,但第二天还是主动去了派出所,并主动陈述了介绍孕妇给"王医生"做B超检查一事。对照K市公安局T派出所出具的"抓获经过"——派出所民警沈某某和许某某"给杨某某打电话,以其需要办理居民身份证为由通知其到派出所"可知,归案情节相互印证。根据最高人民法院、最高人民检察院《关于办理职务犯罪案件认定自首、立功等量刑情节若干问题的意见》,杨某某的行为符合自首。

三、本案未造成严重后果,不符合"情节严重"

根据《中华人民共和国刑法》第三百三十六条的规定,非法行医罪,须达到"情节严重"的程度。《最高人民法院关于审理非法行医刑事案件具体应用法律若干问题的解释》第二条规定:"具有下列情形之一的,应认定为刑法第三百三十六条第一款规定的'情节严重':(一)造成就诊人轻度残疾、器官组织损伤导致一般功能障碍的;(二)造成甲类传染病传播、流行或者有传播、流行危险的;(三)使用假药、劣药或不符合国家规定标准的卫生材料、医疗器械,足以严重危害人体健康的;(四)非法行医被卫生行政部门行政处罚两次以后,再次非法行医的;(五)其他情节严重的情形。"

在本案中,对前来检查的孕妇,李某某所从事的,也仅仅是单纯为其做B超检查,除此之外,并没有其他治疗行为。李某某使用的唯一工具就是其自带的B超机,并不涉及其他药物、卫生材料或医疗器械,没有造成孕妇身体危害或直接导致孕妇终止妊娠等严重危害后果,其行为不具有上述规定中的"情节严重"情形。

鉴于杨某某与李某某没有共同犯罪故意,李某某的行为没有达到法定

"情节严重"情节，杨某某的行为不构成非法行医罪，辩护人建议检察机关对杨某某做出不予批准逮捕决定。

案件结果

犯罪嫌疑人杨某某被刑事拘留后，辩护人受委托，及时会见了杨某某，随后组织团队成员郝亚律师多次研讨案情，根据案情和案件进展，适时递交《取保候审申请书》《不予批准逮捕法律意见书》，并多次与承办机关沟通。最终，L市Y区人民检察院采纳了辩护人的意见，于2018年7月19日以"杨某某涉嫌非法行医罪证据不足"为由做出不予批准逮捕的决定，并让L市公安局Y区分局就杨某某涉案证据进一步补充侦查。另一名犯罪嫌疑人李某某于2018年7月19日被依法批准逮捕，并已经以犯非法行医罪被追究刑事责任。2018年12月底，L市公安局Y区分局认为杨某某不构成非法行医罪的共同犯罪，不应被追究刑事责任，做出终止侦查决定书。

律师点评

杨某某与李某某本系同案嫌疑人，但在提请批捕时即开始面临不同的命运。且李某某涉嫌犯非法行医罪一案已经审理结案。对于杨某某，L市Y区人民检察院完全认同并采纳了辩护人的意见，认为，虽然其介绍多名孕妇给李某某进行性别鉴定并从中牟利，但其辩称李某某告知其有医师职业资格，其在主观上认为李某某是医生，目前亦无其他证据能够证实其在主观上具有共同的犯罪故意，故对其做出不予批准逮捕决定。不仅如此，检察院还请L市公安局Y区分局继续补充侦查，要求补充提供证据证实杨某某在主观上具有共同的犯罪故意。可见，面对众多纷杂的证据材料，从中找到突破点才是关键，亦是有效辩护的基础。

另外，辩护人应紧密跟踪案件进展。杨某某被关押期间，被羁押在L市看守所。L市看守所与辩护人所在城市相距数百千米，但辩护人不辞辛劳，接受委托后第一时间前往L市会见犯罪嫌疑人，就案件异议点多次与承办机关沟通，并与郝亚律师反复研究、揣摩案件材料，在不同的时间节点及时撰写并提交专业的法律意见书，用积极、主动表达法律意见的方式，

最终使办案机关采纳了辩护人的意见。

承办律师

宋建平，简介见第 177 页。

郝亚，苏州大学法学硕士，扬子鳄刑辩团队发起人之一，扬子鳄刑辩联盟秘书长，苏州大学王健法学院实践导师。执业以来，办理过百余起案件，通过实践体验，对刑事相关法律法规、司法解释有了更为深入的了解，对刑事案件的办理流程、办案技巧有了更为全面的把控。

房某涉嫌贪污、行贿一案

基本案情

A省A市中级人民法院审理A市人民检察院指控原审被告人房某犯贪污罪、行贿罪一案，于2016年7月做出刑事判决，判决房某犯贪污罪、行贿罪，合并执行有期徒刑18年。宣判后，被告人房某不服，提出上诉。A省高级人民法院于2016年12月裁定撤销原判，发回重审。A市中级人民法院经重新审理，于2017年6月做出刑事判决，判决房某犯贪污罪、行贿罪，合并执行有期徒刑12年。宣判后，房某依然不服，提出上诉。A市人民检察院以原判适用法律错误、量刑明显不当为由，提出抗诉。A省高级人民法院受理后，A省人民检察院申请撤回抗诉。本案现已审理终结，判决结果为维持原判。

2006年上半年至2013年年底，被告人房某分别与时任M钢铁股份有限公司（以下简称M公司）D铁总厂（以下简称D总厂）厂长汪某、M公司Y铁总厂（以下简称Y总厂）厂长及煤焦化公司经理任某共谋，由汪某和任某安排相关工作人员以生产维修名义制作材料计划表报M公司审批后，再虚开生产维修领料单交给房某，由房某从M公司下属的材料公司领取钢材合计10867.431吨私自出售。约定销售所得钢材款按比例分成，所套取并由房某私自出售的钢材则分别由D总厂、Y总厂及煤焦化公司以设备检修用料的名义核销成本予以冲账。房某与汪某、任某从M公司套取的钢材共计折合价值人民币42846355.10元。一审法院认定，房某与汪某共同侵吞钢材价值人民币23174241.26元，与任某共同侵吞钢材款5829557.89元，其个人占有800余万元。具体情节如下：

（一）2006年上半年至2013年年底，房某伙同汪某套取M公司各种型号钢材合计6681.761吨，共计折合价值人民币26167387.36元。房某将上述套取钢材的部分出售后得款1400余万元，分给汪某800余万元，余款由房某实际占有。其中汪某将2006年至2008年房某给付的部分钢材款共300万元交给D总厂设备保障部工作人员李某保管，并用于厂里奖励、加班等费用开支，后汪某在该300万元中报销了6853.9元的个人汽车保险费。

上述事实有以下证据证实：①2006年度至2013年度计划表、领料单；②D总厂财务科情况说明；③2006年至2008年D总厂维修钢材冲账明细及相关凭证；④2009年至2013年D总厂维修钢材冲账明细等；⑤司法会计鉴定书；⑥M销售公司情况说明及钢材价格表；⑦李某情况说明、记账本、购买车险发票等支出票据；⑧2006年至2013年M公司同期不同规格钢材出厂价格表；⑨M公司关于钢材等产品或劳务转、抵、抹账管理规定；⑩D总厂证明；⑪A市中级人民法院刑事判决书；⑫证人证言；⑬被告人房某供述。

（二）2008年7月至2011年7月，房某伙同先后担任M公司Y总厂厂长和煤焦化公司经理的任某，分别以Y总厂及煤焦化公司名义从M公司套取钢材共计4185.67吨向外销售，价值人民币16678967.74元。除部分钢材款用于单位开支及费用外，尚有5829557.89元被房某、任某共同侵吞，其中任某占有379万余元，余款由房某实际占有。

认定上述事实的证据如下：①2008年至2009年房某伙同任某套取钢材虚开的领料单、汇总表；②2010年至2011年房某伙同任某套取钢材虚开的计划表、领料单、汇总表；③2010年5月至2011年7月煤焦化公司维修钢材冲账明细；④Y总厂情况说明及财务凭证；⑤房某出具的欠条及收条；⑥姚某提供的钢材款手写收支记录及汇总表；⑦马某出具的收条；⑧J公司记账凭证及现金缴款单；⑨万某提供的汇款凭证和建设银行明细；⑩任某身份材料；⑪A市中级人民法院刑事判决书；⑫证人证言；⑬被告人房某供述。

2004年至2013年，房某在伙同M公司D总厂及煤焦化公司相关人员套取钢材私自销售过程中，为谋取不正当利益，向赵某、汪某、

> 徐某贿送现金、购物卡、外币及支付旅游费用等共计价值人民币586646.72元。

律师对策

北京盈科（合肥）律师事务所徐成军律师接受房某近亲属委托，担任房某二审及发回重审后一审、二审阶段的辩护人，取得了良好的辩护效果。

关于"小金库"的定性。根据2009年国务院办公厅发布的《关于在党政机关和事业单位开展"小金库"专项治理工作的实施办法》，"小金库"的表现形式之一为用资产处置、出租收入设立"小金库"。该实施办法规定："对设立'小金库'负有领导责任和直接责任的人员，依照《设立'小金库'违纪行为适用〈中国共产党纪律处分条例〉若干问题的解释》、《设立'小金库'违法违纪行为政纪处分暂行规定》，严肃追究责任。"

房某代售钢材的行为并非起于汪某等。在汪某之前，工厂因须发放福利、处理一些不方便开支的费用等，形成了惯例，通过代售钢材以构建厂里的"小金库"。房某实际上实施了帮助厂里构建"小金库"的行为，在主观上也仅有帮助汪某等构建"小金库"的故意，并非一审认定的贪污犯罪。代售的钢材款也确实有一部分用于提高厂里员工的福利。房某对于汪某等取得款项的用途、贪污公款的事实无从得知。

辩护人认为，房某的行为不构成贪污罪，理由主要是：

① 套取M公司钢材后不将收入入账仅系违反财经纪律的私设"小金库"行为，且"小金库"中资金确有大量用于职工福利。

房某未与汪某、任某共谋私分钢材款，对汪某、任某个人占有钢材款也不知情，其明知内容仅是设立"小金库"。原判认为其希望或放任国有资产被侵吞后果的发生，进而主观推断的房某具有共同贪污的故意不能成立。

房某和汪某、任某的结算方式是按增值税加上销售费用，并非按照比例分成，且对外销售也需要承担17%增值税。房某对外销售钢材存在固定的销售成本，因而房某所得的款项应当被认定为其个人进行代销钢材的成本以及劳务所得。这亦印证房某不具有共同贪污的故意。

② 汪某、任某个人构建"小金库"后，认定其构成贪污犯罪系客观

归罪。

汪某、任某个人占为己有的部分均应当被认定为贪污数额，但设立"小金库"的行为不应当被认定为贪污。

③ 一审法院推定房某明知钢材款有可能被汪某等侵吞，存在事前通谋，对与其共同实施犯罪行为及犯罪结果的发生均有明确的认识，明知自己配合汪某等套取公司钢材并出售的行为会产生或可能会产生非法侵吞国有资产的结果，因而认定房某与汪某等具有贪污的共同故意。

事实上，房某因向工厂供应发放作为职工福利的毛巾等用品，与汪某等相识，之后帮助汪某等销售钢材来赚取代售钢材的合理报酬，并没有与汪某等共同贪污的犯罪故意；汪某等产生贪污钢材款的犯罪故意以及实际实施贪污行为时，并未与房某商量，没有与房某形成共同的贪污故意。房某并不知情，更未参与。

④ 即使房某贪污共犯罪名成立，其也是起次要辅助作用的从犯。房某帮助汪某等套取公司钢材销售谋利，实施了领取及销售钢材的行为，但在该起犯罪中，起决定性作用的是汪某等利用职务上的便利，安排相关人员以生产维修等名义虚开领料单并予以审批的行为。房某所实施的领取并销售钢材的行为依附于汪某等人的上述行为，其在共同犯罪中起次要作用，应被认定为从犯。

⑤ 销售的钢材数量及价款事实认定不清。房某帮助销售钢材仅7000余吨，价值约2800万元。领料单中部分没有张某（系房某指定的前去领料的人员）或公司其他人员的签名，亦有他人签署"张某"的3张领料单，无法说明套取钢材的情况。房某实际所得在扣除增值税及销售费用后仅200余万元。

⑥ 房某主动交代行贿犯罪事实，且徐某已经退还30万元，因此房某依法可以获得减轻处罚。

⑦ 房某的亲属退缴了818万元，原判不应将其中100万元认定为汪某的退款。

案件结果

终审判决认为：被告人房某与国家工作人员勾结，利用国家工作人员职务上的便利，共同套取M公司钢材共计10867.431吨，折合价值人民币

42846355.10元。除部分钢材款用于单位费用外，尚有29003799.15元被共同侵吞。房某个人实得800余万元，数额特别巨大，其行为已构成贪污罪，且系共同犯罪。房某为谋取不正当利益，向多名国家工作人员贿送财物共计折合人民币586646.72元，情节严重，其行为已构成行贿罪。房某一人犯数罪，依法应当数罪并罚。房某在与汪某、任某二人所实施的贪污共同犯罪中起次要作用，系从犯，且在案发后其亲属代其退缴违法所得人民币718万元，依法对其贪污罪予以从轻处罚。房某到案后如实供述行贿犯罪事实，在庭审中自愿认罪，依法可以对其行贿罪从轻处罚。据此，根据被告人房某的犯罪事实、性质、情节和对社会的危害程度，依照《中华人民共和国刑法》相关规定，以犯贪污罪，判处被告人房某有期徒刑十年，并处罚金人民币200万元；以犯行贿罪，判处有期徒刑5年，并处罚金人民币20万元；决定执行有期徒刑12年，并处罚金人民币220万元。对侦查机关扣押的被告人房某违法所得人民币718万元予以没收，由扣押机关上缴国库；继续追缴被告人房某违法所得，上缴国库。

律师点评

律师在处理刑事案件时要把握罪名的定性，注意罪名定性的难点和重要性。无罪辩护在刑事辩护中有至关重要的作用。因辩护人的无罪辩护，本案被发回重审后，一审法院主动认定房某为从犯，并大幅度减刑。在侦查、审查起诉、审判三个不同阶段，律师都需要根据情况提出辩护意见等，以维护当事人的合法权益。最后，办理刑事案件须注意防范律师执业风险。

承办律师

徐成军，现任北京盈科律师事务所全球总部合伙人，北京盈科（合肥）律师事务所管理委员会副主任、大要案法律事务部主任、执业纪律监督委员会主任，安徽审计学院兼职教授。毕业于安徽大学，现执业于北京盈科（合肥）律师事务所。曾任职于合肥市蜀山区人民法院、安徽徽天律师事务所、安徽万世律师事务所。在刑事辩护、重大疑难复杂民商事诉讼、公司风险管控、金融领域风险控制等领域具备丰富的实战经验。

朱某某涉嫌挪用资金案

基本案情

2009年9月，被告人朱某某以其经营的某置业顾问有限公司（以下简称置业公司）、某物业服务有限公司（以下简称物业公司）名义与某房地产开发有限公司（以下简称房地产公司）签订合同，代理销售X项目及物业管理。2013年4月至8月期间，朱某某以代为销售房地产公司房产的便利，私自收取4位买房人的购房款共计159.6万元，未上交房地产公司，挪作个人使用。后又利用房地产公司的管理漏洞，安排业务员为4位购房人办理商品房买卖合同及备案手续，并利用其担任物业公司法人代表、管理该项目的职务便利将房屋钥匙交给上述4户使用。2013年12月，房地产公司在销售余下房产时，发现涉案4套房产已备案登记。与朱某某协商后，朱某某将合同移交房地产公司并承诺2014年1月底前付清款项。因朱某某到期未能付款，房地产公司向公安机关报案。公安机关以职务侵占罪立案。

公诉机关认为：被告人朱某某利用代为销售房产的便利，挪用本单位资金归个人使用，数额巨大，其行为触犯了《中华人民共和国刑法》第二百七十二条第一款规定，犯罪事实清楚，证据确实充分，应当以挪用资金罪追究其刑事责任。

律师对策

北京盈科（合肥）律师事务所接受被告人朱某某的近亲属委托，并经被告人朱某某同意，指派徐成军律师担任本案的辩护人，参加庭审活动。

通过会见被告人以及对卷宗进行分析，辩护人认为，《起诉书》基本法律概念混淆，认定事实不清、证据不足，指控罪名依法不能成立，被告人朱某某的行为不构成挪用资金罪。主要理由如下：

一、挪用资金罪的刑法构成要件

（1）《中华人民共和国刑法》第二百七十二条规定："公司、企业或者其他单位的工作人员，利用职务上的便利，挪用本单位资金归个人使用或者借贷给他人，数额较大、超过三个月未还的，或者虽未超过三个月，但数额较大、进行营利活动的，或者进行非法活动的，处三年以下有期徒刑或者拘役；挪用本单位资金数额巨大的，或者数额较大不退还的，处三年以上十年以下有期徒刑。"

（2）《最高人民法院关于如何理解刑法第二百七十二条规定的"挪用本单位资金归个人使用或者借贷给他人"问题的批复》规定："公司、企业或者其他单位的非国家工作人员，利用职务上的便利，挪用本单位资金归本人或者其他自然人使用，或者挪用人以个人名义将所挪用的资金借给其他自然人和单位，构成犯罪的，应当依照刑法第二百七十二条第一款的规定定罪处罚。"

（3）《最高人民法院关于办理违反公司法受贿、侵占、挪用等刑事案件适用法律若干问题的解释》指出："三、根据《决定》第十一条规定，公司和其他企业的董事、监事、职工利用职务上的便利，挪用本单位资金归个人使用或者借贷给他人，数额较大、超过三个月未还的，或者虽未超过三个月，但数额较大、进行营利活动的，或者进行非法活动的，构成挪用资金罪。"

综上所述，构成挪用资金罪必须满足以下几个条件：首先，主体是公司、企业、其他单位的董事、监事、职工；其次，挪用了本单位资金；再次，具有明显的主观故意。而在本案中，被告人朱某某不具备上述条件。

二、被告人朱某某不具备主体要件

（1）《起诉书》指出被告人为置业公司、物业公司法定代表人，但并未说明被告人是否为房地产公司的董事、监事或职工。从实质上看，首先，被告人非房地产公司董事、监事或职工。其次，依据法理与《中华人民共和国劳动法》相关规定，是否与单位之间构成聘用关系，主要从隶属性、获取固定报酬性来看。在本案中，被告人不受房地产公司管理，未从房地产公司领取固定的报酬，因此被告人与房地产公司不存在职务关系，不存在利用职务之便，双方的法律关系是平等主体之间的合同关系。

（2）从《中华人民共和国刑法》第二百七十二条第一款可以看出，该条款文中的其他单位的工作人员应该被理解为其他非法人单位的工作人员。我国目前存在大量非法人单位，例如律师事务所、会计师事务所、非营利性医院等。它们的共同特点就是非公司和企业性质。

综上所述，被告人不具有挪用资金罪的主体资格。

三、被告人未实施挪用本单位资金的行为，没有主观故意

（1）被告人为置业公司、物业公司法定代表人与实际控制人。这两家公司均与房地产公司签订了《销售代理合同》和《前期物业管理合同》，对双方权利与义务均予以明确说明。在双方履行合同过程中，房地产公司与被告人经营的物业公司之间因项目未交付物业收费问题发生纠纷（补充侦查卷对房地产公司的情况说明），且该物业收费纠纷在2012年一期交房后即发生（并非房地产公司所称双方在结算时没有纠纷）。被告人的暂扣款项行为应被认定为自助行为，而非其主观故意的挪用行为。

双方在《销售代理合同》中明确约定了发生代收款项行为违约的责任。由此可以看出，被告人未实施挪用本单位资金的行为，其与房地产公司之间的纠纷应为民事纠纷，应由民法予以调整。

（2）公诉人称被告人挪用的是置业公司资金，依《中华人民共和国民法通则》相关规定，法定代表人的行为后果由法人承担。被告人作为置业公司法定代表人，其行为后果应由法人承担。而且挪用资金罪侵犯的是资金收益权。在本案中，置业公司、物业公司、某置业有限公司三家公司在案发时为关联公司，实际控制人均为被告人，而关联公司之间调配资金是为了使资金收益实现最大化。被告人的行为并没有侵犯相关资金收益权，同时置业公司也未就本案以被害人身份提出控告，对被告人行为也未提出否定意见。因此，被告人无任何主观故意行为。

案件结果

H市G区人民法院开庭审理本案后，采纳了辩护人的辩护意见，认为：被告人朱某某以其经营的置业公司名义与房地产公司签订《全程整合营销

代理合同》，合同第十一条第十三款规定，所有销售款均由甲方（房地产公司）收取，未经甲方同意，乙方不得直接收取房款据为己有，否则乙方（置业公司）按照所收款额双倍返还甲方，并承担相应的法律责任。该条款已明确约定了违约责任。被告人朱某某以置业公司名义私自收取房款，挪归个人使用。由于朱某某的行为系职务行为，以该条款约定，只需由置业公司承担双倍返还的违约责任即可。置业公司与房地产公司之间的民事纠纷，通过民事诉讼程序足以救济，不应作为犯罪处理。另外，2013年12月，房地产公司在销售余下房产时，发现涉案4套房产已备案登记，与朱某某协商后，朱某某将合同移交房地产公司并承诺2014年1月23日前付清款项。房地产公司接受了朱某某的承诺，并未向公安机关报案，事实上也是把双方的纠纷作为民事纠纷处理的，只是因为朱某某到期仍未能付款，房地产公司才向公安机关报案。综上，朱某某作为置业公司的法定代表人，其与房地产公司之间的关系属于民事纠纷，朱某某的行为并不构成犯罪。公诉机关指控被告人朱某某的行为构成挪用资金罪不能成立，本院不予支持。辩护人的辩护意见成立，本院予以采纳。最终，审判委员会讨论决定，依照《中华人民共和国刑事诉讼法》第一百九十五条第（二）项的规定，判决如下：被告人朱某某无罪。

律师点评

《中华人民共和国刑法》第二百七十二条规定："公司、企业或者其他单位的工作人员，利用职务上的便利，挪用本单位资金归个人使用或者借贷给他人，数额较大、超过三个月未还的，或者虽未超过三个月，但数额较大、进行营利活动的，或者进行非法活动的，处三年以下有期徒刑或者拘役；挪用本单位资金数额巨大的，或者数额较大不退还的，处三年以上十年以下有期徒刑。"

挪用资金罪侵害的客体是公司、企业或者其他单位资金的使用收益权，对象则是本单位的资金。挪用资金罪在客观方面表现为行为人利用职务上的便利，挪用本单位资金归个人使用或者借贷给他人，数额较大、超过三个月未还。

挪用资金罪犯罪的主体为特殊主体，即公司、企业或者其他单位的工作人员。挪用资金罪在主观方面只能出于故意,即行为人明知自己在挪用或借贷本单位资金,并且利用了职务上的便利,故意为之。

承办律师

徐成军,简介见第231页。

闹市区餐饮店爆炸案，律师成功辩护并变更罪名
——试论重大责任事故罪与重大劳动安全事故罪的区别

案情简介

近年来，煤气罐逐渐被管道天然气取代，但在全国范围内仍有很多地区以及一些年代久远的民房、出租房和饭馆等还在大规模使用。煤气罐虽然具有灵活、便捷、廉价等特点，但危险性比较大。近些年来，煤气罐爆炸的事件多有发生。

2016年11月，位于W市闹市区的某知名品牌连锁餐饮店发生煤气罐爆炸。一时间店门口撒满碎玻璃、断裂的木头，道路护栏也被气流震倒，马路对面店铺的玻璃门窗纷纷被震碎，停在附近的车辆也被玻璃碎片刮伤……现场一片狼藉。消防部门及时赶到现场控制住火势。经统计，本次爆炸事故造成1人经抢救无效死亡，7人受伤，受伤程度从轻伤到重伤等级不一。该连锁餐饮店位于W市市区较成熟的小区内。由于爆炸发生时临近中午，街上行人众多，且发生事故的餐饮店在该地区有一定知名度，加上死伤严重，因此该事件一经媒体曝光，就产生了较大的影响，引起广大群众与公安机关的关注。

该餐饮店由汤某、蒋某、陈某、吴某四人合伙出资经营，并由汤某负责日常管理。案发当天上午9点多，厨师李某发现厨房灶台供气不足，到气瓶气化间查看，在将液化石油气钢瓶液相阀上连接胶管拧下并装在气相阀上时，造成气相阀的燃气泄漏。李某惊慌失措，告知收银员徐某燃气泄漏之事。徐某打电话给管理者汤某。汤某让其直接打给燃气站。徐某根据燃气站的要求将电源关闭。燃气修理工杨某到现场查看并维修后,告知店内员工已经修复燃气管道,可以恢复用电。于是厨师李某便开火准备做饭。明火起后一两秒内爆炸事故发生。

爆炸造成陈某死亡,徐某、余某、杜某、林某、郑某、李某、杨某受伤。经鉴定,死者陈某系重度颅脑损伤致中枢性呼吸循环功能衰竭而死亡;徐某为Ⅱ度烧伤,右桡骨粉碎性骨折,行手术治疗后,现遗留右前臂二处瘢痕累计13.0 cm,伤势程度被评定为重伤二级;余某为Ⅱ度烧伤,左手第1、2掌骨骨折,左侧第9肋骨骨折,行手术治疗后,现遗留左手及左小腿多处瘢痕累计22.0 cm,伤势程度被评定为重伤二级;杜某、林某的伤势均被评定为轻伤一级;郑某、李某、杨某的伤势均被评定为轻伤二级。

经事故调查组调查,本案事故原因为该餐饮店违反《城镇燃气管理条例》第二十八条第五项、《Z省燃气管理条例》第三十七条第二款第二项的规定,在不具备安全条件的场所使用燃气。李某在操作燃气瓶时,导致液化石油气钢瓶气相泄漏。燃气泄漏后在通风不良的空间集聚达到爆炸极限浓度。相关人员未做规范应急处置,未采取通风措施,贸然恢复用电,导致闪爆事故。

2016年11月6日,汤某主动投案;同月18日,蒋某、陈某、吴某主动投案。案发后,该店经营者共筹资人民币123万元作为上述死者及伤者的医疗费,后又另行对死者陈某家属及各伤者进行了民事赔偿,并取得他们的谅解。W市某区人民检察院以重大责任事故罪对被告人汤某、蒋某、陈某、吴某提起公诉。W市某区法院对此案进行了公开开庭审理。

律师对策

笔者及同所李鸿鸿律师接受当事人陈某委托,担任其一审阶段的辩护人。庭前我们查阅了本案的所有卷宗材料,发现公诉机关指控陈某构成重大责任事故罪存在定性错误!我们认为陈某的行为并不符合重大责任事故罪的构成要件。因此我们首先针对本案的定罪,提出如下辩护意见。

一、公诉机关指控被告人的行为构成重大责任事故罪，但辩护人认为应该构成重大劳动安全事故罪

辩护人先就重大责任事故罪与重大劳动安全事故罪两个罪名的区别进行阐述，再结合本案案情对照两个罪名进行辨析。具体意见如下：

（1）重大责任事故罪与重大劳动安全事故罪的区别。前者强调"违反有关安全管理的规定"进行生产和作业，其犯罪主体为自然人，其侧重点是在操作生产设备过程中违规，其客体是安全生产条件；后者强调"安全生产设施或者安全生产条件不符合国家规定"，其犯罪主体是直接负责的主管人员和其他直接责任人员，其侧重点在于安全生产设施或安全生产条件本身不适于保护劳动者人身，其客体是劳动者的生命、健康。

调查组的调查报告显示：该店内的液化石油气钢瓶气相泄漏，以致燃气在通风不良的空间积聚达到爆炸极限浓度。燃气泄漏之后煤气站工作人员未做规范应急处置，未采取通风措施。在恢复用电时，冰箱压缩机、冷凝机启动时产生火花，导致闪爆事故发生。由此可见，本案事故发生的直接原因是液化石油气钢瓶气相泄漏后厨房通风不良，泄漏的煤气与空气混合形成空混气，并且燃气公司员工处理不规范，未处置妥当就告知店员可以恢复用电。但最主要、最直接的原因是涉案厨房违规装修，安装液化气未经过审批，存在安全隐患，以致燃气泄漏后因通风不佳，无法疏散。

（2）燃气泄漏后，餐饮店店员的处置得当，不存在违规操作的行为。在本案中，店员李某发现煤气泄漏后，马上告知店里负责人徐某。徐某马上联系汤某。汤某马上示意联系燃气站。徐某联系后，按照燃气站要求关闭电闸，也将员工都疏散到室外。根据公安部消防局的燃气泄漏事故处理方法，发现液化石油气气罐泄漏时，应当立即关闭气罐阀门，切断所有电源，避免使用明火，尤其要避免静电发火、金属撞击发火及电器发火；然后打开门窗通风，到室外打电话找专业人员处理。可见，餐馆店员的处置方法是得当的，并不存在违规操作的行为。

（3）在本案中，当事人陈某并非餐饮店的直接管理者，在场的员工是直接行为人。从询问笔录及店内监控可知，事故当时在场员工的处置方法符合普通公民对燃气泄漏的应急处理方法，并不存在构成重大责任事故罪的违规行为。

综上所述，导致本案闪爆结果最主要、最直接的原因是涉案厨房违规装修，违规安装液化气，导致该场所通风不佳，燃气泄漏无法疏散。"闪爆事故直接原因分析报告"也已认定，涉案厨房设施不符合要求，不具备使用燃气的安全条件，即劳动安全设施不符合国家规定，符合重大劳动安全事故罪的客观要件，因此陈某的行为应当构成重大劳动安全事故罪。

二、燃气站工作人员对本事故的发生具有不可推卸的责任

燃气站工作人员处置不当，对本事故的发生具有不可推卸的责任，故辩护人就该点因果关系亦进行了论述，内容如下：

本案餐饮店燃气泄漏后，店员马上联系燃气站。燃气站派工作人员杨某前来维修。杨某进入气瓶气化间维修完毕后，告知店员们已经维修好，可恢复用电。店员们出于对燃气站专业工作人员的信任，才恢复用电及重新开火，从而导致闪爆。燃气站工作人员对现场判断失误，导致爆炸事故发生，对爆炸事故的发生有不可推卸的责任。根据公安机关补充卷的情况说明，燃气站工作人员杨某和聂某已经被采取强制措施，需另案处理。可见，燃气站工作人员对本案事故的发生具有不可推卸的责任，其行为与闪爆事故之间具有直接的因果关系。

另外，除了案件的定性外，作为一名合格的辩护人，应当尽最大的努力为当事人争取到更多的权益，因此我们还提出以下几点量刑辩护意见，并提请法庭对被告人适用缓刑：

（1）陈某不是直接责任人，在本案中参与度低，犯罪情节较轻。陈某虽是股东之一，但其所占股份15%是技术股，25%是资金入股。因陈某名下还有其他两家直营店需要其亲自经营，各股东在合伙之初就已经约定，陈某仅对该店内菜品的技术负责，不参与直接经营管理，且餐饮店的选址、装修、燃气安装、店面维护等陈某也未参与。可见，陈某在本案中参与度相对较低，情节较轻。

（2）陈某还具有如下法定、酌情从轻处罚情节。本案事故发生后，陈某尽全力对受害人进行经济赔偿，至一审法院开庭前，陈某已经支付100多万元用于善后工作。陈某家庭经济也不富裕，其四处举债，向亲朋好友借钱，无论如何都要对死伤者进行赔偿，对本事故负责到底。其积极赔偿的行为具有明显的悔罪表现。并且陈某已经与受害人及其家属达成了和解协议，取得了受害人及其家属的谅解。且事发后陈某积极配合公安机关调查，具有自首情节。

三、陈某符合缓刑条件，可以适用缓刑

案件结果

2017年9月，一审法院对本案进行宣判，对辩护人提出的辩护意见予以全部采纳，并以重大劳动安全事故罪对陈某进行定罪，且在量刑上也对其从轻处罚并适用缓刑。一审法院没有以检察院指控的重大责任事故罪对陈某定罪，而是以辩护人提出的重大劳动安全事故罪判处陈某有期徒刑十个月，缓刑一年。

律师点评

笔者认为，本案定性的关键在于找准本案的争议焦点，即本案被告人的行为是构成重大责任事故罪还是构成重大劳动安全事故罪。因此，正确把握重大责任事故罪与重大劳动安全事故罪的构成要件及二者的区别，成了本案改变定罪的突破口。

重大责任事故罪与重大劳动安全事故罪比较相近，具有很多相似之处，容易被混淆。首先，二者均涉及安全生产的领域，例如违章操作或违规操作造成矿难、爆破、塌方等事故；其次，都是造成了重大伤亡事故或其他严重伤害的行为，均以人员损伤或一定数额的经济损失为立案标准。但二者的区别也是比较明显的。具体区别如下：

一、犯罪主体不同

重大责任事故罪的犯罪主体较重大劳动安全事故罪的犯罪主体范围要广，包括工厂、矿山企业、林场企业、建筑企业或者其他企业、事业单位中的一般职工和在生产、作业中直接从事领导、指挥的人员；重大劳动安全事故罪的犯罪主体是工厂、矿山企业、林场企业、建筑企业或者其他企业、事业单位中负责主管与直接管理劳动安全设施的人员，一般不包括普通职工。重大责任事故罪是个人犯罪，由本人直接承担责任；而重大劳动安全事故罪是单位犯罪，个人作为单位的负责者承担责任。

在本案中，陈某自己没有亲自参与经营，但作为餐饮店的管理者，陈某对防止事故发生负有职责和义务。餐饮店发生爆炸事故，陈某作为餐饮店的负责者，符合重大劳动安全事故罪的主体要件。

二、客观方面的行为方式不同

重大责任事故罪在客观方面表现为工厂、矿山企业、林场企业、建筑企业或者其他企业、事业单位的职工不服从管理、违反规章制度，或者生产作业的领导、指挥人员强令工人违章冒险作业，是作为形式的犯罪；重大劳动安全事故罪在客观方面表现为工厂、矿山企业、林杨企业、建筑企业或者其他企业、事业单位对有关部门或单位职工提出的事故隐患不采取措施，是一种不作为犯罪。前者主要是企业、事业单位职工不服从管理，违反规章制度，或者企业、事业单位管理人员强令工人违章冒险作业的行为，而后者必须具备对事故隐患不采取措施的行为，且这种事故隐患是违反国家有关劳动安全的规定造成的。

在本案中，陈某没有实际参与餐饮店的管理，因此必然不存在作为行为。但其作为该餐饮店的股东，违反《城镇燃气管理条例》第二十八条第五项、《Z省燃气管理条例》第三十七条第二款第二项的规定，在不具备安全条件的场所使用燃气，对可能存在事故隐患的场所不采取安全措施，最终造成1人死亡、7人受伤的事故。陈某的行为符合重大劳动安全事故罪的客观表现。

综上所述，我们在办案的过程中要正确界定当事人所犯罪名，就必须结合案件具体情况及国家法律规定。在本案中，辩护人从重大责任事故罪与重大劳动安全事故罪的法律规定与犯罪构成要件出发，找准两个罪名界定的关键之处，最终成功变更罪名。

重大责任事故罪与重大劳动安全事故罪对企事业单位责任人的要求不同。重大责任事故罪要求企业、事业单位负责人管理企业、事业单位时，按照规章制度，惩罚违规操作导致严重后果的行为。重大劳动安全事故罪要求企业、事业单位负责人创造良好的安全生产条件。在本案中，陈某作为餐饮店负责人之一，因未给员工创造良好的安全生产条件导致严重后果。因此，以重大劳动安全事故罪能正确评价本次事故。

当然回顾本案，从法律角度进行事后归责的同时，我们也必须反思本案事发原因并吸取教训，更应当做到事先预防。本案被告人陈某本应从正规渠道购进液化气，在具备安全条件的情况下使用燃气，并且应经常检查燃气装置，但其因不谨慎，法律意识淡薄，最终酿成悲剧，也因此付出了惨痛的代价。不管是重大责任事故罪还是重大劳动安全事故罪，在现实中餐饮行业经营者都接触得不多。这导致他们对此在心理上不够重视。而餐饮行业作为我国第三产业中一个传统服务型行业，其规模是非常巨大的。因此餐饮行业监管者必须落实监管责任，加大对经营者的普法宣传以及监管力度，避免悲剧再次发生。

承办律师

潘晓珍，2009年执业，浙江光正大律师事务所合伙人、刑辩中心主任，温州市律师协会刑事委员会副主任，温州市律师协会婚姻家事与家族财富管理专业委员会委员，温州市律师协会考核员，温州市妇联"巾帼维权志愿者"成员。

李鸿鸿律师，浙江光正大律师事务所专职律师，毕业于西南政法大学，擅长民事、合同纠纷、刑事辩护及涉外法律实务，致力刑事案件梳理、知识整合和案例检索研究。

公器私用　祸害无穷
——李某某涉嫌诈骗终获无罪判决

案情简介

李某某曾经是一名人民警察，家境殷实，生活富足。可他万万没想到，自己本来平静而又幸福的生活却因为两张收到条而被人构陷，含冤入狱。

这一切都要从位于 S 省 C 县的几间门市说起。2005 年，胡某某从 X 公司处购买了 16 间门市的土地使用权。这 16 间门市中有 3 间门市属于李某。为了建房，李某某于 2006 年 3 月与李某达成口头协议。李某将这三间门市的土地使用权转让给李某某。李某某向李某支付了 5 万元，并随后以李某的名字向 X 公司补交了剩余的 8.32 万元款项。后李某某又找到胡某某，还要从她处再购买 3 间门市。二人达成口头协议，按照老规矩由李某某直接去 X 公司缴纳土地款。李某某虽然去过 X 公司并明确表示自己还要购买三间门市，但是一直没有缴纳现金。

解决了地基问题，建房的启动资金又成为凶猛的"老虎"拦在李某某面前。合伙人罗某某的妻子疑患癌症急需用钱，因此本来罗某某已经给李某某的 4 万元购地款被收回，联合建房也因为罗某某的突然退出而出现资金短缺，陷入困境。此时罗某某同李某某商议，由罗某某介绍他过去在信用社工作时的同事黄某某代替自己参与联建。李某某准备卖两间店铺给黄某某，好让黄某某出资 10.4 万元充当建房启动资金，并约定此款由罗某某代为垫付。2006 年八九月时，罗某某在与黄某某沟通买卖门市时，黄某某一再反复，虽然多次表示要购买，但由于其老公坚持反对，因此迟迟未能实际付款。为了能尽快把门市建起来,敦促黄某某交款以启动工程,罗某某和李某某商量,由李某某先打一张10.4万元的收到条给罗某某,意即罗某某已经代黄某某垫付款项。二人想要用此种方法诱导黄某某拿出费用。但是第一张收到条做成后,罗某某觉得这张收到条的日期不能写当天,且收到条也不能表达出他垫付款的意思,于是李某某又做成了一张10.4万元的收到条。问题就出自这两张同天出具、金额相同并且李某某根本就没有收到钱的收到条。

后来罗某某一直没有敦促黄某某完成交款,加之门市地方狭小,因此这几间门市就一直没能破土动工。直到2007年三四月,李某某、罗某某二人交恶。李某某已经没有再与罗某某合作的意愿,于是将这三间门市退给胡某某,但是他却一直没有把给罗某某的收条收回。尽管打收到条时在场的梁甲还劝李某某收回收到条以防不测,但是出于对罗某某和在场证人的信任,李某某没有这么做。也正是这种信任为自己身陷囹圄埋下了祸根。

李某某以为此次合作因为资金不足会就此结束,却没想到一年之后自己会被昔日合伙人罗某某构陷诬告,冠以诈骗的罪名送入高墙。李某某怎么也想不明白,自己简单的搭伙建房怎么就因为换了个合伙人而成了世人惊诧的"诈骗"?

2008年5月,C县公安局立案侦查。2008年C县公安局对李某某进行刑事拘留。同年8月,C县人民检察院批准逮捕。2009年8月,C县人民法院认定李某某犯诈骗罪,判处有期徒刑7年并处罚金2万元。李某某上诉至Y市中级人民法院。Y市中级人民法院于2009年10月做出裁定,撤销一审判决,发回重审。2010年3月,C县人民法院做出判决,认定李某某犯诈骗罪,判处有期徒刑7年,并处罚金2万元,追缴李某某犯罪所得15.6万元返还被害人罗某某。宣判后李某某仍然提起上诉。2010年Y市中级人民法院做出裁定,驳回上诉,维持原判。代理律师和当事人经历了漫长的再审申请,最终取得柳暗花明的好结果。

律师对策

刑辩律师接到一个案子后，首先要做的工作就是了解案件的事实，之后根据自己的专业技能寻找能够适用的法律，最后为当事人制订合适的辩护方案。而制订辩护方案，除了要理清案件脉络、了解案件事实并且有足够的知识储备以外，还要有灵感、有思路。只要思路正确，就能制订出有效的辩护方案。

一、分析优劣，认清战局

接手案子以后，辩护人首先对案件的优势与劣势进行了简单的分析：

李某某被抓获之后一直拒不认罪，始终保持零口供。这对申诉无罪比较有利。

而劣势更多在于现有的证据。公安机关在进行侦查时，自然会带有天然的倾向性，会更多地关注有罪证据的收集。当时公安局掌握了一些间接证据，我方也有三位在场证人，分别是梁甲、梁乙和熊某某。十年时间过去了，证人梁乙已经逝世，仅余两名证人。而且有一个情况非常棘手：熊某某这位重要证人在被关押期间遭受了警方的刑讯逼供，并且被公安机关胁迫和恐吓，已经无法出庭作证，而公安机关不可能帮辩护人向这两个在场证人调查当时有没有交付款项、有没有出具收到条。所以辩护人继续在钱款有没有交付方面付诸努力将很难驳倒检方。另外，即使我方这两位证人能够并且愿意出庭证明罗某某当时确实没有交付款项，检方同样也可以找几名证人出庭证明罗某某交付了钱款（罗某某的哥哥声称罗某某是从他处借钱来交垫付款的）。这个时候法官会采信哪一方完全取决于法官自己。辩护人在这一方面对抗检方的指控是没有十足的胜算的。

二、另辟蹊径，发掘突破

辩护人跳出思维定式这个桎梏，转变思路，换了一个角度来审视这个案件。检察院以诈骗罪这一罪名提出指控，前几次审理的辩护人都是这个思路："因为没有实际交付款项，所以不存在诈骗事实。因为没有诈骗事实，所以李某某的行为不符合诈骗罪的全部构成要件，所以李某某的行为不构成诈骗罪。"如果辩护人继续循着这个思路进行辩护，成功率肯定会非常低。这种思路里面有一个循环结无法解开，加之以该思路进行的辩护在之前的两次审判中全都以维持原判告终，所以辩护人一定不能再用这种思路来策划辩护方案。那么不妨换一个思路来看待这个案件：原本的辩护方案本质上是从刑事犯罪的构成要件这一角度来做文章。但这种思路其实默认和检方站在了同一出发点。双方只是在这一行为能不能构成犯罪上存在分歧，从而进行辩论。换个角度来看，本案归根结底只是两张收到条引发的纠纷。这种纠纷其实在实质上是一种民事纠纷，根本达不到刑事犯罪的程度。如果辩护人在辩护的过程中把这种纠纷定性为民事纠纷，李某某就自然不存在刑事犯罪，且不论罗某某是否交付了钱款，李某某都与诈骗罪无关，那么无罪辩护的目的也就达到了，问题也随之迎刃而解。

本案涉案地块共有6个。其中，李某某付款的有3个，还有3个地块李某某已经确认购买但尚未付款。这6个地块连在一起，没有明确界限，几个当事人也未进行过具体的测量划分，确定各自地块的归属。只有成功实施了联合建房，才会另行确定各家地块的归属。而今联合建房计划流产，李某某又实际拥有3个地块，完全具备履约能力。在没有明确归属的前提下，李某某完全可以任何比例的组合进行转让，但公诉机关显然没有理解这个逻辑，也没有对合法交易和所谓涉案地块进行区分，只认定李某某转让给罗某某的3块土地是虚假的，转让给其他人的是真实的。

综上所述，本案中李某某、罗某某和黄某某是一种联合建房的法律关系。这是非常明显的民事关系，因此产生的纠纷应被作为民事纠纷来处理。另外根据刑法的谦抑性，司法机关也根本不需要将本案上升到刑事犯罪的高度进行处理。

三、巧妙举例，化繁为简

当事人李某某在申诉期间一直不断给各个级别的各个部门写信，但是收效并不明显，原因就在于他写的控告信非常繁杂、混乱，缺乏条理，使得收信法官和其他读者看不明白。于是辩护人帮助他归纳整理案情，组织语言，并举了一个巧妙的例子：甲从事五粮液批发业务。自己实际存酒1000件。乙、丙经销商均来订购，每人订购1000件。甲承诺有2000件货，收取了全部货款，并出具了收到条。甲联系上家批发商，达成了再购酒1000件的意向。后由于行情暴涨，上家不再发货。于是甲只批发给了乙客户。在此，甲隐瞒只有1000件酒的行为是否构成了诈骗罪呢？相信但凡有一点点法律常识的人都不会认为甲的行为构成犯罪。不管甲是否将货款返还给丙或者是否收取了丙的货款，其行为均不构成犯罪。这只是经济纠纷

公器私用　祸害无穷

而已。

这样的举例,更加通俗易懂,更加便于读者理解案情,从而了解到这是一起根本不存在犯罪的冤案。通过这个简单的比喻反观此案,不论李某某是否收到了罗某某的所谓土地款,罗某某均可以凭借收到条通过法院起诉来维护自己的权利,何来虚构事实骗取钱财的犯罪呢?

四、临危不乱,沉着应对

本案庭审时现场发生了一个非常严重的突发事件。开庭时,法官对李某某提了这样一个问题:"是打收到条在先还是签订《联建房协议》在先?"由于案件已经过去接近 10 年,时间久远,李某某自己都记不清了。面对法官的提问,他居然说是先签订的协议后打的收到条!辩护人当时惊出一身冷汗,因为这和实际顺序恰恰相反。他的陈述对辩护极为不利。如果签订协议在先,情况就与他之前所说的为了促成签订协议才打收到条不相符了。辩护人立刻镇静下来,对李某某再次发问。

主审法官听出了些许端倪,又由于后来证人作证不成功,就进行了第二次开庭。这时候对于这个突发事件,辩护人肯定不能说当事人记错了,是先打的收到条,否则会构成反言。怎么解决这个问题呢?辩护人调整了思路:只要排除协议签订时间的效力就可以了。于是就主张收到条的出具时间是胡乱填写的,完美地化解了这个突发状况。

案件结果

经过当事人长达 5 年的抗争和代理律师的不懈努力,2017 年 6 月,S 省高级人民法院做出再审决定,依法另行组成合议庭,并于 2017 年 9 月、11 月和 2018 年 9 月公开审理。2018 年 10 月,Y 市中级人民法院做出终审判决,撤销先前裁定和原一审判决,宣告被告人李某某无罪。

律师点评

李某某涉嫌犯诈骗罪一案不同于很多其他案子。这个案子在辩护方案的制订上存在很大难度。这个案子的特殊性在于调查取得的证据材料没有什么大问题。想要依靠证据推翻先前的有罪判决非常困难。本案主要的突破口在于对整个案件事实的认识角度。能不能查清交易的过程，也就是能不能证明罗某某是否支付了款项，不是关键，因为罗某某支付款项和不支付款项其实没有任何本质上的区别。无论罗某某是否支付了款项，本案都属于民事纠纷，是不可能上升到刑事犯罪的高度的。在法庭上，面对公诉机关强力的有罪指控和证据不足的窘迫局面，正面交锋并不是辩护人的最优选择。辩护人转换思路，争取把刑事指控降成民事纠纷，自然就可使案件与犯罪无关，也就可以达到预期的辩护目的了。在思路上另辟蹊径，才有可能出奇制胜。在本案中，辩护人通过转变思路，成功发掘了本案的两大突破点，并抓住这两点做了周全的准备工作，制订了比较完备的辩护方案，在庭审时也成功运用多年积累的辩护技巧，恪尽职守，兢兢业业，发挥了一名刑辩律师应有的作用，成功获得无罪的审判结果，维护了李某某的合法权益。

此外，令辩护人深有感触的一点就是网络的力量真的非常强大。我们正身处信息化时代，一定要充分利用好网络这一工具。具体到本案来说，最重要的就是如何能够进入再审。如果再审程序不能启动，辩护人制订出再周全的辩护方案都是做无用功。本案的当事人在申诉期间不断写信，不断将信件发送给各部门，一直没有放弃。辩护人也为当事人积极撰写微博，申诉鸣冤，并成功引起了S省高级人民法院的注意。S省高级人民法院在调取本案卷宗后举行了听证。辩护人又让李某某同法官深入交流，把我们的观点着重讲给法官听，帮助法官了解案情。辩护人也及时递交了法律意见书，最终成功启动了再审程序。其间发生了一件事：因为辩护人将案件相关情况发表在个人微博上，S省高级人民法院的法官居然直接给辩护人打电话，要求辩护人删除相关微博，说法院自会公平公正地处理本案。由此可以看出，网络的力量对最后申诉成功起到了一定的帮助作用。

李某某被构陷入狱之前是一名人民警察，家庭和睦、生活幸福，等到牢狱时光结束时，却家破财空、妻离子散。土地被贱卖，妻子同他离婚，孩子无人抚养。而本案的重要证人熊某某遭遇刑讯逼供，被殴打致左眼几乎失明，无辜被关押33天。本案对案件当事人的精神和身体造成了严重的损害。

Y市中级人民法院在再审过程中，充分保障了申诉人和辩护人的权利，听取了辩护人的意见，制止了公诉人对证人的诱导式发问，以事实为依据，

公器私用　祸害无穷

以法律为准绳，最后对案件做出了公正客观的判决，还李某某以清白，维护了公平和正义。其对李某某的无罪判决结果一定是经得住历史的考验的。

承办律师

张金武，山东忆兴律师事务所合伙人，专职律师。先后就读于山东政法学院、山东大学法学院。1998年取得律师资格，先后在山东阳光桥律师事务所和山东华求实律师事务所执业。担任多家单位的法律顾问，代理了多起在山东省有一定影响力的案件，并积极参与各种维权案件。秉承和坚持当事人利益至上的原则，恪尽职责、精研法律，最大限度地维护当事人的利益，赢得了当事人的一致好评。

精细化辩护的又一次胜利
——陈某某涉嫌犯故意毁坏财物罪最终获得不起诉

案情简介

2017年2月，陈某某接到其母亲章某某的电话，说家里出事了，让他快回家。陈某某立即开车回家。在开到接近家门口的弄堂口时，陈某某看到有人窜出来，因为当时心急没反应过来，便向左打了一把方向盘。结果车头撞到旁边停着的一辆红色奔驰车，奔驰车被撞后移动又撞到了旁边停着的黑色尼桑车。陈某某下车后，看到邻居徐甲拿着一根铁棍来打他，于是双方相互纠扯在一起。陈某某问："啥事情?"徐甲回答："你当我好欺负。"后来，徐甲的父亲徐乙也开始打陈某某。徐甲的女儿徐丙还跑过来大声问为什么撞她的车。陈某某回答："我要避开人，不是故意撞的"。后来，派出所民警赶到现场，将棍子拿掉，平息了纷争。公安机关对徐乙做了一次询问笔录，得知陈、徐两家在事故发生的前几天，一直因为停车场地的事情闹矛盾，甚至出现打架情况。

公安机关对徐甲做了两次询问笔录，对徐甲的老婆马某某、徐乙、徐丙、陈某某的老婆石某、章某某分别做了一次询问笔录。又对马某某、石某、章某某分别做了一次笔录。另外，公安机关还提供了汽车相撞后在现场拍摄的一组照片以及两辆受损车的维修发票（共计4万余元）。2017年2月公安机关立案侦查。3月，陈、徐两家达成谅解书，陈某某赔偿徐甲6.6万元。3月，公安机关对徐甲做了一次讯问笔录。公安机关将本案移送检察院审查起诉。起诉书指控陈某某因邻里矛盾纠纷，驾驶奇瑞轿车故意撞毁奔驰车、尼桑车，所造成的损失价值约为4.2万元，陈某某涉嫌犯故意毁坏财物罪。

4月，因事实不清、证据不足，检察院将本案退回公安机关补充侦查，并要求提供资料：拍摄案发现场的环境照片；向被害人徐甲、徐丙明确车辆受损情况及维修情况；分析撞击痕迹；有无证人看到陈某某避让他人的情况。公安机关5月再次将案件移送审查起诉，补充的材料有：徐甲询问笔录一份，4S店维修人员薛某某、戴某某的证人证言，公安机关所做的情况说明一份。

律师对策

戴瑞兵律师在代理该案期间，通过多次会见嫌疑人和仔细阅卷，发现陈某某被指控行为构成犯罪，事实不清，证据不足。具体意见如下：

一、陈某某有罪供述存疑

首先，陈某某在2017年2月制作的第一份询问笔录中详细陈述："我一个人开车回家……看到有人在路南边停车的地方窜出来……当时我心急没反应过来，就往左边打了一把方向盘。于是我的车头就撞到那边停着的一辆红色的奔驰车左后侧。"该份笔录为陈某某在公安机关制作的第一份笔录，真实性较高。

辩护人会见陈某某后了解到，其本人当时认为本案系邻里纠纷，并不涉及刑事案件，内心完全没有故意撞车造成重大损失即构成犯罪的判断。故本案不存在陈某某为了脱罪而做虚假供述的可能。辩护人认为陈某某第一份供述应为真实供述。

其次，2017年2月陈某某在派出所制作的两份笔录存在侦查人员指供或者诱供的情形。因此，辩护人认为该两份笔录应当被排除。理由如下：

① 在做该两份笔录的过程中，侦查人员在询问陈某某是否故意撞车时，存在明显的诱供和指供情形。陈某某在与辩护人会见过程中也多次谈及，派出所的承办民警反复劝他，只要他承认了就可以早点回去。

② 在该两份笔录中，笔录内容存在主要细节和大篇幅被复制和粘贴的情形。

③ 辩护人会见陈某某时了解到，2017年2月，陈某某供述的第二份笔录系在派出所非办案区制作的。但由于无法确定该情节是否真实，因此辩护人希望检察院能够核实。辩护人认为，若查证属实，则该份笔录应当被排除。

再次，陈某某2017年3月在派出所做的供述不真实。在辩护人会见陈某某时，陈某某陈述：3月其并未在派出所制作笔录。当日派出所承办人电话通知，要求其到派出所缴纳取保候审保证金。当日下午5时左右，其与朋友到派出所交完保证金后便离开派出所了，并未制作笔录（陈某某在交款期间，承办人要求其在很多纸张上草草签了字，而其并未查看纸张上的内容）。

上述事实，当日陪同陈某某一同去派出所的朋友可以证实，陈某某在笔录时间段内与他人语音聊天的聊天记录也可以证实。另外，陈某某当日驾驶的车辆的行车轨迹也可以证实，在该份笔录的时间段内，陈某某不在派出所制作笔录。

辩护人认为，陈某某的第四份笔录应当被排除。

二、证人徐丙的笔录能够证实陈某某并非故意撞车

根据证人徐丙2017年2月在派出所制作的笔录，案发时，徐丙质问陈某某为何撞她的车，陈某某当时陈述："我不是故意撞的，因为车子的刹车避震性能不好，不小心撞上去的。"辩护人认为陈某某在案发现场对徐丙的辩解与其之后的部分笔录陈述存在矛盾，但陈某某在案发现场的辩解与其第一份供述是完全吻合的。另外，徐乙在笔录中也谈到，陈某某在案发现场也以上述理由辩解其不是故意撞车的。

三、证人徐乙的证言缺乏证明力

首先，徐乙在本案中，不仅为证人，也是财物受损方，与陈某某系利害关系相对人，因此其关于陈某某故意撞车的证言不具客观性。其次，在2017年2月徐乙制作的两份笔录中，其在第一份笔录中称案发现场的钢管是陈某某手持的，要用来打他，在第二份笔录中承认钢管是他自己从车上拿下来的，用于防身。因此，辩护人有充分理由认为，徐乙在本案中的证言缺乏证明力。

四、证人薛某某、戴某某关于陈某某故意撞车的证言缺乏证明力

首先，薛某某、戴某某两位证人均为汽车4S店工作人员，应仅对车辆维修产生的费用做出客观说明，其工作内容并不直接包括指出涉案车辆是

被何人损坏以及因何原因被损坏。其次，两位证人的证言中关于车辆系陈某某故意撞坏之细节来源于陈某某夫妇，即系两位证人听说得知。再次，两位不同证人对案件事实并非同时同地经历，却存在部分证言完全雷同的情况。辩护人认为，该案承办人存在指证行为。综上所述，辩护人认为两位证人证言中关于陈某某故意撞车的内容不具证明力。该部分应当被排除。

五、撞车现场图与公安机关2017年4月25日出具的情况说明没有证明力

首先，撞车现场图的拍摄时间系2017年4月14日，而不是案发当日。该撞车现场图无法客观反映案发当时撞车现场的真实状况。其次，公安机关2017年4月25日出具的情况说明并不属于证据，仅为公安机关的单方说明，不能作为证据使用。且该情况说明中均使用了对陈某某不利的有罪推定，其中对所谓的刹车痕迹说明，公安机关未能提供相关的证据。

案件结果

辩护人多次提交律师意见书，找出相关证人信息提供给办案单位，指出案件证据存在瑕疵。检察院也非常重视辩护人的意见。6月检察院再次将案件退回公安机关补充侦查。7月公安机关补充侦查完毕，重新将案件移送检察院起诉。最终检察院检察委员会讨论后认为，本案事实不清、证据不足。该案以不起诉结案。

律师点评

1. 坚持无罪推定原则

犯罪的故意是一种罪过心理。只有行为人认识到危害行为与危害结果，并且希望或者放任这种结果发生时，才成立故意。本案起源于邻里纠纷。公安机关认为陈某某存在故意毁坏汽车的意图，并在讯问过程中进行诱导性发问。这与《中华人民共和国刑事诉讼法》规定的无罪推定、疑罪从无的基本原则相悖。如果在判决有罪前追诉机关就将有罪认识强加于被控告的人身上，那么审判程序还有什么存在的必要呢，此时司法机关直接对被控告的人课以刑罚就行了。无罪推定虽然是针对有罪推定被提出的，但它不是办案人员的一种先入为主的认识，而是属于法律推定，与推论不同。作为刑辩律师，在代理每一个刑事案件时都不能戴着"有罪眼镜"去看待当事人，要始终坚持任何人被认定有罪都必须有确实的证据支持，无证据或证据不足时不能认定当事人有罪的原则。

2. 注意排除非法证据

2017年5月最高人民法院、最高人民检察院、公安部、国家安全部、司法部联合发布了《关于办理刑事案件严格排除非法证据若干问题的规定》，从侦查、起诉、辩护、审判等方面明确非法证据的认定标准和排除程序，要求切实防范冤假错案的产生。本案存在办案人员不在办案区进行讯问、讯问没有进行同步录音录像、笔录内容存在大面积复制和粘贴、办案人员提前做好讯问笔录等问题。证人证言存在前后不一致，缺乏证明力问题。被害人陈述中存在证明陈某某并非故意的言辞。公安机关出具的情况说明只是公安机关的单方说明，不属于刑事证据。本案中的大部分证据都存在问题，而公安机关又不能补正或者做出合理解释，才使得案件得以不起诉接案。因此，在刑事案件中，刑辩律师尤其要注意排除非法证据。需认真分析案卷，寻找每一份证据的瑕疵与纰漏，力争保障犯罪嫌疑人、被告人的合法权益。

综上所述，在处理故意毁坏财物类案件时，律师要正确理解和认定"主观故意"。要结合具体的案件细节、证据来确定犯罪嫌疑人是否存在主观故意，而不能依据主观推论，就认为犯罪嫌疑人存在故意的心理。律师需要做的就是尽全力从证据中寻找突破口。

每一起冤假错案的纠正，就是一次司法公正的彰显。我们有理由相信，随着司法改革的不断深入、庭审实质化建设的不断加强，在未来，"让人民群众在每一个司法案件中感受到公平正义"的目标一定会实现。

承办律师

戴瑞兵，江苏瑞莱律师事务所合伙人、律师，2005年毕业于西北政法大学，2015年就读于中国人民大学苏州独墅湖校区，主修民商法专业（在职研究生学习），常年办理各类刑事案件，积累了大量刑事案件代理经验，尤其擅长办理经济类、金融类、税务类刑事案件。

为突然去世的亲戚出面清理债务是否构成非法吸收公众存款罪
——解读陈某涉嫌犯非法吸收公众存款罪一案

案情简介

陈某开办的某内衣公司为当地知名外贸企业。2000年随着人民币增值，国内企业竞争日趋激烈，陈某的企业遭受了政策严冬的洗礼，陷入资金周转困境。陈某有一栗姓亲戚在村里担任德高望重的村干部。村里的百姓一有闲余资金就经常存在他处，零存整取，而他也经常只是手写一张欠条给邻里百姓，取款时结息。长年下来，大家相安无事。陈某有一次与栗某相遇时得知栗某手里有约百万元的流动资金，就跟栗某商量能否把这部分资金借给自己用于运营企业，一方面解决企业燃眉之急，另一方面按银行贷款利率甚至更高的利率向栗某支付利息，让栗某赚取利润。之后，陈某和栗某达成借款的共识。

2011年至2012年，栗某出面向村里村外的群众吸储。因利率逐年上升，由当初的银行贷款利率逐步上升到月利率1分或2分，闻讯而来的百姓越来越多。栗某此时已累计吸储上千万元。栗某将上述借款中大部分转借给陈某并收取利息。2012年9月，栗某在一场手术中意外死亡。因事发突然，且栗某生前均一人操作吸储一事，妻子、儿女均不知情，故债权人得知栗某突然去世的消息后也慌乱无措，以各种方式向栗某的家人讨要债权，甚至围堵栗家出殡现场，不让栗某下葬。一时间当地民众乱作一团，造成恶劣的社会影响。

陈某在这种危难关头出面承担此事，安抚百姓并表示会接手处理粟某生前的债务事宜。后陈某让公司财务出面，逐笔核对粟某借款给陈某的金额、钱款打入企业账号的时间印证的群众手头粟某手写的借条，然后一笔一笔以企业名义将老百姓手中的由粟某署名的借条转换为企业名义的借款协议。当时统计的债权人人数为30余人，借款金额约为1500万元。陈某在转换借条时承诺逐步还本停息。之后企业周转日趋困难，而债权人要求其偿还本息导致最终案发。2012年至2014年案发时陈某及其企业已归还本金和利息200余万元，尚有1300余万元未归还。

律师对策

辩护人了解了整件事情的起因和经过后，对陈某其人其事深感惋惜。但不论事出何因，任何人触犯了法律，都将受到应有的惩罚，并依法承担相应的责任。

一、孰是孰非，非法吸存还是非法集资

辩护人在和公诉机关的沟通中了解到，可能是迫于债权人的压力，也可能是因为本案存在实际借款人粟某突然离世导致案件涉及的关键细节事实无法考证的情况，公诉机关内部对案件的定性存在分歧。一种意见认为，陈某的行为构成非法吸收公众存款罪。另一种意见认为，陈某不断地向粟某借款时已明知自己缺乏偿还能力，但仍然以不断提高借款利率的方法促使粟某去向不特定的公众借款，其行为应被认定为集资诈骗。集资诈骗罪是非法集资类犯罪中的重罪，从本案约1500万元的金额来看，如果是个人犯罪的话，量刑的起点为10年以上。

二、初战告捷，公诉机关以非法吸存提起公诉

非法吸收公众存款罪和集资诈骗罪的区别主要在于犯罪的主观故意方面。集资诈骗罪是行为人采用虚构事实、隐瞒真相的方法意图永久非法占有社会不特定公众的资金。集资诈骗罪的行为人虽然承诺还本付息，但实际上这种承诺只是实施诈骗的一个手段。而非法吸收公众存款罪的行为人只是临时占用投资人的资金，承诺还本付息也意图还本付息，但最终没有还本付息是因为其他原因而非行为人本意。

为突然去世的亲戚出面清理债务是否构成非法吸收公众存款罪

根据上述分析，辩护人向公诉机关递交了法律意见书，从下面三个方面阐述陈某不具有非法占有目的。

从融资目的来看，陈某借款是为了经营企业，在栗某突然去世后，转换借条时也是让企业会计通过核对栗某打入企业账号的借款金额、时间和债权人手中的借条的方式完成的。可见陈某融资确实用于企业经营，没有虚构融资项目，也没有挥霍融资款。

从利息支付来看，栗某去世前陈某和栗某之间的利息支付是正常的。栗某去世后，陈某转换借条的时候和债权人约定停息时，债权人也是同意的，直到案发时，起诉书确定的陈某归还的本金和利息有200多万元。

从主观上是否具有非法占有融资款的目的来看，虽然案发时陈某企业依旧有1300万元的巨款无法偿还，但是陈某在企业运转如此困难的情况下，在直接吸储人栗某突然去世后积极采取补救措施，以企业名义分别和债权人重新签订借款协议，以接手处理并承担栗某生前未结债务。上述种种迹象表明，陈某没有逃避债务的想法，故在主观上不具有非法占有融资款的目的。

经过辩护人和公诉机关的积极沟通，公诉机关最终以非法吸收公众存款罪和单位犯罪对陈某的企业提起公诉。

三、整装再战，据理力争以求轻判

之后辩护人发现，虽然公诉机关以非法吸收公众存款罪对陈某的企业提起公诉，但公诉机关的起诉书指控内容对陈某不利。

首先，公诉机关对陈某涉案行为的经过和细节掐头去尾，似乎刻意省略从陈某只面向栗某一人借款，到陈某企业向社会不特定公众吸储的过程，直接认定"陈某因投资生产、转贷急需资金向吴某某等30户非法吸储人民币1500余万元用于公司经营"。辩护人认为，公诉机关刻意省略的部分是认定本案罪与非罪、罪轻和罪重的关键事实。

其次，陈某是在栗某突然去世后为了却栗某生前未处理的债务，为缓解栗某家庭突然面临的困境而介入的。吸储金额存在一个问题：只能单向认定借入的钱，而不能认定已归还的钱的数额。陈某在转换借条的时候是将栗某生前交付陈某借款的金额、时间与债权人手持借条的金额、时间进行比对后重新向债权人出具借条。有相当一部分已经归还的本金和支付的利息，只有陈某支付给栗某的凭证，而没有栗某是否已经归还债权人的证据可考证。换言之，起诉书认定陈某非法吸收公众存款的金额1500余万元是个最大的范围，事实上金额肯定少于1500万元。

再次，辩护人认为，当群众前来栗某家索债时，栗某非法吸收公众存款的行为已偃旗息鼓。栗某生前仅就借款与陈某达成共识，并未就一起向不特定公众吸储达成共同意思表示。陈某当时出面对群众进行安抚并以企业名义转换借条的行为无论是否存在欺骗，均系事后行为。以事后行为作为陈某的定罪理由不仅在法理上说不通，也从侧面凸显出本案的事实和证据可能存在一定的问题。

辩护人在依法会见陈某时对上述问题进行了核实，也与陈某回忆并有针对性地研读了案卷中有关银行流水等证据材料。在此基础上辩护人认为，起诉书对陈某犯非法吸收公众存款罪的认定不能成立。因此，辩护人打算以"明知""行为"作为切入点，系统阐述指控罪名不成立的辩护意见。但在开庭之前，年逾古稀又中年丧子的陈某表示自己自愿认罪。故，为最大限度地保障当事人的合法权益，辩护人专门为陈某做了量刑辩护，在发表上述辩护意见之后，在征得当事人的同意及法庭允许的前提下，又提出了本案区别于一般非法吸收公众存款罪案件的两大表现：陈某介入非法吸收公众存款行为的时间和原因，陈某已通过银行转账归还栗某的部分金额实际存在却无法在犯罪金额中予以消减。

案件结果

法院判决认为：被告单位违反国家金融管理法律规定，以高息为诱饵，非法吸收公众存款，数额巨大，扰乱了国家金融秩序，其中被告人陈某系被告单位直接负责的主管人员，其行为均已构成非法吸收公众存款罪。公诉机关指控的罪名成立，予以支持。被告单位、被告人能自愿认罪，已支付部分利息及归还部分本金，可酌情从轻处罚。被告单位犯非法吸收公众存款罪，判处罚金人民币五十万元。被告人犯非法吸收公众存款罪，判处有期徒刑四年并处罚金十五万元。

律师点评

在《中华人民共和国刑法》中，非法吸收公众存款罪条文本身较简单，但该类案件往往涉案人数多，案件数额大，案情较复杂。如果辩护人要为该类案件被告人做无罪辩护，应全面从有利于当事人的辩点挖掘考察证据，如：考察行为人的吸储对象是特定关系的少数人还是不特定的公众；考察吸储方式是一对一的借贷还是面向不特定的公众宣传；考察筹款的用途和目的是用于生产经营还是资本运营等。企业为解决资金需求，在无法获得银行贷款的情况下，往往会通过向社会公众借款解决资金问题。但鉴于非法吸收公众存款在实践中的复杂表现，在现有法律框架下，企业家要注意将正常经营、融资行为与非法吸收公众存款罪区分开来，避免陷入犯罪深渊。

承办律师

季洁，浙江左右律师事务所高级合伙人，法律硕士，毕业于浙江大学。2003年开始从事法律工作，擅长办理刑事辩护领域内的经济犯罪案件。刑辩团队成员有6名，主要承办一种类型案件，即经济犯罪案件。团队成员在工作中协同化、精细化、专业化，力求办好每一个案件。

卓越法律人才培养基地 2018 年度刑事思维特训营系列课程简介

为了落实中国共产党中央政法委员会（简称"中共中央政法委"）和教育部制订的"卓越法律人才教育培养计划"，培养具有较强法律职业能力的卓越法学本科生，经友好协商，苏州大学王健法学院与扬子鳄刑辩联盟、盈科长三角刑辩中心在 2018 年春季学期开设了刑事思维特训营。

本特训营由扬子鳄刑辩联盟和盈科长三角刑辩中心在全国范围内遴选优秀刑辩律师授课。刑事思维特训课程聚焦于训练法科学生的刑事法律思维，经过不断的摸索和总结，现在已经发展成一门成熟的法律实务课程。为了更好地展示本课程所取得的成果，我们特将相关课程简况梳理总结如下，以飨读者。

第一讲：周猛律师讲授"从法学生到法律人"

2018 年 3 月 6 日，北京市盈科（南京）律师事务所刑事部主任周猛律师莅临苏州大学王健法学院，应邀为学院第五届"卓越法律人才培养基地"全体同学开启刑事思维特训课程第一讲——"从法学生到法律人"。北京市盈科（苏州）律师事务所宋建平律师以及四位实习律师代表也参加了此次课程。

周律师作为有着十多年法院工作经验的一线法律人，以自身经历比较了法学生与法律人在观念、思维方式等方面的不同，提出了法律人应该具有的几个能力素养，包括培养司法能力、关注法律的基本问题、融入社会生活、用法律思维思考现实案件等；并结合自己的人生经验对同学们提出了几点建议，如学会保护自己、敢于坚持自己的认识、无论何时都要有职业良知、正确对待晋升与荣誉等。周律师总结道：法律人是一份担当，要吃得了苦，只有熬过最初的痛苦，才能最后品尝到幸福的果实。

在课程的最后，胡锌涛与陈思雨同学也与周律师进行了亲切互动，提出了关于法官是否参与取证以及是否会因为要保持判案一致性而对以后判案产生影响的疑问。最后"卓越法律人才培养基地"主任陈珊珊副教授也对周律师表示了感谢。课后许多同学既感叹于周律师作为一个法学前辈的真挚体贴，同时也表示周律师提供了一个很有实际意义的法律知识学习的全新视角。周律师把课堂学习与事务工作串讲得非常自然，既有理论知识的复习重申，又为同学们传授了以后实际工作中的适用技巧。

参加课程的全部人员合影留念后，2018年刑事思维特训营系列课程第一讲顺利结束。

第二讲：陈晓薇律师讲授"律师思维是如何养成的"

2018年3月13日，北京盈科（上海）律师事务所律师陈晓薇莅临苏州大学王健法学院，应邀为学院同学讲授刑事思维特训课程第二讲——"律师思维是如何养成的"。苏州大学王健法学院"卓越法律人才培养基地"主任陈珊珊副教授出席并主持此次课程。

陈律师曾任上海市政府机关资深公职律师、资深法律援助律师，现任北京盈科（上海）律师事务所专职律师，执业8年。执业以来，陈律师主攻刑事辩护和合同纠纷处理，喜欢进行方法论研究。陈律师在律师思维方面发表了多篇研究性文章，在法律文书撰写方面形成了自己特有的风格，深受业界同仁的认可和好评。

在本次课程中，陈律师围绕律师思维这一中心，先将律师思维与法官思维、检察官思维、公安思维等其他法律思维进行对比，向同学们揭示了律师思维的特别之处。又结合个人思考对律师思维的具体内容做了创造性的概括，认为律师思维包括结构化思维、涵摄思维与立场思维。最后，陈律师贴心地给出了如何培养律师思维的建议：锻炼结构化思维，训练映射思维，培养质疑思维、说服思维、逆向思维与极致思维等。陈律师在保持法律人严谨理性的同时，也非常风趣幽默，不仅亲切地与在场同学互动，还举出自己生活中的小例子来示范如何有意识地培养律师思维。

在现场互动环节中,同学们深受陈律师感染,纷纷举手提问。王亦一同学针对刑法犯罪构成要件理论三阶层与四要件在法律实务中如何适用提问,胡锌涛同学针对如何灵活应对庭上突发状况提问,还有研究生同学对律师案源、律所实习等问题进行提问,陈律师也都结合自身经验,一一进行了详细而真诚的解答。

在本次课程中,陈律师不仅向同学们展示了律师的专业思维,而且她亲切和蔼的处事风格、对待案件严谨认真的态度都给同学们留下了深刻的印象,指引着同学们为把自己打造成优秀的法律人而努力。

最后,同学们热烈鼓掌感谢陈律师的倾情分享。本次课程圆满结束。

第三讲:汪翔律师讲授"刑事辩护与律师多元思维"

2018年3月20日,北京市盈科(苏州)律师事务所资深律师汪翔莅临苏州大学王健法学院,应邀为学院同学讲授刑事思维特训课程第三讲——"刑事辩护与律师多元思维"。

汪律师有着丰富的法律知识和独到的实践经验,尤其擅长房地产改制、刑事诉讼疑难点等问题的研究,发表过多篇研究性文章和著述,深受业界同仁的认可和好评。

在本次课程中,汪律师首先向大家简单介绍了律师的概念、要求和从业资格,指出律师要将维护当事人利益放在第一位,要掌握扎实的基础知识以及训练清晰的法学逻辑思维等,还要有风险意识。之后,汪律师谈到,刑事辩护的核心应当是面向当事人的有效辩护。

汪律师指出:在有效辩护中,罪轻辩护最为常见,罪行辩护数量较少。在罪轻辩护中,律师一定要注意四点。第一,敢辩;第二,尊重当事人意愿;第三,不搞突然袭击;第四,认罪从宽。

之后,汪律师以一个其经手的罪轻辩护案件为例,耐心分析了接手一起刑事诉讼案件应当如何准备,应当查阅哪些方面的资料,如何发现一个实际案件中的突破点,以及与各方人员接触交往的技巧。汪律师的讲述生动有趣,十分具体,让在场同学受益匪浅。

在课程的尾声,汪律师希望同学们能打好专业基础,培养多元化思维,学会抓住案件的突破点,以赢得最终的胜利。

汪律师还为同学们预留了10分钟时间答疑解惑。有感于汪律师生动切实的讲课风格,王亦一同学和王安同学都从自身经历出发,提出了在法学学习中的困惑与迷思。汪律师则提醒同学们要学会换位思考,不要钻牛角尖,不要觉得会被委托人和咨询人"刁难"。他还鼓励同学们珍惜现有的学习生活,要抓住机遇。

最后,同学们热烈鼓掌感谢汪律师的倾情分享。本次课程圆满结束。

第四讲:李朝春律师讲授"司法实践中职务侵占罪疑难分析"

2018年3月27日,北京盈科(上海)律师事务所律师李朝春莅临苏州大学王健法学院,应邀为学院同学讲授刑事思维特训课程第四讲——"司法实践中职务侵占罪疑难分析"。

李律师作为北京盈科(上海)律师事务所经济犯罪事务部副主任、高级合伙人,盈科长三角刑辩中心专家律师,曾经在司法行政系统工作多年,自2008年执业以来已成功代理数百起疑难复杂典型案例。

在本次课程中,李律师首先通过比较分析法向同学们解析了职务侵占罪与贪污罪、盗窃罪、诈骗罪、侵占罪的区别,用明白晓畅的语言从犯罪主体、客体、侵害法益等方面明晰了罪与非罪、此罪与彼罪的界限,进而通过案例分析法分析司法实践中职务侵占罪的疑难问题,使同学们对职务侵占罪有了初步的理解。定罪的重要性与迫切性在李律师的分析中得以彰显。

接着李律师深刻地分析了自己从职务侵占案件中获得的启示,提出一定要重视审查起诉阶段:注重审查起诉阶段的阅卷;在检察官提审前为犯罪嫌疑人提供相应的法律服务,促使犯罪嫌疑人能抓住重点内容维护合法权益;把握以引导罪名变更实现罪名从轻辩护的最佳时机等关键点。李律师严谨细致的建议让同学们对职务侵占罪有了更深的理解。

在课程的尾声,李律师为同学们预留了10分钟时间答疑解惑。在一场生动深刻的讲座后,同学们都有所启发、感悟,也有了自己的疑惑。同学们从经济类犯罪中的人身自由刑的价值与意义、律师工作中的感情取向、调查取证的时机与操作以及目前热门的事后辩护转变到事前风险防控的形势等方面提出了自己的疑问与思考。李律师真诚地分享了自己的看法与经验，并鼓励在场同学多与律师交流。

最后，同学们热烈鼓掌感谢李律师的倾情分享。本次课程圆满结束。

第五讲：周彦律师讲授
"刑事案件侦查和审查起诉阶段律师辩护"

2018年3月27日，北京盈科（长沙）律师事务所律师周彦莅临苏州大学王健法学院，应邀为学院同学讲授刑事思维特训课程第五讲——"刑事案件侦查和审查起诉阶段律师辩护"。

周律师作为北京盈科（长沙）律师事务所管委会主任，长沙市第十四、十五届人大代表，长沙仲裁委员会仲裁员，2015年度CCTV中国（湖南）法治人物，有着丰富的工作经验，成功代理过数百起疑难复杂案件，深受当事人及业界同仁的好评。

在本次课程中，周律师首先通过法条解读和案例分析的方式向同学们介绍了审前辩护的重要性，简明扼要地说明了审前辩护的法律依据和律师审前辩护的五个目的：① 获得犯罪嫌疑人充分信任，熟悉案情；② 形成对案件的观点；③ 固定对犯罪嫌疑人有利的证据；④ 为当事人争取不被逮捕或变更强制措施的机会；⑤ 保障犯罪嫌疑人的合法权益，防止冤假错案。这番讲解使同学们对律师的审前辩护工作有了初步的了解，并充分认识到了律师审前辩护工作的独特价值。

接着，周律师结合自己经手办理的案件，依次为同学们详细介绍分析了律师审前辩护不同阶段的具体工作：会见犯罪嫌疑人，申请强制措施及变更强制措施，阅卷，调查取证，提出律师意见。周律师和同学们分享了在多年办案中总结出的技巧和工作原则，强调了寻找对当事人有利的证据线索的重要性。周律师深入浅出的讲解和独到的分析令到场的同学对审前辩护有了更为深入的了解和认识。

在课程的尾声，周律师为同学们预留了10分钟的自由提问时间。经过一堂课的学习后，同学们都深有启发，也存在一些疑惑。徐景灵同学和赵艺同学分别针对人工智能的发展对律师阅卷工作的影响、如何获取有效证人证言提出了自己的疑问。周律师真诚地分享了自己的看法与经验，并鼓励同学们多与律师交流。

最后，本次课程在一阵掌声中完美落幕。

第六讲：姜曙滨律师讲授
"刑事律师的基本功——阅卷和法庭质证"

2018年4月10日，北京盈科（上海）律师事务所律师姜曙滨莅临苏州大学王健法学院，应邀为学院同学讲授刑事思维特训课程第六讲——"刑事律师的基本功——阅卷和法庭质证"。

姜律师作为北京盈科（上海）律师事务所合伙人、扬子鳄刑辩联盟秘书长、盈科长三角刑辩中心副主任、三海刑辩团队发起人，有着丰富的工作经验，成功代理过数百起难度高、影响广的案件，完成了数次有效的无罪辩护，深受当事人及业界同仁的好评。本次课程主要围绕姜律师根据多年的刑事辩护经验总结出来的一些方法、技巧展开。

在课程的开始，姜律师就强调了阅卷对于辩护工作的重要性——它是刑事辩护工作的基本功。阅卷的目的在于：全面了解案情；寻找辩方有利证据；简化案卷，方便办案；和嫌疑人核实案情。接着，姜律师为同学们介绍了阅卷的法律依据和手续、阅卷的原则以及阅卷的顺序。姜律师尤其提醒要将非法证据排除程序提前到侦查阶段，要重视审判前的有效辩护。

在课程中间，姜律师为同学们展示了案件笔录，同学们也表现出了很浓的兴趣。在展示后，姜律师详细说明了四个阶段不同的阅卷方法，并说明了在死刑复核阶段律师进行阅卷的两种途径。在阅卷笔录的制作方法上，姜律师为同学们介绍了摘录法、列表法和图示法三种不同的方法，并结合自己办理的成功案例着重强调了思维导图的重要性。

在谈及质证时，姜律师首先以一句"质证权是辩护方的核心权利，刑辩律师是为质证而生的"有力地吸引了同学们。然后在一系列对证据的有关论述后，传授了质证的基本方法：单个证据质疑三性，多个证据质疑印证，全案证据质疑结论唯一性。接着，姜律师对言词证据、人证、书证、视听资料、鉴定意见、辨认笔录等不同证据进行了具体分析，开阔了同学们在质证方面的认知。

在课程最后，姜律师为同学们预留了10分钟的自由提问时间。陈思雨、徐景灵、王安三名同学向姜律师提出了模拟法庭如何入手、律师辩护的道德等问题，姜律师都耐心地给予了解答。

同学们受益匪浅，对本次课程有很高的评价，并积极与姜律师合影留念。整个课程圆满结束。

第七讲：安宁律师讲授"刑事案件的庭审发问"

2018年4月17日，北京德和衡（上海）律师事务所律师安宁莅临苏州大学王健法学院，应邀为学院同学讲授刑事思维特训课程第七讲——"刑事案件的庭审发问"。安律师有多年公诉人经历，曾荣获上海市检察系统优秀公诉人称号，后投身律师行业。

在本次课程中，安律师主要从五个方面展开讨论，分别是发问目的、实务类型、常见问题、发问规则和问题处理。首先，安律师以公诉人角度为切入点，结合自身经历，幽默风趣而清晰有力地指出庭审发问的四个目的：即全面展示案情，预判控、辩、审三方立场和思路，了解诉讼参与人的风格，为法庭调查和法庭辩论做铺垫。安律师对庭审发问的思考和见解不落窠臼，使同学们明晰了庭审目的。

接着，安律师提出观点：对庭审发问分类绝不是机械地分类，而是要全面认识庭审发问的逻辑前提。安律师结合自身实务见闻细致讲解，引发了同学们对单人发问、多人发问等各种分类情况的思考。安律师进一步强调"凡事预则立，不预则废"，就发问中常见的问题提出了诸如事先准备庭审提纲而不能受制于提纲等一系列看法。安律师真诚地给予象牙塔内的学子建议：不应当受制于主观认识而率性而为，不应当受制于发问提纲而不能灵活应对，不应当受制于经验不足而陷于被动。安律师的观点无一不在知识和见识上启发和鞭策着同学们不断地求知和积累。

在发问规则方面，安律师分享了许多看似简单却难以一以贯之的规则，例如服从法庭指挥、在聆听的基础上发问等。在一些具体问题上，安律师传授了在发问被打断、问题被问完等情况下的应对办法，展现出其本人沉稳踏实的风格。

在课程的尾声，安律师为同学们预留了10分钟时间答疑解惑。在一场生动深刻的讲座后，同学们都有所启发、感悟，也提出了自己的疑惑。同学们从"复旦投毒案"的庭审、公诉人转业为律师后的资格限制、同一律所律师组成律师团代理多人犯罪案件等方面提出了自己的疑问与思考。安律师真诚地分享了自己的看法与经验,并鼓励同学们多与律师交流。

最后,同学们热烈鼓掌感谢安律师的倾情分享。本次课程圆满结束。

第八讲:代承律师讲授
"虚开增值税专用发票罪实务问题探究"

2018年5月8日,北京盈科(武汉)律师事务所律师代承莅临苏州大学王健法学院,应邀为学院同学讲授刑事思维特训课程第八讲——"虚开增值税专用发票罪实务问题探究"。代律师是武汉大学法学博士,北京盈科(武汉)律师事务所高级合伙人,有着多年的实务经验和丰富的法律专业知识。

本次课程主要围绕代律师办理过的一起关于虚开增值税专用发票罪的案件展开,分为三个部分:一是虚开增值税专用发票罪的现状及特点,二是虚开增值税专用发票罪的罪名解读,三是针对虚开增值税专用发票罪的辩护要点。

代律师强调了税务发票案件的重要现实影响,指出:发票作为经济活动的重要凭证和税务、审计等部门进行财务税收检查的重要依据,对社会主义市场经济的运作起到了极大的作用。针对税务发票的违法犯罪行为会扰乱经济秩序,危害市场健康。代律师以一些典型案例为例介绍了本罪的现有趋势,比如作案手段向"票货分离""变票"等手法转变,违法活动的集团化、信息化、跨区域化等,并总结了本罪的一些特点,比如涉案行业相对集中、作案手段隐蔽迅速等。代律师特别指出,个别地方违规出台招商引资优惠政策,在一定程度上助长了涉税违法犯罪案件的发生。

之后,代律师从法律规定出发,为同学们详细解读了虚开增值税专用发票罪的立法历程及立法缺陷。他指出:本罪的立法滞后性较其他罪而言更为突出,且本罪所规定的入罪金额过低。在市场经济高速发展的大背景下关于本罪的法律规定与现实情况有所脱节的情形实际存在。随后,代律师详细介绍了本罪的几种主要犯罪手段,包括开具存在价格差的增值税专用发票、拆本使用、撕联填开、对开、环开以及代开。以往税务审计机关核查时往往强调"三流一致",即货物流、发票流、资金流一致,但随着交易习惯的更新，严格的"三流一致"原则有所松动，这也给了不法分子非法牟利的机会。

代律师还讲述了针对虚开增值税专用发票罪的一些辩护要点。一是辩护人对该罪做危险犯而非行为犯的解读。在很长一段时间内，理论界和实务界都认为本罪是行为犯，只要有虚开行为，不论主观目的如何，均能成罪。而以张明楷教授为代表的一派认为，该罪属于抽象危险犯，司法机关应以一般的经济运作方式为根据，判断是否具有骗取国家税款的危险，若无危险则不宜定罪。后者的观点有一定的客观判断标准，更符合公平正义的法理，且与公众的普遍认知一致。二是重视对税务稽查结论的审查。涉税案件专业性强。很多司法机关办案人员不具备税务方面的专业知识，往往过度依赖税务机关做出的稽查结论，甚至将之直接作为证据使用。在实践中，由于税务机关工作人员缺乏法律知识、工作态度不端正等原因，稽查结论存在问题的情况并不少见。因此，辩护人应对税务机关稽查结论进行仔细审查。三是重视针对税务实体问题的辩护。由于税法教育的缺失，律师行业中具备财税复合知识的律师只占极少数，因而在司法实践中辩护人针对税务实体问题的辩护往往内容空洞而不具说服力。对于法学生和律师而言，努力学习财税知识，使自己成为专业复合型人才，是提高辩护水平，提升自身价值的有效途径。

在课程的末尾，徐景灵和胡锌涛两名同学分别向代律师询问了前述案件的细节问题，并就如何做好充分的准备、如何将法学教育与法律事务进行有效衔接等问题进行了提问。代律师都一一耐心解答。

最后，同学们热烈鼓掌感谢代律师的倾情分享，并与他合影留念。本次课程圆满结束。

第九讲：赵春雨律师讲授"职务犯罪的精细化辩护"

2018年5月11日，北京市盈科律师事务所律师赵春雨莅临苏州大学王健法学院中式模拟法庭，为同学们讲授刑事思维特训课程第九讲——"职务犯罪的精细化辩护"。赵律师是中国政法大学诉讼法学硕士、北京市盈科律师事务所全球总部合伙人、盈科全国刑事诉讼法律委员会主任、盈科首届十佳刑辩律师。

在讲座开始前，"卓越法律人才培养基地"主任陈珊珊副教授向赵律师颁发了"卓越法律人才培养基地"实践导师聘书。

拥有丰富职务犯罪辩护经验的赵律师首先介绍了职务犯罪的概念与罪名种类，并重点介绍了国家监察体制改革对职务犯罪辩护的几点影响，使在座的各位同学对职务犯罪的概况和现状有了一定程度的了解。然后，赵律师从业务领域、案件数量、辩护空间和防范意识四个方面介绍了角色定位精细化这一概念，并由此简要介绍了职务犯罪辩护律师的三类业务：为被刑事立案的犯罪嫌疑人提供刑事辩护服务，为受到损失的单位或者企业等被害人提供代理服务，以及提供刑事风险控制、合规服务。

之后，在"刑事辩护的精细化"板块中，赵律师首先详细而幽默地介绍了如何做到精细化会见，具体包括对犯罪嫌疑人的称呼、及时反馈犯罪嫌疑人提出的问题和认真详细做好会见笔录等方面。之后，赵律师又结合自身承办的大量案例，阐述了如何做到精细化阅卷、精细化沟通、精细化取证、精细化庭审等。赵律师通过这些案例详细揭示了一个初出茅庐的律师在刑事辩护的各个阶段工作中可能容易出现的问题和错误，并将自身拥有的关于审前辩护、调查取证、交流沟通以及庭审等各个方面的独到经验分享给了在座的各位同学。赵律师幽默而专业的讲解获得了在座各位同学的一致认可。

最后，各位同学就自己在学习和人生规划中遇到的各种问题向赵律师请教，赵律师也做出了详细而实用的解答。同时，赵律师也谈到了自己选择助理的要求，并告诫同学们无论在校园里如何，在从事实务工作之初都应当有一个良好的心态，真诚地学习实践知识，避免斤斤计较、急于挣钱。

最终，本次讲座在同学们热烈的掌声中结束。同学们纷纷表示受益匪浅。

第十讲：徐成军律师讲授
"辩护程序中与审判法官的沟通"

2018年6月5日，北京盈科（合肥）律师事务所律师徐成军莅临苏州大学王健法学院，应邀为学院同学讲授刑事思维特训课程第十讲——"辩护程序中与审判法官的沟通"。徐律师是北京盈科（合肥）律师事务所股高合伙人、业务委员会主任、大要案法律事务部主任，有近20年的司法实务工作经验，曾先后工作于人民法院、安徽徽天律师事务所、安徽万世律师事务所。

在此次课程中，徐律师首先为同学们讲述了他自己的从业经历。徐律师通过自己的故事告诉同学们：机会是给有准备的人的，无论从事什么行业，坚持与努力都必不可少。作为律师，必须诚信地对待当事人，不辜负当事人对代理律师的信任。徐律师说：在当事人眼中，律师就是公平的代表。律师必须拿出自己的态度，从当事人利益出发，而不是做金钱的奴隶。

谈到职业规划时，徐律师要求同学们要坚持自己的理想，哪怕不能立即实现，也不要轻易地放弃；在面临苦难的时候也要选择变通，可以通过"曲线救国"的方式来实现目标。徐律师告诫同学们：在法律行业从事工作最重要的是具备丰富的法律实务经验，因为经验是成功的必备条件。同学们在今后的职业生涯中如果想要增强自己的竞争力，就必须拥有强大的再学习能力。

接下来，徐律师为同学们介绍了许多他自己办理过的案件。其中有非常成功的风险代理案件，也有令其至今感到遗憾的一起行为人故意杀人被判死刑立即执行的案件。徐律师指出，在代理案件时，要考虑全局的利益并且努力寻找案件的突破口。如果想要与法官进行良好的沟通，就必须从法官的立场出发，不能固执己见。徐律师通过案例讲述与经验传授相结合的方式向同学们介绍了他认为在从事律师职业时需要注意的事项。其中，徐律师反复强调，律师给当事人的建议具有十分重要的影响。这令同学们印象深刻。在他介绍的一个案件中，法律顾问错误估计了公司行为的刑事风险，给出了错误的法律建议，直接导致公司的负责人面临无期徒刑的牢狱之灾。在他介绍的另一个案件中，代理律师的错误思路导致当事人当庭翻供，失去了认罪认罚从而被减轻量刑的机会。徐律师强调，律师的意见在当事人的决策过程中将起到至关重要的作用，因此律师必须本着对当事人负责的态度提出正确、合理的建议，否则就是"坑害"当事人。

徐律师认为：律师在处理工作事务时应当严谨。任何错失都有可能对当事人造成重大的损害。在面对自己无法解决的问题时，律师要积极地寻求外界的帮助。在凭一己之力无法达成目标时，选择与他人"抱团"是一个明智的做法。现在一些年轻的律师把法官当作自己的敌人的想法是错误

卓越法律人才培养基地2018年度刑事思维特训营系列课程简介

的。律师应当积极主动地与法官进行沟通,因为律师代表着当事人的利益,不能凭自己的喜好来办事。

在传授经验之余,徐律师还与同学们探讨了一些学理上存在争议的问题。徐律师讲述了几个他亲自办理的刑事案件。通过这些案件,他与同学们讨论了间接故意能否构成贪污罪的共犯、能否通过合同诈骗的方式骗取国有土地使用权等理论问题。

在课程的最后,利用剩余的时间,徐律师给同学提出了十分宝贵的就业经验。他认为在律师行业里工作是需要耐心的,慢慢积累经验才能逐渐成长。

最后,同学们热烈鼓掌感谢徐律师的倾情分享。徐律师还热情地邀请同学们去事务所参观学习。本次课程圆满结束。

第十一讲:刘飞律师讲授"刑辩律师的谈判技巧及作用"

2018年6月12日,江苏东恒律师事务所高级合伙人刘飞律师莅临苏州大学王健法学院,应邀为学院同学讲授刑事思维特训课程第十一讲——"刑辩律师的谈判技巧及作用"。"卓越法律人才培养基地"主任陈珊珊副教授出席并主持此次课程。刘律师先后毕业于江苏警官学院、南京大学法学院,曾从事公安工作20年,具有丰富的刑事办案经验,现任东恒律师事务所高级合伙人、执行主任,东恒刑辩中心主任。

刘律师2015年正式执业,短短三年就取得了很高的业界声望。这与他独特的办案技巧密不可分。在本次课程中,刘律师结合其亲身办理的案件向同学们传授经验。首先,刘律师以一起职务侵占案件提醒同学们:不能过分迷信所谓的人脉,专业技能才是律师安身立命的武器。其次,刘律师针对同学们格外关心的职业道路选择问题给出了自己的建议:一是"认识你自己",对自身做一个深刻、全面的评估;二是全面了解律师职业,如对人际交往、逻辑思维、文字表达能力等方面的要求。此外,刘律师还阐述了刑辩律师的最高境界——以谈判的方式解决问题,将法律风险扼杀在萌芽状态,避免进入刑事案件流程。对此,刘律师慷慨分享了自己的"独门秘籍"——收取律师费要把握的"五大原则":成本核算原则、区别对待原则、身价匹配原则、风险评估原则和宁缺毋滥原则。

很快就到了现场互动环节。同学们深受刘律师感染，纷纷举手提问。现场气氛十分活跃。徐景灵同学就硕士研究生学历对于律师工作的意义进行提问。刘律师详细分析了本科生和硕士研究生在律师事务所求职时的各自利弊，并给出了自己的独特见解，为同学们规划职业道路提供了崭新的视角。也有同学提问，刘律师多年的刑警工作经历对其从事律师职业有何帮助。刘律师主要从洞察力、逻辑思维能力等角度进行了阐述。之后还有同学就律师事务所求职注意事项等同学们最为关注的问题进行提问，刘飞律师结合自身经验也一一进行了耐心细致的回答。

刘律师以其独特的刑警经历、专业的职业技能、幽默的谈吐、亲切真诚的处事风格和认真负责的待人态度给同学们留下了深刻的印象，为同学们的职业选择提供了崭新的视角，使同学们受益匪浅。

最后，同学们热烈鼓掌感谢刘律师的倾情分享。本次课程圆满结束。

第十二讲：苏州大学王健法学院与北京盈科律师事务所律师团组织模拟法庭辩论

2018年5月22日，扬子鳄刑辩联盟、盈科长三角刑辩中心的周小羊、严如春、宋建平、方园以及魏磊律师莅临苏州大学王健法学院中式模拟法庭，观摩同学们组织、准备的模拟法庭辩论，并给予点评与指导。

首先，主持人简述基本案情：被告人王丽与被害人李刚系男女朋友关系。李刚已婚，有妻儿。王丽则怀有李刚的孩子。分手后，王丽要求李刚归还约12万元的借款，两人因此发生口角和肢体冲突。后王丽报警，通知李刚前往派出所。王丽索债未果，李刚则对王丽拳脚相向。后王丽得知李刚与朋友在宾馆，便携水果刀前往寻找李刚。李刚处于醉酒状态。双方争执时李刚说了"你要不就杀了我"这样的话语。王丽便拿着水果刀向李刚捅去，刺中李刚左胸口。胸口流血，但后来血止住了。凌晨3点半至凌晨4点之间，李刚被送至医院。因失血过多，李刚处于昏迷状态，血压持续降低。输液后血压稳定下来，但是李刚却时清醒时昏迷。由于值班医生不在医院且李刚的家属不愿签字，手术直至凌晨5点多才得以进行。在医院准备手术过程中，李刚的病情突然恶化。最后李刚因抢救无效死亡。据悉，案涉医院并不要求值班医生在岗，因此凌晨4点多值班医生才从家赶至医院。当时李刚的妻子已在医院，但她迟迟不愿签家属同意书。而医院有"如果家属不签字则医生不得进行手术"的规定，因此拖延至凌晨5点多时手术才得以进行。在此期间，王丽一直在现场没有离开。后被告人王丽因涉嫌故意伤害罪被当地公安局、检察院取保候审。现当地检察院以故意伤害罪提起公诉。

紧接着，第一组的法庭辩论正式开始。控方从犯罪构成要件出发，分别从客观、主观以及因果关系三个方面论证被告人应当以犯故意伤害致人死亡罪被追究刑事责任。而辩方则坚持被告人应当以犯故意伤害罪被定罪，其应只承担故意伤害罪的责任。对此，辩方提出：第一，被告人在主观上并不具致死故意。第二，本案因果关系中的介入因素有决定性的影响。第三，本案中存在诸如激情犯罪、被害人过错、自首、初犯、被害人生前表示的不愿追责等多处减轻与从轻处罚情节，建议判以1至3年有期徒刑。第四，由于被告人系孕妇，建议按照相关规定采取监外执行方式。

接下来，针对存在的争议焦点，控辩双方展开激烈的自由辩论。双方分别针对因果关系理论中的条件说与相当说、介入因素的决定性影响陈述观点与反驳意见。

在第一组法庭辩论的激烈交锋后，第二组模拟法庭辩论开始。首先，公诉人从犯罪构成要件出发，按照主体、主观方面、客体、客观方面与因果关系的顺序陈述公诉意见。公诉人指出被告人在主观上持希望、放任的态度，存在故意。接着，辩方发表了辩护意见，从量刑情节上入手：被告人系孕妇，没有伤害故意，建议调低基准刑；被害人有过错；被告人存在自首情节；被告人的主观恶性小且其系初犯，悔罪态度好。此外辩方还着重分析了故意伤害的行为与死亡结果之间的因果关系。

接下来，控辩双方针对冲突剧烈的因果关系认定展开激烈的辩论。双方紧扣案件事实提出关键情节，如"被告人积极了解病情并积极采取补救措施""根据被害人到达医院前的身体状态，被害人有很大的得到救治的可能性"等，并就绝对因果关系与中断的因果关系、介入因素对死亡结果的决定性影响以及死亡结果对介入因素的依赖关系陈述观点与反驳意见。

以上两组法庭辩论结束后，两组组员对法庭辩论的表现进行互相评价。王安同学认为：第一小组关于因果关系认定的辩论十分精彩。该组对介入因素的分析结合了德国的判例，给她留下了十分深刻的印象。除此之外，她还指出了第一小组仍可进一步探讨研究的争议点。梁艺凡同学指出：第二小组对犯罪构成要件的分析更实际化，而没有过多地提及学说。但是他们从主观方面与量刑情节展开分析，可能会造成主次不分的后果。另外虽然双方的个人陈述都很流畅，理据也比较翔实，但双方并没有针对争议点进行详细的辩论。

在同学们自主的法庭辩论与互相点评结束后，在场的律师纷纷给予了真诚的赞许，并提出了指导意见。严如春律师指出：模拟法庭活动对同学们增强能力很有意义，希望大家能主动地多开展类似活动。同学们的气场、气势、反应能力都很强，并且对对方观点能做出有力的反驳。同时，严律师也提出了同学们有待改进的地方。宋建平律师认为本次开展的模拟法庭活动可以加深同学们对犯罪构成的理解，并着重就两组的亮点给予赞赏。魏磊律师提出，同学们对于犯罪的因果关系应更多地考虑到案件事实，而不应仅提供一种学说；另外，在量刑方面，考量缓刑会更好。同学们受益匪浅，并表示要将此次的学习收获用于下一次模拟法庭活动。

最后，本次活动在同学们与律师合影留念后圆满落幕。